utb 6193

AF717436

**Eine Arbeitsgemeinschaft der Verlage**

Brill | Schöningh – Fink · Paderborn
Brill | Vandenhoeck & Ruprecht · Göttingen – Böhlau · Wien · Köln
Verlag Barbara Budrich · Opladen · Toronto
facultas · Wien
Haupt Verlag · Bern
Verlag Julius Klinkhardt · Bad Heilbrunn
Mohr Siebeck · Tübingen
Narr Francke Attempto Verlag – expert verlag · Tübingen
Psychiatrie Verlag · Köln
Ernst Reinhardt Verlag · München
transcript Verlag · Bielefeld
Verlag Eugen Ulmer · Stuttgart
UVK Verlag · München
Waxmann · Münster · New York
wbv Publikation · Bielefeld
Wochenschau Verlag · Frankfurt am Main

Marion Aicher-Jakob · Anja Seifert

# Kommunikation und Partizipation in Schule und Unterricht

BRILL | SCHÖNINGH

*Die Autorinnen:*
Marion Aicher-Jakob, Dr., Diplom-Pädagogin und Lehrerin, Akademische Oberrätin an der Pädagogischen Hochschule Ludwigsburg, Abteilung Pädagogik und Didaktik des Elementar- und Primarbereichs, stellvertretende Leitung des Schulpraxisamtes; Arbeitsschwerpunkte: Verhältnis von Elementar- und Primarbereich, Interkulturelle Bildung und Erziehung, Bildungsungleichheit, Schulleistung, Heterogenität und Differenz in Schule und Unterricht.

Anja Seifert, Dr., Diplom-Pädagogin und Lehrerin, Professorin für Erziehungswissenschaft mit dem Schwerpunkt Grundschulpädagogik und Didaktik des Sachunterrichts an der Justus-Liebig-Universität Gießen. Arbeitsschwerpunkte: Heterogenität, Differenz, Inklusion in Schule und Unterricht, Übergänge der Grundschule, Kindheits- und Jugendforschung, Internationalisierung der Lehrkräftebildung.

*Umschlagabbildung:* istock 1313253634, © peepo.
Bücher, Online-Angebote oder elektronische Ausgaben sind erhältlich unter **www.utb.de**

Bibliografische Information der Deutschen Nationalbibliothek
Die Deutsche Nationalbibliothek verzeichnet diese Publikation in der Deutschen Nationalbibliografie; detaillierte bibliografische Daten sind im Internet über https://www.dnb.de abrufbar.



www.brill.com



Printed in Germany.
Herstellung: Brill Deutschland GmbH, Paderborn
Einbandgestaltung: siegel konzeption | gestaltung

UTB-Band-Nr: 6193
ISBN 978-3-8252-6193-1
eISBN 978-3-8385-6193-6

# Inhalt

# Einführung

Partizipation in der Schule ist ohne Kommunikation und Kommunikationsstrukturen nicht denkbar. Kommunikation ist das Herzstück des Unterrichts wie des Unterrichtens. Sie ist Voraussetzung und zentrales Element aller Lehrer*innenaufgaben, sei es die Kommunikation im oder über Unterricht, über Erziehung oder in Beurteilungs- und Beratungsprozessen mit Schüler*innen, Eltern und weiteren Akteur*innen aus dem (außer-)schulischen Bereich.

Bezogen auf den Unterricht stehen Kommunikation, Partizipation und Lernen in einem engen Zusammenhang. Im Unterricht kann die Lehrkraft auf eine Vielzahl von Gesprächsformaten zurückgreifen, die je nach Lenkungsgrad den Schüler*innen unterschiedliche Partizipationsmöglichkeiten bieten. Die Gespräche verfolgen dabei unterschiedliche Zielsetzungen. Dessen ungeachtet sind alle Gespräche kontinuierlich an den Schüler*innen ‚auszurichten', um Verstehensprozesse und Partizipationsmöglichkeiten sicherzustellen. Denn die fachliche Kommunikation im Unterricht schließt die Erfahrungs- und Beziehungsebene ein und kann den jeweiligen Dialog bzw. das Unterrichtsgespräch entsprechend fördern oder hemmen. Lehrer*innen initiieren und begleiten die Lernprozesse der Schüler*innen in besonderem Maße und unterstützen diese durch Kommunikation. Gespräche, die von der Lehrkraft ausgehen, beziehen sich nicht nur auf die Zielgruppe der Schüler*innen als Angehörige einer jüngeren Generation, sie schließen gleichermaßen Kolleg*innen, Eltern im Sinne einer Bildungs- und Erziehungspartnerschaft und zunehmend auch weitere externe Kommunikationspartner*innen innerhalb und außerhalb des Unterrichts ein.

Die direkten Gespräche mit Schüler*innen oder mit weiteren Gesprächspartnerschaften haben eine positive Entwicklung der Lernenden und deren Leistungen zum Ziel. Missverständnisse im Kommunikationsgeschehen, Hindernisse im Verstehensprozess etc. können dieses Vorhaben jedoch stören oder ins Gegenteil verkehren. Lehrer*innen benötigen deshalb nicht nur fachliche, didaktische, diagnostische und pädagogische Kompetenzen, sondern auch Einfühlungsvermögen und ein hohes Maß an Kommunikationskompetenzen.

Kommunikation beeinflusst den individuellen Lernerfolg der Schüler*innen und das soziale Miteinander in der Lerngruppe bzw. in der Klassengemeinschaft. Kommunikation ist dabei nicht nur störanfällig, sie kann darüber hinaus Schüler*innen ein- bzw. ausschließen, adressieren, etikettieren, diskriminieren und Machtverhältnisse demonstrieren. Gleichermaßen determiniert Kommunikation Facetten des Schüler*innen- und Lehrer*innenalltags und beeinflusst ihre Gesundheit und Zufriedenheit in Schule und Unterricht bzw. im Lehrberuf.

## Zielgruppe und Konzeption des Buches

Dieses Buch ist für alle Phasen der Lehrer*innenbildung geeignet und unterstützt die kritische Reflexion über Kommunikation und Partizipation von den ersten Praxiserfahrungen im Studium an, über das Referendariat hinweg, bis hin zur Fort- und Weiterbildung von Lehrer*innen, die bereits im Berufsleben angekommen sind. Für Quer- und Seiteneinsteiger*innen, bietet das Buch insbesondere die Möglichkeit, zentrale Voraussetzungen für das Gelingen von Unterricht vertieft zu bearbeiten, ohne die Komplexität von Unterricht aus den Augen zu verlieren. Kommunikation und Partizipation wird durchgängig in den Fokus gestellt und unter aktuellen und zeitüberdauernden Fragestellungen bearbeitet. Die Publikation ist an der Schnittstelle von Theorie und Praxis angesiedelt und ermöglicht durch Vertiefungs- und Arbeitsaufgaben, Interviewpassagen bzw. Erinnerungsmomenten einen guten Theorie-Praxis-Transfer. Die kritische Reflexion institutioneller Kommunikationsstrukturen bzw. der eigenen Kommunikation im institutionellen Setting zielt darauf, Unterrichtsgespräche mit Schüler*innen und deren Partizipationsmöglichkeiten im Unterricht längerfristig zu verbessern, um die individuellen Lernprozesse besser zu unterstützen bzw. zu begleiten und somit den Unterricht professioneller gestalten zu können.

Kapitel 1: Kommunikation und Partizipation können als schulische Entwicklungsaufgabe gesehen werden. Neben dem Bezug auf relevante Kommunikationsmodelle und Kommunikationstheorien, die erklären, was unter Kommunikation verstanden werden kann, werden Kommunikationsstrukturen in der Schule, der Zusammenhang zwischen Macht und Sprache in Schule und Unterricht sowie interessante Ansätze der neueren Sprach- und Praxisforschung im Unterricht skizziert.

Kapitel 2: Unterrichtsgespräche verlaufen nicht immer in der von der Lehrkraft ‚geplanten' Form – sie werden deshalb oft als ein unsicheres Terrain empfunden. Gesprächsformen verfolgen unterschiedliche Intentionen und ‚Choreografien'. Welche Gesprächsform in welcher Unterrichtsphase zielführend ist und zum Einsatz kommt, gilt es bei der Planung sorgsam abzuwägen. Die Gesprächslenkung durch die Lehrkraft und die Partizipationsmöglichkeiten der Schüler*innen stehen dabei in engem Zusammenhang.

Kapitel 3: Gespräche benötigen Planung und Reflexion, damit Schüler*innen an den Gesprächen partizipieren können, gleichermaßen sollen Gespräche aber auch Partizipationsmöglichkeiten der Schüler*innen im Unterricht sichern. In diesem Kontext werden Überlegungen zum Sprachvermögen und zu Verstehensvoraussetzungen relevant. Anhand des Morgenkreises und des Klassenrates wird gezeigt, welche Potenziale diese Gesprächsformate haben, wenn Planung, Durchführung und Reflexion kontinuierlich Beachtung finden. Die Überlegungen führen aber auch vor Augen, dass beide Formen kontraproduktiv wirken können, wenn diese unkritisch und affirmativ zum Einsatz kommen.

Kapitel 4: Im Kontext des Unterrichtens stehen Fragen. Neben den Fragen, die die Lehrkräfte stellen, haben die Fragen der Schüler*innen eine große Bedeutung, um vorhandenes Wissen anzuschließen, das kindliche Bildungsinteresse sichtbar zu machen und um Unterrichtsgegenstände zu generieren, zu klären und den Unterricht (auch) anhand von Kinderfragen gestalten zu können.

Kapitel 5: Philosophieren mit Kindern eignet sich als fachbezogenes und als fächerübergreifendes Prinzip im Kontext einer demokratiegemäßen Pädagogik, die an reformpädagogische Ideen anschließt. Philosophieren mit Kindern kann eingesetzt werden, um Kinderfragen im Unterricht zu thematisieren und die Perspektive der Kinder partizipativ sichtbar zu machen und ihr methodisch im Unterricht Raum zu geben.

Kapitel 6: Im Kontext von Lernen und Leisten finden unterschiedliche Gespräche statt: an den Schnittstellen von Institutionen im Übergangsgeschehen, mit den Lernenden selbst, deren Eltern im Zuge einer Bildungs- und Erziehungspartnerschaft und weiteren am Bildungsprozess Beteiligten. Leistungen der Schüler*innen eröffnen einen Dialog, der darauf zielen sollte, die Leistungsentwicklung zu unterstützen. Das Kapitel widmet sich Gesprächen und Gesprächsformaten mit der Frage, wie die Entwicklung der Schüler*innen und deren Leistungen unterstützt werden, auch unter Berücksichtigung von Missverständnissen, die kontraproduktiv wirken können.

Kapitel 7: Inklusion, Heterogenität, Differenz und Diversität sind verschiedene Begriffe, die aus unterschiedlichen Perspektiven auf die Bearbeitung der Thematik ‚Umgang mit Vielfalt in Schule und Unterricht' verweisen. Gerade im Hinblick auf Inklusion und inklusiven Unterricht werden Fragen nach Möglichkeiten und Herausforderungen der Teilnahme und Teilhabe ‚aller' relevant. Dazu gehören neben unterrichtlichen Formen der Differenzierung auch die Reflexion der Differenzherstellung durch sprachliche Praktiken im Unterricht und die Reflexion der eigenen Diskriminierungssensibilität als (angehende) Lehrkraft.

Das vorliegende Buch versteht sich als schulpädagogisches Lehr- und Arbeitsbuch, das im Kontext von Vorlesungen, Seminaren, Fort- und Weiterbildungen in allen Phasen der Lehrkräftebildung eingesetzt werden kann oder unabhängig davon als ‚Selbstlernlektüre' dem eigenen kontinuierlichen Professionalisierungsprozess als (angehende) Lehrkraft dienen kann.

Dank an dieser Stelle an alle, die durch ihre Beiträge in unterschiedlicher Weise dazu beigetragen haben, dass das Buch in der vorliegenden Weise entstehen konnte. Maßgeblich sind hier die Gespräche in den Seminaren und Veranstaltungen mit den Studierenden zu nennen sowie neben der studentischen Mitwirkung und den Grafiken von Svenja Hoffmann, die Gespräche mit Kolleg*innen der Lehrkräftebildung, Lehrer*innen und Schulleiter*innen.

Marion Aicher-Jakob und Anja Seifert

# 1. Kommunikation und Partizipation als schulische Entwicklungsaufgabe

## 1.1 Akteur*innen und Strukturen schulischer Kommunikation

Kommunikation ist Bestandteil aller Lehrer*innenaufgaben, sei es die Kommunikation im Unterricht oder über den Unterricht, aber auch im Hinblick auf weitere Aufgaben von Lehrer*innen, zu denen maßgeblich die des Erziehens und die der Beratung gehören (vgl. dazu Standards für die Lehrerbildung der Kultusministerkonferenz 2022). Kommunikation ist das ‚Herz' des Unterrichts und des ‚Schule Haltens'. Seit der griechischen Antike wird die Bedeutung von Kommunikation, um das Fragen und Denken der jüngeren Generation anzuregen, thematisiert. An das sokratische Gespräch wird beim Philosophieren mit Schüler*innen, aber auch im fragend-entwickelnden Unterrichtsgespräch historisch angeknüpft.

Gespräche, die von der Lehrkraft initiiert werden, beziehen sich nicht nur auf die Zielgruppe der Schüler*innen als Angehörige einer jüngeren Generation, sondern auch auf andere Zielgruppen innerhalb der Schule und Akteur*innen außerhalb der Schulräume. Lehrer*innen arbeiten sowohl mit Kindern als auch mit Erwachsenen: den Kolleg*innen und Eltern, in der (inklusiven) Ganztagsschule zunehmend auch mit Vertreter*innen anderer Berufsgruppen und mit Kooperationspartner*innen außerschulischer Lernorte und Einrichtungen sowie im Kontext der Bildungsübergänge mit Akteur*innen der angrenzenden Bildungsinstitutionen und der Berufswelt.

Insbesondere im Hinblick auf die Begleitung und Gestaltung der Übergänge vom Elementar- zum Primarbereich und vom Primar- zum Sekundarbereich ist Kommunikation relevant, da sich die beteiligten Akteur*innen auch über die eigene Institution hinweg abstimmen müssen. Für den ersten Übergang sind dies die Erzieher*innen der Kindertageseinrichtung für die abgebende Institution, die Grundschullehrer*innen für die aufnehmende Institution und die Eltern bzw. Erziehungsberechtigten und ihre Kinder sowie weitere Beteiligte wie Schul- und Amtsärzt*innen. Für den zweiten Übergang der Grundschule sind analog dazu die Lehrer*innen der abgebenden und der aufnehmenden Institution sowie die Eltern zuständig, wobei ähnlich wie beim ersten Übergang je nach Bundesland unterschiedliche Schritte des Übergangsverfahrens[1] eine Rolle spielen. Beim zwei-

1 Die Bundesländer haben hier unterschiedliche Regelungen (vgl. z.B. Porsch 2020). Jeweils aktualisierte Regelungen des Übergangs von der Grundschule auf die weiterführende Schule finden sich auf den Internetseiten der jeweiligen Kultusministerien.

ten normativen Bildungsübergang hat die von der Grundschullehrkraft ausgesprochene Schulwahlempfehlung je nach Bundesland einen verbindlichen oder einen unverbindlichen Charakter. Sowohl national als auch international wird dabei in der Übergangstheorie und -forschung[2] auf die hohe Bedeutung von Kommunikation bereits bei der Gestaltung der ersten schulischen Übergänge hingewiesen, nicht zuletzt auch deshalb, um Kontinuität für die beteiligen Kinder und deren Familien herzustellen und um Risiken und Probleme an den biografischen Schnittstellen zu verringern. Der Psychologe Wolfgang Beelmann befragte in seiner Studie „Normative Übergänge im Kindesalter. Anpassungsprozesse beim Eintritt in den Kindergarten, in die Grundschule und in die weiterführende Schule" (2001) Eltern und Kinder in Interviews zu ihren Erfahrungen. Er verweist in seinen Ergebnissen darauf,

> „dass ca. 1/3 der von ihm untersuchten Kinder Anpassungsschwierigkeiten im Übergang vom Kindergarten in die Grundschule zeigten. Darüber hinaus verstärken sich bei der Hälfte dieser Kinder (also einem Sechstel der Kinder) die Schwierigkeiten nach dem Übergang noch einmal" (Velten 2020, S. 362).

Kommunikation schulischer Akteursgruppen zielt im Kontext von Bildungsbiografien auf Verständigung und Austausch von relevanten Informationen. In der deutschen Migrationsgesellschaft, in der es über hundert gesprochene Sprachen gibt, haben Schüler*innen und deren Familien häufig andere Herkunftssprachen als Deutsch und bringen somit unterschiedliche Vorerfahrungen und Ausgangsvoraussetzungen für die schulische Kommunikation mit. Nicht zuletzt hat jedes Elternteil, das das eigene Kind in seiner schulischen Bildungsbiografie begleitet, auch eine eigene Geschichte schulischer Kommunikation erfahren und positioniert sich vor dem Hintergrund der eigenen Erfahrungen bewusst oder unbewusst zum Thema Schule (vgl. Kap. 3 und 6).

Schule und Unterricht sind gleichzeitig statisch und in Veränderung. Wenngleich Unterricht und Schule in vielerlei Hinsicht zeitlose Momente beinhalten, so zielt die Schul- und Unterrichtsentwicklung gegenwärtig, neben der Neuausrichtung auf den digitalen Unterricht, auf die Entwicklung von der Halbtagsschule zur Ganztagesschule und zur inklusiven Schule. Damit wird Kommunikation auch im Hinblick auf eine inter- oder multiprofessionelle Teamarbeit (Lehrer*innen, Erzieher*innen, Schulsozialarbeiter*innen, Integrationshelfer*innen u.a.) zunehmend wichtig für die Lehrer*innenarbeit und erweitert diese, womit sich über den eigentlichen Unterricht hinaus neue Kommunikationsstrukturen im Kontext der Schule ergeben (vgl. Kap. 6).

---

2 Vgl. dazu z.B. Beelmann/Rosowski 2011, Broström 2002, Dockett/Perry 2021, Griebel/Niesel 2013, Urbina-Garcia/Perry/Dockett/Jindal-Snape/Garcia-Cabrero 2022.

Lehrer*innen initiieren und begleiten das Lernen der Schüler*innen in besonderem Maße. Gerade Lerngespräche als Gespräche über das eigene Lernen sind etwas Persönliches und Individuelles und bedürfen Kommunikationskompetenzen und Einfühlungsvermögen von Seiten der Lehrer*innen, die Gespräche über Lernen und schulische Leistung und andere relevante Themen anstoßen und durchführen.

Die Schule ist als pädagogische und gesellschaftlich relevante Institution zudem ein wichtiger Ort kommunikativer und demokratischer Praktiken, an denen unterschiedliche Akteur*innen, die über unterschiedliche Vorerfahrungen zu politischer Bildung und zu Machtstrukturen verfügen, in vielfältigen Formen beteiligt sind. Die verbale und nonverbale Kommunikation der Beteiligten ist im Kontext der hierarchisch geprägten Institution Schule damit immer auch störungs- und stressanfällig und bedarf einer hohen Reflexivität der Lehrer*innen in der Klasse und im konkreten Unterricht. Auch außerhalb des Unterrichts ist eine abgestimmte und überlegte Kommunikation eine zentrale Voraussetzung für einen konstruktiven Verständigungsprozess, im Kontakt mit den Erziehungsberechtigten, aber auch mit Praktikant*innen, Referendar*innen sowie Vorgesetzten und Kooperationspartner*innen anderer Einrichtungen.

## 1.2 Kommunikationsmodelle und Kommunikationstheorien

Der Terminus Kommunikation stammt vom Lateinischen communicatio bzw. communicare ab und verweist semantisch auf ein Mitmachen und soziales Miteinander. Damit weist der Begriff der Kommunikation Überschneidungen zu dem der Partizipation und Interaktion auf, aber auch Abgrenzungen, wie etwa Schaub/Zenke (2007) beschreiben:

> „In Abgrenzung zur Interaktion meint Kommunikation den sozialen Prozess der Verständigung von Menschen über eine Mitteilung mit dem Medium der Sprache, der Mimik und Gestik oder anderer vereinbarter Signal- und Zeichensysteme, auch mit Hilfe von technischen Einrichtungen" (S. 208).

Schulische und unterrichtliche Kommunikation ist gleichzusetzen mit einem kommunikativen Handeln der schulischen Akteur*innen. Kommunikation findet stets in sozialen Prozessen statt, in denen sich mindestens zwei Menschen in einem sozialen Verständigungsprozess befinden und dabei miteinander Mitteilungen, die vor allem sprachlicher Art sind, austauschen. Zur unterrichtlichen Kommunikation zählt damit auch das nonverbale Melden und Aufzeigen, um die Aufmerksamkeit der Lehrkraft zu bekommen, sowie auf der technischen Seite die zahlreichen Unterstützungsmöglichkeiten schulischer und unterrichtlicher Kommunikation wie Lernplattformen (z.B. Moodle, Ilias, Logineo) und virtuelle Tools der Kommunikation wie Microsoft Teams, ZOOM, Cisco Webex, BigBlueButton u.a.

Auch wenn in den folgenden Kapiteln themenverbindend sowohl die schulische und unterrichtliche Kommunikation als auch schulische und unterrichtliche Interaktionen beleuchtet werden, bleibt es aus analytischer Perspektive dennoch wichtig, begrifflich zwischen Interaktion und Kommunikation zu unterscheiden, da nicht jede Interaktion gleichzeitig eine Kommunikation darstellt. Folgt man den klassischen Kommunikationsmodellen, so ist Kommunikation ein komplexer Vorgang, der überlagernde und gleichzeitig ablaufende Prozesse und verbales sowie nonverbales Verhalten der Kommunikationspartner*innen bezeichnet. Tonfall, Pausen, Lautstärke sowie Mimik und Gestik, die das Gesagte unterstreichen oder zum Inhalt widersprechende Botschaften senden, gehören dabei zu jeder Kommunikation.

Paul Watzlawick, der zu den wichtigsten Kommunikationstheoretiker*innen gehört, beschreibt in seinem Kommunikationsmodell fünf zentrale Grundsätze, die die Kommunikation erklären (s. Abb. 1):

Abb. 1: Kommunikationsmodell nach Watzlawick. Eigene Darstellung.

Das **Axiom 1** des Kommunikationsmodells von Watzlawick „Man kann nicht nicht kommunizieren" verweist bezogen auf den Unterrichtsalltag darauf, dass auch die Anwesenheit der Lehrkraft neben einer Schüler*in, ohne mit dieser verbal zu kommunizieren, einen Aussagehalt besitzt. **Axiom 2** bedeutet, dass jede Kommunikation stets einen Inhalts- und einen Beziehungsaspekt hat, denn jede Kommunikation findet in einer Beziehung, hier im gewählten Beispiel in der Schüler*in-Lehrer*in-Beziehung statt. Nach Paul Watzlawick besteht jede Kommunikation aus Inhalts- und Beziehungsdimensionen, zwischen denen eine wechselseitige Beziehung dahingehend besteht, dass die Beziehungsdimension die inhaltliche

Dimension determiniert (vgl. z.B. Watzlawick/Beavin/Jackson 1969). **Axiom 3** des Kommunikationsmodells betont, dass Kommunikation Ursache und Wirkung beinhaltet. Der Verlauf der Kommunikation gestaltet dabei die Beziehung. Werden einzelne Schüler*innen immer explizit beim Melden angesprochen oder explizit nicht angesprochen, so können diese das Gefühl haben, sie würden exponiert behandelt bzw. ignoriert werden. Das **Axiom 4** bezieht sich auf die analoge und digitale Kommunikationsanordnung und das **Axiom 5**, Kommunikation ist (a)symmetrisch, verweist auf die Symmetrie bzw. Asymmetrie der Kommunikation, die abhängig davon ist, ob sich das Gespräch auf das Primat der Gleichheit oder Unterschiedlichkeit bezieht, was insbesondere in der Kommunikation zwischen Lehrer*innen und Schüler*innen zum Tragen kommt. Unterschiede sind vorhanden aufgrund des Alters und der hierarchischen Verhältnisse in der Schule zwischen Lehrkraft und Schüler*innen.

Die neueren Kommunikationstheorien, zu denen auch die von Watzlawick zählt, beziehen sich auf das Funktionsschema von Karl Bühler, das er bereits in den 1930er Jahren entwickelte. Bühler ging in seinem sprachtheoretischen „Organon-Modell" (Bühler 1934) davon aus, dass jede Kommunikation drei Komponenten beinhaltet: Sender*innen, die etwas ausdrücken möchten, Empfänger*innen und Sprachzeichen, mit deren Hilfe sie in Kontakt treten. Die Signalübertragung zwischen Sender*in und Empfänger*in kann im Kommunikationsprozess gelingen oder nicht, denn sie ist störungsanfällig, was zu Missverständnissen führen kann, wenn der Empfangende die vom Sendenden geschickte Mitteilung anders deutet als gedacht (vgl. Beck 2017, S. 36).

Auch das Kommunikationsmodell von Friedemann Schulz von Thun (1998), das neben jenem von Watzlawick zu den führenden gehört, geht von einer Beziehungs- und einer Sachebene bei jeder Kommunikation aus. Spricht ein Mensch zu einem anderen, werden nach seinem Modell gleich vier Botschaften vermittelt: die Sachinformation, die sich auf den Inhalt bezieht, die Selbstkundgabe, die darauf verweist, dass man stets auch etwas von sich in der Kommunikation preisgibt, die Beziehungsebene, die sich darauf bezieht, wie der Sprechende zum Empfangenden steht, sowie der Appell, der sich darauf bezieht, was mit der Nachricht erreicht werden soll (vgl. Kap. 6). Sein Modell wird auch als Kommunikationsquadrat, als 4-Seiten-Modell oder als 4-Schnäbel- und 4-Ohrenmodell (Sachinhalt, Appell, Beziehung, Selbstkundgabe) bezeichnet.

Der individuell wahrgenommene Anteil des Gesagten auf der Beziehungsebene oder auf der Sachebene kann hierbei bei dem Zuhörenden unterschiedlich hoch ausfallen. Beim Blick auf die Hefte der Schüler*innen kann die Kommentierung der Lehrkraft „Du hast eine halbe Seite geschrieben" von den einzelnen Schüler*innen als deskriptive Beschreibung zum Sachstand (Person x hat eine halbe Seite, Person y hat eine halbe Seite geschrieben), als Kritik („Das ist schlecht, man hätte mehr schreiben müssen.") oder als Bestätigung und Lob („Weiter so!") aufgefasst werden.

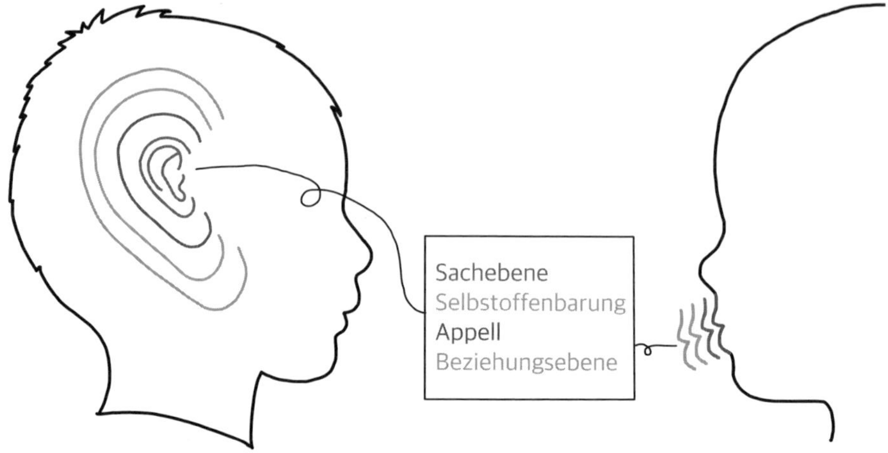


Abb. 2: Kommunikationsmodell nach Schulz von Thun. Eigene Darstellung.

Beispiele lassen sich nicht nur für Kommentierungen von Lehrer*innen finden, sondern auch für die der Schüler*innen als Peers. Die Kommentierung von Schüler*innen am Tag der Vergleichsarbeiten auf dem Pausenhof zu Mitschüler*innen aus der Klasse: „Die Vera-Arbeit war pippi oder?", kann jeweils unterschiedlich aufgefasst werden. Je nachdem, wie die Empfänger*in den Sachinhalt hört und interpretiert, kann sie denken, dass es ihr genauso erging oder nicht so erging. Der Sprechende gibt hierbei zu erkennen (Selbstkundgabe), dass er das Text- und Aufgabenformat der Vergleichsarbeit gut bewältigen konnte und zudem beurteilen kann, dass die Arbeit einfach war. Mit dem „oder" wird der Zuhörende aufgefordert zuzustimmen, was die Beziehung bestätigt, oder zu negieren (Apell).

### 1.2.1 Verbale, nonverbale sowie paraverbale Kommunikationsanteile

Auf der Theorieebene kann jede Kommunikation zwischen Lehrkraft und Schüler*innen als verbale Kommunikation (mit Fokus auf Sachinhalte), als nonverbale Kommunikation (mit Fokus auf Körperhaltung, Mimik und Gestik) sowie als paraverbale Kommunikation (mit Fokus auf Stimme/Modulation der Stimme) beschrieben werden. Jede Kommunikation, sei sie auch noch so kurz („Guten Morgen, liebe Kinder der 2a"), besteht damit jeweils aus den drei verbalen, nonverbalen und paraverbalen Kommunikationsanteilen.

Zu den parasprachlichen Anteilen der Kommunikation zählt das Lachen, das gerade im Unterricht und bei Besprechungen durchaus auch eine soziale Funktion hat, da es Konflikte entschärfen und Sozialität herstellen kann. Während Lächeln lautlos passiert, ist das Lachen bei jedem Menschen unterschiedlich von einer längeren oder kürzeren, lauteren oder leiseren Abfolge von Lauten begleitet. Gemeinsames Lachen im Klassen- oder im Lehrer*innenzimmer schafft ein positives Gruppengefühl und kann sich kooperativ auswirken. Wenn von Lachen im Unterricht gesprochen wird, ist nicht das Auslachen, das Lachen auf Kosten anderer gemeint, sondern Lachen als Element der gemeinsamen Beziehungsgestaltung in einer Atmosphäre, die gemeinsames Lachen zulässt und ermöglicht.

Sowohl im Unterrichtsgespräch als auch im Einzelgespräch erfolgt stets auch ein gegenseitiges Interpretieren der Körperhaltung als Mimik (z.B. Stirnrunzeln), als Gestik (z.B. Kopfschütteln), als Haltung (z.B. Sitzhaltung auf dem Stuhl) sowie der Proxemik. Die Proxemik, vom Lateinischen Proximus (der Nächste), bezieht sich auf die Anordnung und Nähe im Raum sowie die körperliche Nähe zueinander. Es geht beispielsweise um taktile Zeichen, wie den Arm des Zuhörenden beim Sprechen zufällig oder absichtlich zu berühren und um ein Erspüren der Gesprächsatmosphäre insgesamt („Was ist hier los? Hier ist aber dicke Luft").

In der Forschung zur Kommunikation werden häufig die Forschungsergebnisse des US-amerikanischen Psychologieprofessors Albert Mehrabian (1971) aufgegriffen, denen zufolge bei einer Kommunikation die nonverbalen und paraverbalen Kommunikationsanteile wichtiger seien als die verbalen. Auch wenn die Fachwelt Kritik an den empirischen Daten und an der Studienanlage dieser Forschung äußert bzw. darüber streitet, wie sich das proportionale Verhältnis zwischen den drei Kommunikationsanteilen ausgestaltet, so ist sie gerade für die schulische Kommunikation interessant. Es wird hier von 7% verbalem Anteil, 38% paraverbalem Anteil und 55% nonverbalem Anteil ausgegangen. Damit erscheint es gerade für pädagogische Fach- und Lehrkräfte wichtig, sich darüber Gedanken zu machen, dass die eigene Stimme und Körperhaltung alles, was inhaltlich gesagt wird, unterstützen oder aber in Frage stellen kann und diese mitgesendeten Informationen von den Schüler*innen stets wahrgenommen und interpretiert werden. Ob eine Lehrkraft von Schüler*innen, die sie unterrichtet, als aggressiv oder als fürsorglich, als authentisch und motivierend oder umgekehrt als langweilig und demotivierend wahrgenommen wird, hat demzufolge auch etwas damit zu tun, wie laut oder leise gesprochen wird, wie die Stimme moduliert wird, ob die Sätze monoton aneinandergereiht werden oder ob bewusst mit Höhen und Tiefen gespielt wird. Die eigene Stimme, die eigene Körperhaltung und der Gesichtsausdruck beim Sprechen haben dabei stets eine Wirkung.

### 1.2.2 Kommunikation als interdisziplinäres Feld

Seit den 1970er und 1980er Jahren findet in der Erziehungswissenschaft z.B. mit den frühen Veröffentlichungen von Dieter Baacke (z.B. 2007) zu Jugendsprache, Jugendkultur und Medienerziehung sowie in der Schulpädagogik mit Arbeiten zur Bedeutung der Lehrer*innensprache (mit Teilbereichen wie Gender und Sprache, Sprache und Persönlichkeit) und in der Allgemeinen Didaktik (mit dem Fokus auf didaktische Theorie und Bedeutung der Fragen sowie Unterrichtsgespräche) eine wissenschaftliche Auseinandersetzung mit Kommunikation im Kontext von Schule und Unterricht statt. Diese Auseinandersetzung bezieht sich einerseits auf relevante Kommunikationsmodelle, andererseits auf die Entwicklung und Weiterentwicklung didaktischer Ansätze, zu der in prominenter Weise die kommunikative bzw. kritisch kommunikative Didaktik, mit Vertretern wie Wolfgang Klafki und Rainer Winkel, anknüpfend an vorhandene kritische Kommunikations- und Diskurstheorien (z.B. von Jürgen Habermas) gehören. Habermas, der als Philosoph und Soziologe zur zweiten Generation der Frankfurter Schule gehört, hat sich zudem in den letzten Jahren mit dem Konzept der „deliberativen Demokratie“ beschäftigt. Er unterstreicht, dass es in einer Demokratie eine hohe Form der Kommunikation und Teilhabe aller Beteiligen an Entscheidungsprozessen bedarf. Seine wichtige „Theorie des kommunikativen Handelns“ aus dem Jahr 1981 verweist

> „auf die gesellschaftliche Verortung pädagogischer Bezüge [...]. Hier geht es ihm um die Freiheit des Handelns in unterschiedlichen Lebenskontexten, um die Barrieren genauso wie um die Ermöglichung tendenziell herrschaftsfreier Kommunikation, in der sich Menschen erst sozial entfalten können“ (Böhnisch 2012, S. 13).

Kommunikation geschieht im Spannungsfeld von Machtbeziehungen. Bezieht man sich im weiteren Sinne auf die Idee der herrschaftsfreien Kommunikation sind gesellschaftliche Strukturen zu analysieren, die Machtverhältnisse herstellen und legitimieren. Hier gehören beispielsweise im Hinblick auf Schule die Wertigkeit und Beherrschung von Deutsch als Erstsprache und Fragen dazu, wie weitere Sprachen im Unterricht einbezogen werden und gefördert werden können (vgl. Kap. 3). Die Wechselbeziehung zwischen Sprache, Macht und Anerkennung bezieht sich im Bereich der pädagogischen Professionalität auf die Konsequenz einer „Förderung von Sprachbewusstheit“ (Süßebecker 2019) und einer verbindlichen Pädagogikethik, die sich im Wesentlichen auf die Reflexion der eigenen Lehrer*innensprache in ihrer Wirkung auf Schüler*innen bezieht. In den letzten Jahren hat sich insbesondere Annedore Prengel intensiv mit der Frage der Sprache der Lehrer*innen im Hinblick auf die Gestaltung „pädagogischer Beziehungen zwischen Anerkennung, Verletzung und Ambivalenz“ (Prengel 2019a) beschäftigt. Sie macht sich für eine „ethische Pädagogik in Kitas und Schulen“ (Prengel 2020) stark und setzt sich für die Verständigung über einen pädagogischen Eid respektive stufenübergreifenden Berufsethos ein, der sich ähnlich wie der Hippokratische Eid auf ein gemeinsames Werteverständnis bezieht. Die von ihr mitgegründeten „Reckahner Reflexionen zur Ethik pädagogischer Beziehungen" (Prengel 2019b) werden von Schulen ähnlich wie im Index für Inklusion (vgl. z.B. Achermann/Amipur/Braunsteiner/Demo/Plate 2017) als Instrument der Schul- und Unterrichtsentwicklung eingesetzt. In ihren Arbeiten, die sich mit dem „Zusammenhang von Forschungsbefunden, normativen Orientierungen und Entwicklungen in pädagogischen Arbeitsfeldern" (Prengel 2022) beschäftigen, wird deutlich, wie wichtig Anerkennungsprozesse in bzw. durch pädagogische Beziehungen sind.

Das Feld der Kommunikationsforschung, auf das sich auch die Erziehungswissenschaft bezieht, ist insgesamt ein interdisziplinäres, an der neben der Kommunikationswissenschaft, die Germanistik und Sprachwissenschaften, die Psychologie, die Soziologie, die Philosophie, aber auch die Ethnologie und Anthropologie beteiligt sind. Der Anthropologe, Psychologe und Neurowissenschaftler Michael Tomasello setzt sich beispielsweise in seinen Arbeiten zu Sprache, Spielen und Lernen intensiv mit der Sprachentstehung und den „Ursprünge(n) der menschlichen Kommunikation" (2011) auseinander, indem er als Ausgangspunkt das Kommunikationssystem wählt, um Vergleiche zwischen Tier und Mensch herzustellen. Tomasello beschäftigt sich in seiner Forschung mit dem Übergang der Kommunikation von Affen zur menschlichen Kommunikation und zeigt Parallelen der gestischen Kommunikationssysteme (Zeigegesten, ikonische Gesten) auf. Tomasellos Forschung verweist u.a. darauf, dass der Mensch anthropologisch gesehen Kommunikation anstrebt und braucht, um seine sozialen Bedürfnisse (des Aufforderns, des Informierens und des Teilens) zu stillen und um mit anderen zu kooperieren. Anthropologische wie erziehungswissenschaftliche Arbeiten zeigen in deutlicher Weise auf, dass Kommunikation und Beziehung wie Beziehungsgestaltung zusammengehören. Zur Beziehungsgestaltung gehören maßgeblich Aspekte der Anerkennung und Wertschätzung, gerade auch in schulischen Abhängigkeitsverhältnissen, dies gilt gleichermaßen im Klassenraum:

> „Die Schüler_innen-Lehrer_innen-Beziehung stellt in vielerlei Hinsicht ein komplexes und spannendes Forschungsfeld dar, anhand dessen sich unterschiedliche Aspekte der Beziehungsqualitäten und Beziehungsgestaltung untersuchen lassen" (Leonhard/Schlickum 2014, S. 37).

Daneben sind die Orientierungsmuster von Lehrer*innen und Schüler*innen in der schulischen Kommunikation und Beziehungsgestaltung von Bedeutung, wozu der Umgang mit Ironie in Schule und Unterricht (vgl. z.B. Leonhard/Schlickum 2014) und weitere Aspekte gehören. Das menschliche Bedürfnis nach Anerkennung und nach Wertschätzung in Interaktionen bezieht sich also auch auf die anthropologische Frage nach dem Menschsein und nach dem Spezifischen in Mensch-Mensch-Interaktionen. Neuere Arbeiten aus der Biologie verweisen darauf, dass nicht nur Tiere einer Gattung miteinander kommunizieren, sondern auch verschiedener Gattungen und dass ebenfalls Pflanzen miteinander kommunizieren. So kommunizieren etwa nicht nur Vögel, sondern auch Bienen mit ihren Flügeln über den Flügelschlag und die Blätter einer Pflanze wie der Mimose reagieren auf die Berührung. Für Schule und Unterricht sind diese Kommunikationsbeispiele etwa für den Biologie- und Sachunterricht interessant, um mit Schüler*innen diese Zusammenhänge zu bearbeiten. Zudem sind hier Ansätze relevant, die sich mit Tieren im Schulgebäude (z.B. Schulhunde oder Nutztiere wie Hühner auf dem Schulgelände) in ihrer pädagogisch-didaktischen Funktion beschäftigen, hier etwa die so genannte tiergestützte Pädagogik und tierdialogische Kommunikation. Neuere Theorieansätze und Studien zu Interaktionen zwischen Menschen und Objekten gehen noch weiter. Die Netzwerktheorie von Latour (2014) verweist darauf, dass es unterschiedliche Seinsweisen und Beziehungen zwischen Menschen, Tieren sowie Pflanzen gibt, und auch weitere Vertreter*innen wie etwa die Biologin Haraway (vgl. 2008; 2018) gehen von einer gleichberechtigten Lebensweise aus und negieren die Überlegenheit des Menschen. Diese Idee wird im Posthumanismus in verschiedenen Theorien bearbeitet. Es wird dabei nicht nur von den zahlreichen Interaktionsmöglichkeiten zwischen Mensch, Tier und Pflanze ausgegangen, sondern gar von einer Auflösung der Grenzen zwischen Mensch, Tier- und Pflanzenwelt sowie zwischen Mensch und Maschine/Technik. Das Verständnis von sozialen Aktionen wird somit erweitert. Bislang wurde von sozialer Interaktion gesprochen,

> „wenn sich zwei oder mehr Menschen in ihrem Handeln aufeinander beziehen. Soziales Verhalten kann auf verbaler und nicht-verbaler Ebene stattfinden. Eine Interaktionsepisode ist das gegenseitige Aufeinanderwirken von Personen in pädagogischen Situationen" (Hofer 2012, S. 100).

### Arbeitsaufgaben

1. Schauen Sie sich ein Kommunikationsmodell genauer an (z.B. www.schulz-von-thun.de): Wofür kann Ihnen als (angehende) Lehrkraft dieses Wissen nützlich sein?
2. Wie gestalten Sie als (angehende) Lehrkraft die Kommunikation mit Schüler*innen? Welche Kommunikationswege und -formen werden eingesetzt? Was ist Ihnen wichtig?
3. Diskutieren Sie die Notwendigkeit eines „pädagogischen Berufsethos" für den Lehrer*innenberuf.

## 1.3 Kommunikation und Schul- und Unterrichtsentwicklung

### 1.3.1 Kommunikationsstrukturen in der Schule

Egal, wo auf dieser Welt: Schule ist bedeutsam, auch wenn es nicht überall eine Schulpflicht gibt bzw. diese auch als Unterrichts- und Präsenzpflicht nicht überall gleichermaßen durchgesetzt wird. In vergleichenden Studien wird immer wieder auf die „Universalität von Schule" (z.B. Schelle 2013) hingewiesen. Christel Adick (2013) forscht als eine wichtige Vertreterin der vergleichenden Erziehungswissenschaft in Deutschland zu „Bildungsentwicklungen und Schulsysteme in Afrika, Asien, Lateinamerika und Karibik" (vgl. Adick 2013). Nach Adick (2013) besteht die Universalität von Schule einerseits aus der spezifischen Organisation von Raum und Zeit (Unterrichtseinheiten, Rhythmisierung des Schultages, Raumgestaltung), andererseits maßgeblich aus den spezifischen Kommunikationsstrukturen, die kulturübergreifend ähnlich sind. Die konkrete unterrichtliche Kommunikation im Klassenraum hat viel mit der Geschichte der Schule zu tun. Sie wird, wie die Schule selbst, in ihrer Grundstruktur tradiert und zeigt universalistische Züge auf, die insbesondere erkennbar werden, wenn man international vergleichend auf Schule und Unterricht schaut. Kommunikation und Raum bedingen dabei einan-

Abb. 3: Uganda-Kampalaschool UDDT.

Abb. 4: Schülerinnen in der Mädchenabteilung einer Schule in der afghanischen Provinz.

der. So ist beispielsweise der Klassenraum weltweit häufig ähnlich eingerichtet (Tische und Bänke für die Schüler*innen, Tafel oder Board vorne für die Lehrkraft) und in der Regel unterrichten wenige Erwachsene, die mehr wissen als die Jüngeren, die in der Anzahl stärkere Gruppe der Schüler*innen. Die Schule ist sowohl ein konkreter Ort, an dem schulische und unterrichtliche Kommunikation stattfindet, als auch eine Institution und Organisation. Darüber hinaus kann Sprache selbst als Institution oder als Merkmal von Institution verstanden werden, dadurch dass Sprache zur „Objektivierung von Wirklichkeit“ (Berger/Berger 1976, S. 56) beiträgt und durch Kommunikation Institution tradiert wird.

Beim Vergleich der Klassenräume sowie der Anordnung der Tische, Bänke und Personen im Raum werden Unterschiede, aber auch Gemeinsamkeiten deutlich: Die Anordnung im und Durchführung des Unterrichts, respektive das ‚Schule halten‘, laufen bislang weltweit nach einem ähnlichen Schema ab: Lehrer*innen und Schüler*innen sind gemeinsam im Schulraum und es finden sich methodisch-didaktische Arrangements des Zeigens, des Vor- und Nachmachens, des Wiederholens und Übens. Durch neue Entwicklungen des digitalen Klassenzimmers und im Zuge des Einsatzes von künstlicher Intelligenz beim Unterrichten (z.B. durch Roboter, die Instruktionen und Vorträge übernehmen können) gibt es

Abb. 5: Unterricht in der Grundschule.

indes auch in der jüngsten Zeit partielle Veränderungen oder Erweiterung der bisherigen schulischen und unterrichtlichen Praktiken. Nicht zuletzt aufgrund des Lehrkräftemangels haben einige Schulen nach der Beendigung des Onlineunterrichts am System des Fernunterrichts und Selbstlerntagen festgehalten oder diese wieder eingeführt. Schulische und unterrichtliche Kommunikation sind einerseits historisch geprägt, andererseits verändern sie sich, beschleunigt insbesondere durch die Erfahrungen in der Coronapandemie, durch die Anforderungen der Digitalisierung und des digitalen, digital gestützten oder digitalisierten Unterrichts. Gleichzeitig wird dieser schulische und unterrichtliche Veränderungsprozess nicht nur in der Forschung (z.B. Thiersch/Wolf 2021) begleitet und thematisiert, sondern auch bildungspolitisch und populärwissenschaftlich thematisiert mit dem Nimbus des Fortschrittlichen. Die Erwartung wird sowohl innerhalb als auch außerhalb der Lehrkräftebildung und Bildungseinrichtungen transportiert und zu einem zentralen Fremd- und Selbstanspruch, als Lehrer*innen selbst digitale Tools zu nutzen, neue Lehr-Lern-Formate auszuprobieren und in den eigenen Unterricht zu implementieren.

Zu den Medien im Unterricht zählen nicht nur digitale Medien, sondern auch die bisherigen im Unterricht verwandten Medien. Tafel und Kreide, das Schulbuch,

Bilder und Bildtafeln gehören vielfach weiterhin zum Unterricht, auch wenn sich die Art der Medien und die Bedeutung der neuen Medien für Schule und Unterricht derzeit in einem rapiden Veränderungsprozess befinden. Während in der klassischen Unterrichtsplanung die zu planende oder anzunehmende Kommunikationsstruktur für geübte Lehrer*innen aufgrund der Erfahrung leichter strukturierbar ist, ist dies z.B. in Bezug auf eine anzuleitende Recherche im Internet oder die Arbeit an unterschiedlichen Computern/I-Pads etc. mit Lernsoftware möglicherweise schwieriger und bedarf einer Einarbeitung. Lehrer*innen haben dabei unterschiedliche Einstellungen und Haltungen sowohl im Hinblick darauf, welche Bedeutung sie neuen und alten Medien für Schule und Unterricht beimessen als auch, wie viel Partizipationsmöglichkeiten sie den Schüler*innen und deren Eltern im Schul- und Unterrichtsalltag einräumen wollen. So liegen Studien vor, die sich mit den „Überzeugungen von Lehrpersonen zu digitalen Medien" beschäftigen und nach „Bedingungsfaktoren und typenspezifischen Entwicklungsverläufen" (Knüsel-Schäfer 2020) fragen, sowie Studien, die sich auf die berufsbezogenen Überzeugungen von Lehrer*innen im Hinblick auf die einzelnen Teilgruppen, mit denen sie arbeiten (Schüler*innen, Eltern, Kolleg*innen), beziehen. Überblicksstudien wie der Bildungsmonitor 2020 verweisen mit Zahlen zudem darauf, dass die digitale Ausstattung nicht an allen Schulen gegeben ist. Hier wird für alle Bundesländer ein erhöhter Handlungsbedarf festgestellt (vgl. Anger/Plünnecke 2020). Die fehlende technische Ausstattung und der Fortbildungsbedarf der Lehrer*innen an allgemeinbildenden Schulen ist ein wichtiges Thema geworden, da erst allmählich in der universitären Lehrkräftebildung medienpädagogische und mediendidaktische Inhalte verpflichtend implementiert und zum Ausbildungsinhalt gemacht werden. Während an Pädagogischen Hochschulen seit Jahrzehnten Medienpädagogik zum Ausbildungskanon angehender Lehrer*innen gehört, ist dies in der universitären Lehrkräftebildung nicht in allen Bundesländern und an allen Standorten gegeben, auch wenn nach der Pandemieerfahrung neue medienpädagogische Stellen installiert werden und die Medienbildung als eine Querschnittsaufgabe von Schule und Lehrkräftebildung aufgefasst wird.

### Online-Kommunikation

Anweisungen und Informationen der Lehrperson für die Schüler*innen brauchen im Onlineunterricht oder in hybriden Formaten bzw. beim Blended Learning eine noch klarere Formulierung als in der offline Kommunikation. Es bedarf beim synchronen Onlineunterricht einer kleinschrittigen Erklärung seitens der Lehrkraft dazu, was sie gerade macht, wenn sie zu sehen ist, damit die Schüler*innen nicht durch die Blicke und Körperhaltungen irritiert oder gelangweilt sind (z.B. „Ich mache euch jetzt ein virtuelles Whiteboard auf, damit wir alle Punkte aufschreiben können"). Das ruhige und langsame Sprechen bei Erklärungen zu Schaubildern u.a. ist in der virtuellen Kommunikation noch wichtiger als im Präsenzunterricht mit den Schüler*innen. Es liegen im Bereich der Schul- und Unterrichtsforschung bislang nur wenige Veröffentlichungen dazu vor, wie sich „Unterricht unter der Bedingung von Abwesenheit" (Breidenstein/Bossen 2020) verändert und ausgestaltet. Bei Webinaren und Online-Kommunikationen fehlen uns viele der Informationen, die wir im Präsenzgespräch beiläufig bekommen, da hier nicht mit allen Sinneskanälen gearbeitet werden kann. Doch auch im Distanzunterricht als Gegenbegriff zu Präsenzunterricht brauchen die Schüler*innen vor ihren Laptops eine wertschätzende Zuhörhaltung, die bewusst Mimik und Gestik einsetzt (in die Kamera schauen, so ausgerichtet, dass der Blickwinkel auf Augenhöhe ist, ca. eine Armlänge Abstand zum Monitor). Als authentisch wird die Lehrkraft erlebt, wenn sie sich auch vor der Kamera bewegt und nicht statisch bleibt, die Sitzposition verändert, aufsteht, mal näher oder weiter entfernt ist sowie nicht dauerhaft und unpassend lächelt, sondern da, wo es zum Inhalt passt und auch umgekehrt, mit Mimik und Gestik spielt. Wichtig ist darüber hinaus, mit technischen Pannen, die jederzeit durch die Abhängigkeit von der Technik passieren können, humorvoll umzugehen und sich durch die Potenzierung der „Ungewissheit", die ohnehin jeden Unterricht kennzeichnet, da nicht jeder Teilschritt des Unterrichts geplant werden kann, nicht irritieren zu lassen. Die Ungewissheit stellt grundsätzlich eine „Herausforderung für pädagogisches Handeln" (Paseka/Keller-Schneider/Combe 2018) dar.

Nicht nur das Verständnis von Unterricht in seiner zeit- und raumgebundenen Fixierung (synchron/asynchron) und der partizipativen gemeinsamen Ko-Konstruktion von Lehr-Lern-Inhalten verändert sich durch die Möglichkeiten der Digitalisierung, sondern auch die Bedingungen und Abläufe für die konkrete Unterrichtsplanung und -vorbereitung (Präsenzunterricht, Distanzunterricht, digitalisierter Unterricht, klassenöffentlicher oder individualisierter Unterricht). Beispielsweise kann bei der Unterrichtsplanung am häuslichen Schreibtisch überlegt werden, wie am Folgetag mit den Schüler*innen der Klasse medial mit einer Karikatur im Unterricht als Medium gearbeitet werden soll und die dazugehörende Unterrichtskommunikation kann mit Bezug auf die Karikatur im Schulbuch, das allen vorliegt, in einem Dreischritt vorausgeplant werden:
1. Die Schüler*innen beschreiben, was sie auf dem Bild sehen und lesen können.
2. Die Schüler*innen stellen Vermutungen an, was die Karikatur ausdrücken will.
3. Die Schüler*innen nehmen Stellung zur Karikatur.

Für eine digitale Unterrichtsstunde, wenn sie nicht nur live gefilmter Präsenzunterricht sein soll, könnte die Planung zum Thema „Eine Karikatur analysieren" anders ablaufen und es würde ggf. ein Podcast im audiovisuellen Format erstellt werden, der den Lehrer*innenvortrag und die Anleitung der Lehrkraft ersetzt.

Durch die Digitalisierung verändert sich damit sowohl die Unterrichtskommunikation als auch die Vorbereitung auf den konkreten Unterricht.

Im Unterricht werden zwar Medien einbezogen, der größere Anteil der Mediennutzung fällt indes sowohl für die Schüler*innen als auch für die Lehrer*innen in die Zeit außerhalb des eigentlichen Unterrichts. Digital-gestützte Kommunikation gehört in der Gegenwartsgesellschaft zur lebensweltlichen Erfahrung aller schulischen Akteur*innen, beginnend bereits in der Grundschule. Die unterrichtliche Zeit als Interaktionszeit von Lehrer*innen und Schüler*innen kann deshalb nicht nur darauf verwandt werden, das Internet mehr zu nutzen, sondern auch darauf, über die eigene Mediennutzung zu sprechen und diese kritisch zu thematisieren und gemeinsam auszuloten, wo und in welcher Weise sowohl Chancen als auch Risiken thematisiert werden und auf welche Nutzungen sich die Schule einigt. Social Media wie Facebook, Instagram und Whatsapp erleichtern hier einerseits die Kommunikations- und Partizipationsmöglichkeiten für Eltern und Schüler*innen im Hinblick auf schnellere und transparente Informations- und Entscheidungsprozesse. Die einzelnen Schulen gehen andererseits als Organisationseinheiten verschieden mit neuen Medien um und geben unterschiedliche Richtlinien und Empfehlungen heraus, wie mit Whatsapp-Gruppen als gemeinsame Gruppen mit Eltern oder Schüler*innen und anderen digitalen Tools umgegangen werden darf. Hier geht es nicht um rechtliche Aspekte wie den Datenschutz (z.B. Nutzung amerikanischer Server), sondern es geht um die Vermischung von privaten Inhalten mit beruflichen, beispielsweise wenn in den Gruppen über Klassenarbeiten, Prüfungsaufgaben gesprochen wird und Materialien ausgetauscht und vervielfältigt werden. Fragen, wie die Privatsphäre aller schulischen Akteur*innen geschützt werden kann, kommen ebenfalls hinzu. Soziale Netze wie Facebook, Instagram oder Whatsapp dienen hier nicht nur dem Austausch und der Vernetzung sowie der schnelleren Kommunikation der Gruppenmitglieder untereinander, sondern werden auch als Medium von Hate Speech, der Beleidigung, der Diffamierung und Beschämungen anderer in der digitalen Öffentlichkeit missbraucht. Wer als Lehrkraft im Internet recherchiert, z.B. nach Lehrbüchern sucht oder Informationen über seine Unterrichtsthemen einholt, um in der Unterrichtsplanung seine Sachanalyse zu schreiben, wird zudem mit seinen Suchanfragen gefiltert und bekommt unaufgefordert Werbung und Informationen zu diesen Suchanfragen. Durch die Algorithmen werden Informationen priorisiert, wie Kritiker*innen formulieren, ‚kommunikative Blasen' hergestellt und andere Meinungen oder Perspektiven werden nachrangig gefunden. Die eigenen Einstellungen und Haltungen werden dadurch weniger verändert als verstärkt, wenn die Nutzer*innen bei ihrer Internetsuche und (einseitigen) Internetkommunikation in der eigenen ‚digitalen Blase' verweilen müssen.

### Arbeitsaufgaben

1. Schauen Sie sich die Zahlen aus dem Bildungsmonitor (vgl. www.insm-bildungsmonitor.de) für Ihr Bundesland an: Was ist interessant, z.B. in Bezug auf Klassengröße, Investitionen in Schule?
2. Wodurch unterscheiden sich Unterrichtsplanung, -durchführung und -nachbereitung im digitalisierten Unterricht und im Präsenzunterricht? Begründen Sie Ihre Position.

### 1.3.2 Kommunikation als Bedingung für Partizipation

Neben Fragen nach den Wirkungen der Digitalisierung und sozialer Netzwerke, die schulische Kommunikationsstrukturen verändern, sind derzeit die schulpädagogischen und bildungspolitischen Topoi Heterogenität, Differenz und Inklusion im Diskurs zur schulischen und unterrichtlichen Kommunikation leitend. Heterogenität und Differenz wird in Schule und Unterricht in sozialen Prozessen sowohl kommunikativ bearbeitet, z.B. durch spezifische Unterrichtsthemen und -einheiten, als auch hergestellt, z.B. bei äußeren Differenzierungsformen. Nicht nur in großstädtischen Einzugsgebieten von Schulen verfügen Schüler*innen respektive Familien dabei über andere oder weitere Herkunftssprachen als Deutsch. Vielfach wachsen Kinder und Jugendliche mehrsprachig auf und bringen unterschiedliche Ausgangsvoraussetzungen für die formale schulische Kommunikation und Mitwirkung mit. Kommunikation ist Voraussetzung und Gegenstand des eigentlichen Unterrichts und des Austausches über Unterricht. Zu thematisieren ist hier, dass Deutsch als Bildungssprache an dieser Stelle als gemeinsames Kommunikationsinstrument vorausgesetzt wird (vgl. Kap. 3).

Eine gelingende sprachliche Verständigung ist die Voraussetzung für die innerschulische und außerschulische Zusammenarbeit unterschiedlicher Gruppen. Kooperationen und Teamarbeit gewinnen im Zuge der Schulentwicklung zur Ganztagsschule und zur inklusiven Schule an Relevanz. Teamarbeit wird in unterschiedlichen Formen zunehmend wichtig für die Arbeit der Lehrer*innen in der Schule und erweitert diese, womit sich über den eigentlichen Unterricht hinaus neue Kommunikationsstrukturen und -möglichkeiten ergeben. Innerschulische Kommunikation, aber auch der Austausch mit außerschulischen Kommunikationspartner*innen bieten ein hohes Potenzial, indem sich die Expertise unterschiedlicher Professionen wie die der pädagogischen Fach- und Lehrkräfte, der Schulsozialarbeiter*innen, der Schulpsycholog*innen etc. ergänzen können, von dem letztlich die Arbeit mit den Schüler*innen profitieren kann. Sie bringen jedoch gleichermaßen Herausforderungen mit sich, denn Kommunikationsprobleme können den fachlichen Austausch auch behindern.

Gerade die inklusive Schul- und Unterrichtsentwicklung (z.B. Hellmich/Görel/Löper 2018; Müller/Gingelmaier 2018) bedarf verlässlicher und professioneller Strukturen für die Teamarbeit, egal, ob in der Form eines gleichberechtigten Team-Teaching zweier Lehrkräfte oder einer multiprofessionellen Zusammenarbeit ohne gemeinsame Unterrichtsverantwortung. Auch wenn vielfach Teamarbeit gefordert wird, gibt es nur wenige Studien (vgl. z.B. Seifert 2018), die sich genauer mit der unterrichtlichen Kooperation und Teamarbeit in der Schule beschäftigen.

Der jeweiligen Schulleitung obliegt hier eine besondere Verantwortung für die Schulentwicklung und die Etablierung von neuen partizipativen Schulentwicklungsmaßnahmen. Veröffentlichungen wie die von Doris Cihlars (2011) geben zudem deutliche Hinweise darauf, dass die Berufszufriedenheit von Lehrkräften durch individuelle, soziale und organisationsbezogene Maßnahmen der schulischen Personalentwicklung maßgeblich gefördert werden kann und eine Berufsunzufriedenheit im Lehrberuf stark von als nicht zuverlässig und belastbar erlebten Kommunikationsstrukturen an der Schule abhängt. Die Berufszufriedenheit der Lehrer*innen hängt ebenfalls analog zu den Schüler*innen mit dem schulischen Wohlbefinden und der Erfahrung von Selbstwirksamkeit und der Möglichkeit, an Kommunikationsprozessen beteiligt zu werden, zusammen.

In den letzten Jahrzehnten ist der Begriff der Partizipation zu einem wichtigen Begriff im bildungs- und gesellschaftspolitischen Kontext sowie in der Erziehungswissenschaft geworden:

> „Der Begriff *Partizipation* (von. lat. *pars:* Teil von einem Ganzen und *capio*: erfassen ergreifen, nehmen, einnehmen, übernehmen, sich aneignen, auswählen) konzeptualisiert den Prozess des Inbeziehungssetzens eines Teils zu einem Ganzen. Der Prozess zielt auf Inklusion (von lat. *inclusio*: Einschließung, Einbeziehung, Eingeschlossenheit, Zugehörigkeit)“ (Moldenhauer 2015, S. 4).

Gefordert wird insbesondere eine stärkere Partizipation als Teilnahme und Mitwirkung der Kinder und Jugendlichen sowohl in schulischen als auch in vorschulischen und außerschulischen Einrichtungen. So hat etwa die Kultusministerkonferenz schon 2006 darauf verwiesen, dass in der Schule eine „altersgerechte Berücksichtigung der Rechte des Kindes auf Schutz und Fürsorge sowie auf Partizipation“ (vgl. Kultusministerkonferenz 2006) stattfinden soll. Auch international wird die Partizipation der Kinder und Jugendlichen als ein relevantes Thema erachtet. Nicht zuletzt deshalb ist das Recht auf Partizipation seit 1989 in den internationalen Kinderrechten verankert. Partizipation stellt im Kanon der Kinderrechte ein Recht dar, dessen Inanspruchnahme aber freiwillig bleibt. Das Recht auf Partizipation der Kinder im Kontext von Schule und Unterricht ist in Deutschland an unterschiedlichen Stellen festgeschrieben: Im Artikel 12 der Kinderrechtskonvention, im Kinder- und Jugendhilfegesetz § 8 sowie in den Kita-Gesetzen und den Schulgesetzen der 16 Bundesländer. Die Implementierung ins Grundgesetz wird zwar gefordert, jedoch von den Parteien politisch kontrovers bewertet. Neben der politischen Argumentation wird auch aus erziehungswissenschaftlicher und soziologischer Theorieperspektive auf die Bedeutung kindlicher Partizipation hingewiesen und darauf, das Kind in seiner Handlungsfähigkeit oder Agency (Agency Concept) anzuerkennen.

Der Partizipationsbegriff wird unterschiedlich konzeptualisiert und keineswegs einheitlich verwandt. Im schulischen Kontext wird er bezogen auf die Zielgruppe der Kinder und Jugendlichen häufig als Partizipation, Beteiligung, Mitbeteiligung oder Mitbestimmung von Schüler*innen verwandt (Moldenhauer 2015, S. 6). Beteiligung, Teilhabe und Mitwirkung im Kontext von Schule und Unterricht haben, nicht zuletzt durch die Pandemie-Erfahrung, auch neue virtuelle Formen und Formate angenommen. Neben formalen Mitwirkungsmöglichkeiten z.B. als Klassensprecher*innen und partizipativen Methoden im Unterricht z.B. als kooperatives Lernen, spielen zunehmend Medien eine wichtige Rolle im Hinblick auf die Frage, wie Schüler*innen in den Unterricht einbezogen werden und in diesem mitwirken können.

Bezogen auf die Schule werden in den einzelnen Bundesländern in den jeweiligen Landesschulgesetzen und Verwaltungsvorschriften die institutionalisierten Möglichkeiten der Partizipation auf der formalen Ebene thematisiert wie der Schüler*innenrat, der Kreisschüler*innenrat, der Landesschüler*innenrat. Neben Schüler*innenparlamenten gibt es des Weiteren stärker informelle Formen der Partizipation.

Partizipation in der Schule ist auf keiner Ebene ohne Kommunikation und geregelte Kommunikationsstrukturen denkbar. Gerade das demokratische Miteinander in der Schule, als Gesellschaft im Kleinen, benötigt partizipative kommunikative Strukturen, die sich sowohl auf die organisationale Ebene der Schule beziehen (Mitwirkungsgesetze, Konferenzen) als auch auf die konkrete methodisch-didaktische Ebene der einzelnen Klasse im Unterricht, z.B. auf die Klassensprechstunde und den Klassenrat, beziehen. Der Klassenrat, der im Englischen class council und im Französischen Le Conseil genannt wird, geht, wie andere partizipative Methoden im Unterricht, auf reformpädagogische Konzeptionen zurück (vgl. Kap. 3). Insbesondere ist hier auch die Freinetpädagogik zu nennen, in der die Partizipation der Kinder im Hinblick auf die persönliche Entwicklung und ihre Selbstentfaltung eine große Rolle spielt und das Demokratielernen im schulischen Kontext konzeptionell mitgedacht wird.

### Arbeitsaufgaben

1. Welche Formen von Partizipation in der Schule haben Sie als Schüler*innen erlebt? Welche in Ihren Praktika und Unterrichtserfahrungen?
2. In welcher Weise braucht eine demokratische Schulkultur partizipative Elemente?

## 1.4 Macht und Sprache in Schule und Unterricht

### 1.4.1 Schultheorie und theoretische Perspektiven auf Schule

Aus einer schultheoretischen Perspektive kommen der Schule unterschiedliche gesellschaftliche Funktionen zu, die mit einer sozial-ausdifferenzierten leistungsbezogenen Gesellschaft einhergehen, zu der die Qualifikationsfunktion, die Selektionsfunktion (Allokationsfunktion) und die Legitimationsfunktion gehören (vgl. Fend 1980). Helmut Fend bezieht sich sowohl in seiner ersten Fassung der „Theorie der Schule“ (1980) als auch in den nachfolgenden auf die soziologische Theorie von Talcott Parsons, um die gesellschaftlichen Funktionen der Schule zu beschreiben. Bezugnehmend auf rollen- und systemtheoretische Ansätze hat das menschliche Handeln innerhalb der Schule zudem eine Funktion für das gesamtgesellschaftliche System (vgl. Kron 1996, S. 129). Neben Parsons Handlungstheorie bzw. strukturfunktionalistischer Systemtheorie spielt der symbolische Interaktionismus als soziologische Erklärungstheorie eine Rolle, um ebenfalls aus soziologischer Sicht auf die schulische Kommunikationsstruktur zu schauen.

Der symbolische Interaktionismus, der mit den Namen Erving Goffman, George Mead und Herbert Blumer (z.B. 1981), einem Schüler von Mead, verbunden wird, ist ein weiterer wichtiger theoretischer Ansatz, um Interaktionen in Schule und Unterricht zu verstehen. Im symbolischen Interaktionismus wird davon ausgegangen, dass Menschen aktiv handelnde Subjekte sind und ihr Handeln für sie subjektiv bedeutsam ist bzw. sie in und mit ihren Interaktionen Bedeutung herstellen. Katrin Velten (2020) fasst es hier wie folgt zusammen:

> „Eine der Grundannahmen Meads in diesem Zusammenhang ist die These, dass Handlungen im Sinn von Kommunikation und Interaktion zwischen Menschen als symbolisch vermittelte Prozesse typischerweise durch signifikante Symbole gekennzeichnet und bestimmt werden. Dabei entsteht die Bedeutung dieser Symbole erst durch die Kommunikation und Interaktion und vor allem durch die Interpretation der Handelnden. Dies wird als symbolische Interaktion verstanden“ (S. 64).

Schule und Unterricht können als eine Art Inszenierung gesehen werden, bei der Rollenspielende miteinander interagieren und damit in ihrem Rollenhandeln einerseits aufeinander angewiesen sind, andererseits auch unterschiedliche Absichten verfolgen und Rollenskripte haben. Es geht damit auf der schulischen und unterrichtlichen Bühne um Auftritte wie in einem Theaterstück, um Performanz und um Darstellung und Selbstdarstellung im Unterricht. Der erwähnte symbolische Interaktionismus liegt methodisch und methodologisch vielen qualitativen Studien zugrunde, die mit der teilnehmenden Beobachtung im Feld der Schul- und Unterrichtsforschung arbeiten. Beschreibungen von Unterricht im Hinblick auf ein Hidden Curriculum (einen heimlichen Lehrplan) und von einer Vorder- und Hinterbühne des Unterrichts gehen zurück auf soziologische Arbeiten wie von Goffman „Wir alle spielen Theater/The presentation of self in everyday life" (1959) und von Philip Jackson „Life in Classroom" (1968), der ebenfalls zum Hidden Curriculum arbeitete. Blumer „begreift hierbei das Wechselspiel der menschlichen Kommunikation und Interaktion als einen sich wandelnden Prozess, wobei sich hier der Begriff der Wandlung sowohl auf die Handlungen des Menschen als auch auf die Umwelt bezieht" (Velten 2020, S. 65). Die beiden Begriffe Wandlung und Handlung sind relevant, denn der Mensch wird als „handelnder Organismus" gesehen, der mit anderen und mit sich selbst in sozialer Interaktion steht und als ein „aktiv Handelnder" (Velten 2020, S. 65) gesehen werden kann. So schreibt Velten (2020):

> „Diese Annahme ist auch grundlegend für strukturtheoretische Sichtweisen auf den Menschen, der aufgrund einer Handlungsfähigkeit (Agency) innerhalb bestehender Strukturen (wie z.B. dem Kontext Schule) agiert und dadurch sowohl seine Rolle als Akteur*in als auch die Strukturen konstruiert und verändert" (S. 65).

Die Erziehungswissenschaft bezieht sich in ihrem Verständnis von handlungsfähigen Akteuren im Unterricht nicht nur auf die Soziologie, sondern auch auf die Psychologie. Der Agency-Begriff spielt auch in der sozial-kognitiven Handlungstheorie von Albert Bandura (1998), einem wichtigen kanadischen Psychologen, auf den das „Lernen am Modell" zurückgeht, eine große Rolle.

Auch wenn es für angehende Lehrkräfte zu weit geht, sich in der Theorie dezidiert mit Detaildiskursen zu beschäftigen, die darauf abzielen, genauer zwischen den Begriffen Handlungsfähigkeit (Agency) und Struktur (Structure), zwischen Kindern als Akteur*innen und der Schule als Struktur selbst zu unterscheiden (vgl. Eckermann/Heinzel 2015), so beziehen sich jedoch gerade im Unterricht und in der unterrichtlichen Interaktion diese Strukturmodelle aufeinander. Für angehende Lehrer*innen ist das Wissen über soziologische Theorien insofern besonders interessant, da mit Bezug auf den Strukturfunktionalismus, der von Parsons eingeführt wurde, davon ausgegangen werden kann, dass es zu Störungen in der Kommunikation kommen kann, wenn die jeweiligen Rollenerwartungen im System nicht erfüllt werden. In Meads Rollentheorie wird stärker darauf hingewiesen, dass Rollenträger*innen auch über die Fähigkeit verfügen, sich in die Rolle anderer hineinzuversetzen, also auch zu einer Rollenübernahme einer anderen Rolle fähig sind bzw. fähig sein könnten. Bei Elterngesprächen oder bei Störungen im Unterricht wird dies besonders deutlich.

Jede Störung hat, wie jedes abweichende Verhalten von Schüler*innen, demzufolge einen Grund und geschieht nicht grundlos. Es geht damit auf der Handlungsebene um das Thematisieren und gemeinsame Erarbeiten von Regeln als Spielregeln des Unterrichts. Hier erwarten die Schüler*innen in der Folge in ihrer eingenommenen Rolle als Schüler*innen auch, dass die Lehrkraft das Einhalten der Regeln einfordert und Regelverstöße ahndet und das Verhalten nicht beliebig bleibt.

Nicht zuletzt auch im Hinblick auf eine disziplinierende Funktion werden in den letzten Jahren schulische und unterrichtliche Rituale wiederentdeckt. So haben einige Schulen das Aufstehen zu Stundenbeginn oder ritualisierte Stundenbeginne durch das gemeinsame Singen eines Liedes wieder eingeführt. In mehreren Ländern außerhalb Deutschlands und Europas wie z.B. in Mexiko beginnt der Schulalltag zudem mit einem Fahnenappell und dem Singen der Nationalhymne und ggf. weiteren gemeinsam Rezitationen von Sprüchen oder Formeln. Schulische Kommunikation findet in Ritualen im Klassenraum statt, z.B. in Begrüßungs- und Verabschiedungsritualen. Teilweise finden diese in einer dialogischen Form statt, beispielsweise in der traditionsbesetzten Weise „Guten Morgen, Herr Schlüter." und der an die Klasse gerichteten Antwort: „Guten Morgen, 5a." Oder in einer humorvollen Form, z.B. im Englischunterricht mit der gemeinsamen Referenz auf ein Lied, eine literarische Vorlage oder einen Film zur Verabschiedung wie „See you later, alligator." mit dem Echo der Klasse „In a while, crocodile." An konfessionellen Schulen und an Waldorfschulen gibt es statt einer verbalen Begrüßung und Verabschiedung unterschiedliche Varianten eines Gedichtes, Gebets oder gemeinsamen Liedes. So beginnt etwa in allen Waldorfschulen weltweit der Unterricht in den unteren Klassen mit dem Gedicht, das eigentlich ein Gebet ist:

> „Der Sonne liebes Licht, es hellet mir den Tag. Der Seele Geistesmacht, sie gibt den Gliedern Kraft. Im Sonnen-Lichtes-Glanz verehre ich, o Gott, die Menschenkraft, die Du in meine Seele mir so gütig hast gepflanzt, dass ich kann arbeitsam und lernbegierig sein" (Rudolf Steiner).

Analysiert man den Unterrichtsbeginn und den Anfang eines Schultages aus einer historischen Perspektive, so zeigt sich deutlich das Moment der Autorität und Machtausübung. Nicht zuletzt aufgrund des Missbrauchs der Machtstrukturen im Nationalsozialismus wurden insbesondere in den 1970er und 1980er Jahren Rituale im schulischen Kontext und im Kontext der Lehrkräftebildung kritisch betrachtet.

Rituale zeichnen sich durch ihre Wiederholbarkeit aus. Es sind Interaktionen, die in einem spezifischen Setting stattfinden und symbolisch aufgeladen sind.

„Rituale und Schule" stehen in einem „pädagogisch bedeutsamen Zusammenhang" (Göhlich 2014). Erziehungswissenschaftler wie Christoph Wulf und seine Kolleg*innen haben in der Berliner Ritualstudie[3] aufgezeigt, wie und dass Bildung im Ritual respektive in ritualisierter Art und Weise geschieht. Dass Schule im Ritual stattfindet, wird besonders deutlich, wenn man an die Einschulungsrituale mit Einschulungsfeier, Schultüten und inszenierter Einschulungszeremonie denkt oder aber an Entlassfeiern. Andere Beispiele sind auch die Art und Weise, wie Klassenarbeiten oder Zeugnisse in den Klassenzimmern von Lehrer*innen ausgegeben und kommentiert oder Hausaufgaben kontrolliert werden. Neben dem Verweis auf Ähnlichkeiten gibt es im nationalen und im internationalen Kontext aus einer vergleichenden Perspektive natürlich auch Unterschiede. Die Ansprachen am ersten Schultag an die neuen Schüler*innen in den USA und in Deutschland weisen beispielsweise große Unterschiede auf (vgl. Rademacher 2009). In den USA wird am Schulanfang auf die Idee der Kindorientierung verzichtet. Das Ritual, in einer Schuleingangsfeier Erstklässler*innen und ihre Eltern und Verwandten mit einer speziellen Rede, die etwa auf den nun beginnenden ‚Ernst des Lebens' der Kinder verweist, anzusprechen, findet sich nicht in vielen Ländern. Auch nicht die Schultüte, in der sich Süßigkeiten u.a. befinden. Zum Ritual gehört ebenfalls, in den Kreis der großen Schulkinder aufgenommen zu werden, indem ältere Schüler*innen etwas vormachen oder vorzeigen. Gerade der Gang mit der neuen Klassenleitung für eine Kurzstunde in den Klassenraum, um dann wieder mit der Familie den ersten Schultag außerhalb der Schule zu feiern, ist hierbei eine deutsche Tradition.

Die Grundschule, wie sie in Deutschland bis heute besteht, ist vor über hundert Jahren als untere Stufe der Volksschule begründet worden. Forschungsfelder bestehen etwa in Bezug auf die Schul- und Unterrichtsgeschichte bzw. zur Frage nach der inneren Ausgestaltung der Volksschule im Nationalsozialismus (vgl. Götz 1997) nach der Einführung der Grundschule 1920 als Schule für alle Kinder des deutschen Volkes unabhängig von ihrer sozialen Herkunft und als Schule für und der Kinder. Zu fragen ist hier, ob und inwiefern sich die Haltung zu und die Kommunikation mit Kindern in der Institution Schule historisch verändern. Bei der Beibehaltung und Erweiterung der Semantik, von der Grundschule als der „Schule für alle" zu sprechen und nunmehr auch auf Kinder mit Beeinträchtigungen auszuweiten, bleibt unbenommen, dass die Schule einen Zwangscharakter hat, der sich auch in schulischen Ritualen zeigt, aber auch durch die „Sprache als Institution". Letztlich gibt es keine Alternative zum ersten Schultag und keine Möglichkeit des Nicht-Mitmachens im Unterricht und rein freiwillige Partizipation.

3 Vgl. Wulf/Althans/Blaschke/Ferrin/Göhlich/Jörissen/Mattig/Nentwig-Gesemann/Schinkel/Tervooren/Wagner-Willi/Zirfas 2007.

In der Forschung lassen sich aus einer historischen und interkulturellen Perspektive neben Kontinuitäten durchaus auch Unterschiede aufzeigen, wenn man etwa an das veränderte Verhältnis von Loben und Strafen im Unterricht denkt und die Ansprache des männlichen Lehrers mit Zeigestock in der Hand, was aus der Gegenwartsperspektive betrachtet weder kindgerecht noch zeitgemäß erscheint. In Deutschland ist zudem auch im 20. Jahrhundert die Geschichte der Schule und der Schulpädagogik in ihren Entwicklungen in Westdeutschland und in der ehemaligen DDR unterschiedlich verlaufen (vgl. z.B. Einsiedler 2015, Jung 2011). Die jeweilige Selbstdarstellung und Diskussion darüber, was guter Unterricht ist, die historische Selbstdarstellung der Schule „im Spiegel ihrer Geschichtsschreibung" (Tenorth 2000) kann aus unterschiedlichen Perspektiven betrachtet werden. Deutlich wird: „Institutionen haben die Macht zu zwingen" und die Ansprache „wirkt sehr früh im makrogesellschaftlichen Sinn auf das Kind ein" (Berger/Berger 1976, S. 56). In der neueren Schul- und Professionsforschung werden in kritisch-reflexiver Weise, überwiegend von Ansätzen aus der Interkulturellen Pädagogik ausgehend, die in Schule und Unterricht eingeschriebenen Machtverhältnisse thematisiert. Hier wird neben dem Verweis auf eine strukturelle Diskriminierung von Schüler*innen nicht-deutscher Herkunft und Deutsch als Zweit- oder Fremdsprache, auch in übergeordneter Weise zu Fragen der „Professionalisierung in Migrationsverhältnissen" (Doğmuş 2022) und Fragen nach dem professionellen „pädagogischen Können in der Migrationsgesellschaft" (Doğmuş/Karakaşoğlu/Mecheril 2016) gearbeitet. Intersektionale Zugänge und Theorieansätze, die sich auf Anerkennungstheorien beziehen, setzen sich verstärkt mit subjektivierungstheoretischen Perspektiven und der „Sprachlichkeit der Anerkennung" (Ricken/Rose/Otzen/Kuhlmann 2023) auseinander. Interdisziplinär ausgerichtete Theorieperspektiven beschäftigen sich in analytischer Weise mit der Subjektivierung durch Sprechakte (vgl. Ricken/Casale/Thompson 2019), die in Schule und Unterricht, aber auch in anderen pädagogischen Institutionen außerhalb der Schule stattfinden, die etwa in klassenöffentlichen Gesprächen zu Erniedrigung und Gefühlen der Scham seitens der angesprochenen Schüler*innen führen können.

### 1.4.2 Sprach- und Praxisforschung im Unterricht

Sprache dient einerseits der Erklärung der Wirklichkeit, anderseits auch der „Rechtfertigung der Wirklichkeit" (Berger/Berger 1976, S. 57), zudem schafft Sprache Wirklichkeit und die sprachliche Reflexion kann diese wiederum verändern. Gerade im Kontext einer verstehenden und interpretativen Schul- und Unterrichtsforschung, aber auch an der Schnittstelle des Theorie-Praxis-Transfers werden, anknüpfend an soziologische und philosophische Überlegungen zur

Bedeutung und zur Wirkung von Sprache, in den letzten Jahrzehnten zunehmend interdisziplinäre Modelle und Ansätze nutzbar gemacht. Diese beschäftigen sich mit der Sprache und dem Sprechen im Unterricht, insbesondere als Forschung zur Sprache im Unterricht und zur Lehrer*innensprache. Dabei ist der interdisziplinäre Bezug zur Sprechakttheorie von John Austin (z.B. 1972) zu nennen, der in seinem Verständnis von Zeichen und Empfänger mit dem früheren Sprachwissenschaftler Ferdinand De Saussure davon ausgeht, dass sich jedes Zeichen auf eine Bezeichnung bezieht und sprachliche Zeichen dabei arbiträr oder konventionell sein können. Sprache besteht, dieser Logik folgend, grundsätzlich aus Zeichen und Regeln und jedem sprachlichen Zeichen wird eine Inhaltsseite und eine Ausdrucksseite zugeordnet. Wird Kommunikation als Sprechakt analysiert, so kann Sprache als Zeichensystem gesehen und gedeutet werden. Aus sprachwissenschaftlicher Sicht bezieht sich Kommunikation dabei auf das sprachwissenschaftliche Gebiet der Semantik[4]. Bezogen auf die Sprechtakttheorie und die Sprachphilosophie kann Unterricht damit als ein „Sprachspiel“ (Lüders 2011) verstanden werden. Insbesondere bei Unterrichtsinteraktionen zeigt sich das Sprachspiel durch an die Lerngruppe adressierte Worthülsen wie „Wer weiß das von Euch?“, „Wer kann mir das sagen?“ oder „Wo sind wir am Dienstag stehengeblieben?“ Der Schulpädagoge Manfred Lüders (2011) übernimmt in seiner „Sprachspieltheorie des Unterrichts“ den vom Philosophen Ludwig Wittgenstein geprägten Begriff des Sprachspiels. In seiner Sozial- und Sprachphilosophie wird er ebenfalls dem Feld der Praxistheorie zugeordnet.

Praktiken in der Schule haben sprachliche und nicht-sprachliche Elemente wie z.B. das Aufzeigen, wenn Schüler*innen etwas sagen möchten. Unterricht ist damit ein Ort, an dem spezifische soziale Praktiken und Interaktionsabläufe vorkommen, die durch eine organisationale Festlegung auf eine gemeinsame raum-zeitliche Struktur determiniert werden (z.B. Französischunterricht mit Klasse 9b, 3. Stunde, dienstags). Fragen und beginnende Interaktionen wie „Wer von Euch will die zweite Aufgabe vorrechnen?“ oder „Wo waren wir am Freitag stehengeblieben?“ können dabei als bedeutsame Sprachspiele nur in der Schule und nicht Zuhause vorkommen. Zum Beispiel, wenn eine Lehrkraft nach einer Instruktion oder der Erklärung eines Arbeitsauftrages fragt: „Hat jemand noch eine Frage? Wenn dies nicht der Fall ist, dann nehmt Euch ein Arbeitsblatt.“ Hier lässt sich erkennen, dass es sich um eine spezifische sprachliche Kommunikation handelt, die auf den spezifischen Kontext Schule und Unterricht verweist und nur aus dieser Situation heraus erklärbar, nachvollziehbar und logisch ist und beispielsweise nicht am Küchentisch beim Gespräch einer Familie mit Kindern beim Abendessen.

---

4 Die Lehre von der Bedeutung von Wörtern und ein Gebiet der Linguistik; Semantik und Pragmatik beziehen sich auf die Bedeutung von Sprache und sprachlichem Handeln.

In den letzten Jahren haben im Bereich der Unterrichts- und Schulforschung Erziehungswissenschaftler wie Georg Breidenstein (z.B. Breidenstein/Meier/Zaborowski 2010) und andere Schulpädagog*innen an der Universität Halle, hier ist vor allem auch Werner Helsper zu nennen, dazu gearbeitet, die kommunikativen Praktiken im Unterricht (z.B. bei der Zeugnisausgabe) und Schule im Kontext von Schulkultur und Schulethos zu charakterisieren. Bei genauerer Betrachtung des Begriffes der Schulkultur, der in den letzten 20 Jahren eine starke Ausbreitung in der Schulpädagogik gefunden hat, wird deutlich, dass es sich nicht um eine Theorie oder einen Ansatz handelt, sondern vielmehr um einen Oberbegriff dafür, dass Schule aus einer kulturellen Perspektive aufgefasst und beschrieben werden kann. Neben einschlägigen Arbeiten (z.B. Göhlich (2014); Wulf u.a. (2007); Wagner-Willi (2005); Duncker (1994); Holtappels (1995)), gehört vor allem Werner Helsper (2008) zu den wichtigsten Erziehungswissenschaftler*innen im Diskurs der Schulkultur. Es handelt sich beim Terminus Schulkultur um einen Begriff, der im Zuge des „cultural turn“ in die Erziehungswissenschaft und Schulpädagogik Einzug gefunden hat. Helsper (2008) bezieht sich hierbei auch auf Andreas Reckwitz (z.B. Reckwitz 2000), um auf den Zusammenhang zwischen Diskursen und Praktiken in Schule und Unterricht zu verweisen. Während Reckwitz Diskurse als soziale Praktiken versteht, erachtet Helsper Diskurse nicht als Praktiken. Reckwitz, der neben Soziologie auch Philosophie studierte, bezieht sich in seinem Verständnis von Diskursen auf den US-amerikanischen Sozialphilosophen Theodore Schatzki, der sich ähnlich wie Lüders mit der Philosophie Wittgensteins beschäftigte und von der Macht und Wirkung „sozialer Praktiken“ ausgeht. Praktiken beziehen sich nicht allein auf sprachliche Anteile:

> „As we shall see, language alone does not articulate intelligibility – bodily behavior and reactions also play an omnipresent and foundation role. Language is also unable to articulate fully the understandings and intelligibilities that permeate human life. Thus in saying that practices are both the most basic social phenomenon and the site where intelligibility is articulated, I do not suggest that social existence reduces to language in some fundamental way or that everything about practices can be expressed in language" (Schatzki 1996, S. 13).

Lehrer*innen agieren schulkulturell betrachtet stets in „hybriden“ Sinnordnungen, da „Schulkultur als Sinnordnung konzipiert ist“ (Helsper 2008, S. 71). Das „Symbolische der Schulkultur“ prägt die schulischen Interaktionen, sei es im Unterricht oder außerhalb, genauso wie die Strukturprobleme des deutschen Bildungssystems das Lehrer*innenhandeln beeinflussen (vgl. Helsper 2008, S. 68). Das heißt, nicht nur in der weiterführenden Schule, selbst in der Grundschule wird durch die Selektivität des deutschen Schulsystems die Leistungsorientierung mit Schulbeginn transportiert und rahmt das Lehrer*innenhandeln.

Dass Sprache und Macht zusammengehören, wird im schulischen und unterrichtlichen Kontext dabei an vielen Stellen deutlich (vgl. Kap. 7). Die Beherrschung der Sprache Deutsch als Bildungssprache wird zudem als zentral für die Schullaufbahn erachtet. So verweisen etwa Studien wie die Sekundäranalysen zur internationalen Vergleichsuntersuchung PISA (vgl. Reiss/Weis/Kliebe/Köller 2019; OECD 2016) seit 2000 darauf, dass Schüler*innen mit Deutsch als Zweit- und Fremdsprache tendenziell im deutschen Bildungssystem eine schlechtere Bildungsperformanz zeigen. Zudem werden sprachliche Fähigkeiten in allen Unterrichtsfächern, auch über das Unterrichtsfach Deutsch hinaus, als relevant erachtet. Ebenfalls spiegeln die Zahlen aus den Bildungsberichten sowie Studien zu den Übergängen der Grundschule und zu Zuweisungspraktiken im Übergang zur Schule (Gomolla/Radtke 2003) wider, dass in Deutschland Kinder an den Bildungsübergängen schnell zu Bildungsverlierer*innen werden können und institutionelle Selektionsmechanismen bestehen, die mit der Beherrschung der Bildungssprache Deutsch und des passenden ‚Sprachbesitzes' zu tun haben. Auch die Kommunikation mit den Eltern wird durch sprachliche Kompetenzen beeinflusst. Es gibt zudem bei den Familien die gleiche Heterogenität wie bei den Schüler*innen, ‚bildungsnahe' (ökonomisch privilegierte) und ‚bildungsferne' (ökonomisch unterprivilegierte) Familien respektive Familien, denen ein schulnahes oder schuldistanziertes Verhalten in Interaktionen zugeschrieben wird. Der Habitus, der das „Wahrnehmen, Denken und Handeln der Menschen" (Gerstner/Wetz 2008, S. 111) strukturiert, zu dem auch das Beherrschen der Bildungssprache – sowohl bei Schüler*innen als auch bei deren Erziehungsberechtigten – gehört, spielt im Kontext von Schule eine besondere Rolle. Adressierungen finden beispielsweise statt durch die Art und Weise, wie Eltern angesprochen werden. Dies wird etwa deutlich in Beratungsgesprächen zur Schullaufbahn mit den Erziehungsberechtigten. Häufig sind zudem schulische Informationsmaterialien oder Elternbriefe so formuliert, dass sie durch die gewählte Sprache bestimmte Eltern (nicht) erreichen. So könnte sich z.B. je nach Schulsprengel oder Einzugsgebiet ein Elternbrief auch am Primat der „einfachen Sprache" orientieren und mehrsprachig verfasst werden.

### Arbeitsaufgaben

1. Positionieren Sie sich zur Aussage: Es geht in jedem schulischen Gespräch (im Unterricht und auch außerhalb) für Lehrer*innen stets um das sprachliche Vorbild und das Rollenvorbild.
2. Wenn Erstklässler*innen im Anfangsunterricht lesen lernen, dann lernen sie, wie die Lehrkraft es beim lauten Vorlesen vormacht, die Stimme zu modulieren und die Sätze in Bogensätzen vorzulesen, also die Stimme anzuheben und am Ende des Satzes mit der Stimme wieder herunterzugehen. Welche anderen sprachlichen Situationen, die auf das Moment der Nachahmung der Lehrer*innensprache verweisen, können Sie aus dem Unterricht anführen?

## Literaturverzeichnis

Achermann, B./Amirpur, D./Braunsteiner, M./Demo, H./Plate, E./Platte, A. (Hrsg.) (2017). Index für Inklusion. Ein Leitfaden für die Schulentwicklung. Weinheim.

Adick, Ch. (2013) (Hrsg.): Bildungsentwicklungen und Schulsysteme in Afrika, Asien, Lateinamerika und Karibik. Münster.

Anger, C./Plünnecke/A. (2020): INSM-Bildungsmonitor 2020. Schulische Bildung in Zeiten der Corona-Krise. Online: https://www.insm-bildungsmonitor.de/2020.

Austin, J. (1972): Zur Theorie der Sprechakte. How to do things with words. Stuttgart.

Baacke, D. (2007): Jugend und Jugendkulturen. Darstellung und Deutung. Weinheim.

Bandura, A. (1998): Exercise of agency in accenting the positive. San Francisco.

Beck, K. (2017): Kommunikationswissenschaft. Konstanz/München.

Beelmann, W. (2001): Normative Übergänge im Kindesalter. Anpassungsprozesse beim Eintritt in den Kindergarten, in die Grundschule und in die weiterführende Schule. Hamburg.

Beelmann, W./Rosowski, E. (Hrsg.) (2011): Übergänge im Lebenslauf bewältigen und förderlich gestalten. Münster.

Berger, P./Berger, B. (1976): Wir und die Gesellschaft. Eine Einführung in die Soziologie -entwickelt an der Alltagserfahrung. Reinbek bei Hamburg.

Blumer, H. (1981): Der methodologische Standort des Symbolischen Interaktionismus. In: Arbeitsgruppe Bielefelder Soziologen (Hrsg.): Alltagswissen, Interaktion und gesellschaftliche Wirklichkeit. Opladen.

Böhnisch, L. (2012): Jürgen Habermas. In: Horn, K.-P./Kemnitz, H./Marotzki, W./Sandfuchs, U. (Hrsg.): Klinkhardt Lexikon Erziehungswissenschaft. Bad Heilbrunn, S. 13.

Breidenstein, G./Bossen, A. (2020): „Schule im Netz?“ – Unterricht unter der Bedingung von Abwesenheit. In: Grundschule aktuell: Zeitschrift des Grundschulverbandes (2020) Heft 152, S. 39–41.

Breidenstein, G./Meier, M./Zaborowski, K. (2010).: Ethnographische Unterrichtsforschung und Schulentwicklung – Leistungsbewertung in der Schulklasse. Werkstattheft des ZSB, Heft 29 (2010), S. 149–157.

Broström, St. (2002): Communication and continuity in the transition from kindergarten to school. In: Fabian, H./Dunlop, A. (Hrsg.): Transition in the early years. London, S. 52–63.

Bühler, K. (1934): Sprachtheorie. Jena.

Cihlars, D. (2011): Die Förderung der Berufszufriedenheit von Lehrkräften. Individuelle, soziale und organisationsbezogene Maßnahmen der schulischen Personalentwicklung. Bad Heilbrunn.

Dockett, S./Perry, B. (Hrsg.) (2021): Evaluating Transition to School Programs: Learning from Research and Practice. London/New York.

Doğmuş, A. (2022): Professionalisierung in Migrationsverhältnissen – Eine rassismuskritische Perspektive auf das Referendariat angehender Lehrer*innen. Wiesbaden.

Doğmuş, A./Karakaşoğlu, Y./Mecheril, P. (2016) (Hrsg.): Pädagogisches Können in der Migrationsgesellschaft. Wiesbaden.

Duncker, L. (1994): Lernen als Kulturaneignung. Schultheoretische Grundlagen des Elementarunterrichts. Weinheim.

Eckermann, T./Heinzel, F. (2015). Kinder als Akteure und Adressaten? Praxistheoretische Überlegungen zur Konstitution von (Schüler-)Subjekten und Akteuren. Zeitschrift für Soziologie der Erziehung und Sozialisation 1, S. 25–38.

Einsiedler, W. (2015): Geschichte der Grundschulpädagogik. Entwicklungen in Westdeutschland und in der DDR. Bad Heilbrunn.

Fend, H. (1980): Theorie der Schule. Wiesbaden.

Gerstner, H.-P./Wetz, M. (2008): Einführung in die Theorie der Schule. Darmstadt.

Goffman, E. (1959/2003): Wir alle spielen Theater/The presentation of self in everyday life. München.

Göhlich, M (2014): Rituale und Schule. Anmerkungen zu einem pädagogisch bedeutsamen Zusammenhang. In: ZfE Zeitschrift für Erziehungswissenschaft. Innovation und Ritual. Jg. 7/2004, Beiheft 2, S. 17–27.

Gomolla, M./Radtke, F.-O. (2009/2003): Institutionelle Diskriminierung. Die Herstellung ethnischer Differenz in der Schule. 3. Auflage. Wiesbaden.

Götz, M. (1997): Die Grundschule in der Zeit des Nationalsozialismus. Eine Untersuchung der inneren Ausgestaltung der 4 unteren Jahrgänge der Volksschule auf der Grundlage amtlicher Maßnahmen. Bad Heilbrunn.

Griebel, W./Niesel, R. (2013). Übergänge verstehen und begleiten. Transitionen in der Bildungslaufbahn von Kindern. 2. Auflage. Berlin.

Haraway, D. (2008): When species meet. Minneapolis/London.

Haraway, D. (2018): Unruhig bleiben: Die Verwandtschaft der Arten im Chthuluzän. Englischer Titel Stay with the trouble. Weinheim.

Hellmich, F./Görel, G./Löper, M. (Hrsg.) (2018): Inklusive Schul- und Unterrichtsentwicklung. Vom Anspruch zur erfolgreichen Umsetzung. Stuttgart.

Helsper, W. (2008): Schulkulturen – die Schule als symbolische Sinnordnung. In: Zeitschrift für Pädagogik, 53, H. 1, 2008, S. 63–80.

Hofer, L. (2012): Interaktion. In: Horn, K.-P./Kemnitz, H./Marotzki, W./Sandfuchs, U. (Hrsg.): Klinkhardt Lexikon Erziehungswissenschaft. Bad Heilbrunn, S. 100–103.

Holtappels (1995): Entwicklung einer Schulkultur. Ansätze und Wege schulischer Erneuerung. München.

Jackson, Ph. (1968): Life in Classroom. New York.

Jung, J. (2011). Die zweigeteilte Geschichte der Grundschule 1945 bis 1990. Ausgewählte und kommentierte Quellentexte zur Entwicklung in Ost- und Westdeutschland. Berlin.

KMK (2022): Standards für die Lehrerbildung: Bildungswissenschaften (Beschluss der Kultusministerkonferenz vom 16.12.2004 i. d. F. vom 07.10.2022, https://www.kmk.org (eingesehen am 21.07.2023)

Knüsel-Schäfer, D. (2020): Überzeugungen von Lehrpersonen zu digitalen Medien Eine qualitative Untersuchung zu Entstehung, Bedingungsfaktoren und typenspezifischen Entwicklungsverläufen. Bad Heilbrunn.

Kron, F. (1996): Grundwissen Pädagogik. München.

Latour, B. (2014): Existenzweisen. Eine Anthropologie der Modernen. Berlin.

Leonhard, T./Schlickum, Ch. (Hrsg.) (2014): Wie Lehrer_innen und Schüler_innen im Unterricht miteinander umgehen. Wiederentdeckungen jenseits von Bildungsstandards und Kompetenzorientierung. Bielefeld.

Lüders, M. (2011). Die Sprachspieltheorie des Unterrichts. In: Proske, M./Meseth, W./Radtke, F.-O. (Hg.): Unterrichtstheorien in Forschung und Lehre. Bad Heilbrunn, S. 175–188.

Mehrabian, A. (1971). Silent Messages: Implicit Communication of Emotions and Attitudes. Belmont.

Moldenhauer, A. (2015): Dialektik der Partizipation. Eine rekonstruktive Studie zu Erfahrungen von Schülerinnen und Schülern mit Partizipation in Gemeinschaftsschulen. Leverkusen.

Müller, K./Gingelmaier, St. (Hrsg.) (2018): Kontroverse Inklusion. Weinheim.

OECD 2016: PISA 2015. Ergebnisse im Fokus. OECD Publishing. <https://www.oecd.org/ber lin/themen/pisa-studie/PISA_2015_Zusammenfassung.pdf> (18.03.19)

Paseka, A./Keller-Schneider, M./Combe, A. (2018) (Hrsg.): Ungewissheit als Herausforderung für pädagogisches Handeln. Wiesbaden.

Porsch, R. (Hrsg.) (2020): Der Übergang von der Grundschule auf weiterführende Schulen Grundlagen für die Lehrerausbildung, Fortbildung und Praxis. Münster.

Prengel, A. (2019a): Pädagogische Beziehungen zwischen Anerkennung, Verletzung und Ambivalenz. 2. Auflage. Opladen.

Prengel, A. (2019b): Reckahner Reflexionen zur Ethik pädagogischer Beziehungen – ein Beitrag zu einem stufenübergreifenden Berufsethos. In: Fasching, H. (Hrsg.): Beziehungen in pädagogischen Arbeitsfeldern und ihren Transitionen über die Lebensalter. Bad Heilbrunn, S. 28–39.

Prengel, A. (2020): Ethische Pädagogik in Kitas und Schulen. Weinheim/Basel.

Prengel, A. (2022): Anerkennung in pädagogischen Beziehungen. Zum Zusammenhang von Forschungsbefunden, normativen Orientierungen und -Entwicklungen in pädagogischen Arbeitsfeldern. In: Richter, S. & Bitzer, A. (Hrsg.): In Beziehung sein. Erziehungswissenschaftliche Reflexionen zur Bedeutung von Beziehung in Forschung, Lehre und Praxis. Weinheim, S. 78–94.

Rademacher, S. (2009): Der erste Schultag. Pädagogische Berufskulturen im deutsch-amerikanischen Vergleich. Wiesbaden.

Reckwitz, A. (2000): Die Transformation der Kulturtheorien. Zur Entwicklung eines Theorieprogramms. Weilerswist.

Reiss, K./Weis, M./Klieme, E./Köller, O. (2019): PISA 2018. Grundbildung im internationalen Vergleich. Münster: [https://www.pisa.tum.de/fileadmin/w00bgi/www/_my_direct_uploads/PISA_Bericht_2 018_.pdf; letzter Zugriff am 15.09.2020].

Ricken, N./Rose, N./Otzen, /Kuhlmann, N. (Hrsg.) (2023): Die Sprachlichkeit der Anerkennung. Subjektivierungstheoretische Perspektiven auf eine Form des Pädagogischen. Weinheim/Basel.

Ricken, N./Casale, R./Thompson, Ch. (Hrsg.) (2019): Subjektivierung. Erziehungswissenschaftliche Theorieperspektiven. Weinheim/Basel.

Schatzki, Th. (1996): Social Practices. A Wittgensteinian Approach to Human Activity and the Social. Cambridge.

Schaub, H./Zenke, K. (2007): Wörterbuch Pädagogik. München.

Schelle, C. (Hrsg.) (2013): Schulsysteme, Unterricht und Bildung im mehrsprachigen frankophonen Westen und Norden Afrikas. Münster.

Schulz von Thun, F. (1998): Miteinander Reden. Das innere Team. Reinbek bei Hamburg.

Süßebecker, K. (2019): Sprache – Macht – Anerkennung: Ein Praxiskonzept zur Förderung von Sprachbewusstheit. Weinheim/Basel.

Tenorth, H.-E. (2000). Die Historie der Grundschule im Spiegel ihrer Geschichtsschreibung. Zeitschrift für Pädagogik, 46 (3), S. 541–554.

Seifert, A. (2018): Kooperation und Teamarbeit in der inklusiven Grundschule: Empirische und theoretische Annäherungen an ein Desiderat. In: Müller, K./Gingelmaier, St. (Hrsg.): Kontroverse Inklusion. Weinheim, S. 192–204.

Thiersch, S./Wolf, E. (2021): Schule zwischen Digitalisierung und Disziplinierung. Rekonstruktionen pädagogischer Generationenbeziehungen im digitalisierten Unterricht. In: Zeitschrift für Bildung und Erziehung. Jg. 74, H. 1, S. 67–83.

Tomasello, M. (2011): Die Ursprünge der menschlichen Kommunikation. Berlin

Urbina-Garcia, A./Perry, B./Dockett, S./Jindal-Snape, D./Garcia-Cabrero, B. (Hrsg.) (2022): Transitions to School: Perspectives and Experiences from Latin America: Research, Policy, and Practice – International Perspectives on Early Childhood Education and Development. Wiesbaden.

Velten, K. (2020): HandlungsSpielRäume. Selbstwirksamkeit von Kindern im Übergang von der Kindertageseinrichtung in die Grundschule. Bad Heilbrunn.

Wagner-Willi, M. (2005): Kinderrituale zwischen Vorder- und Hinterbühne, Der Umgang von der Pause zum Unterricht. Wiesbaden.

Watzlawick, P./Beavin, J./Jackson, D. (1969): Menschliche Kommunikation. Bern/Stuttgart/Wien.

Wulf, Ch./Althans, B./Blaschke, G./Ferrin, N./Göhlich, M./Jörissen, B./Mattig, R./Nentwig-Gesemann, I./Schinkel, S./Tervooren, A./Wagner-Willi, M./Zirfas, J. (2007): Lernkulturen im Umbruch. Rituelle Praktiken in Schule, Medien, Familie und Jugend. Wiesbaden.

## Abbildungsverzeichnis

Abbildung 1: Kommunikationsmodell nach Watzlawick. Eigene Darstellung.

Abbildung 2: Kommunikationsmodell nach Schulz von Thun. Eigene Darstellung.

Abbildung 3: Uganda - Kampala school UDDT (ecosan) at St. James Binna primary school, Butabika Parish, 2012, lizensiert als CC via https://commons.wikimedia.org/wiki/File:We_also_went_to_an_older_class._I_suggest_they_speak_to_their_teacher_about_problems_with_the_school_toilets..._(6876088065).jpg

Abbildung 4: Schülerinnen in der Mädchenabteilung einer Schule in der afghanischen Provinz Paktia, Public domain, U.S. Air Force über https://commons.wikimedia.org/wiki/File:Schoolgirls_in_Bamozai.JPG, 2007

Abbildung 5: Unterricht in der Grundschule, vizualni/AdobeStock # 86138500

# 2. Gesprächsformen im Unterricht

## 2.1 Das Unterrichtsgespräch – ein unsicheres Terrain

Prinzipiell bezeichnet ein Gespräch eine Form der mündlichen Kommunikation zweier bzw. mehrerer Personen. Dieses kann im Alltag oder im Schulkontext integriert, in Form eines Unterrichtsgesprächs, stattfinden. Historische Betrachtungen von Unterricht rufen sicher zunächst gesprochene Unterrichtssequenzen ins Gedächtnis, die stärker an einen Monolog bzw. an eine Belehrung als an dialogische Gesprächsstrukturen erinnern, wie sie die Beschreibung nahelegt. Selbst stärker am Dialog orientierte Formen des Unterrichtsgesprächs, wie beispielsweise der bis zum Ende des 19. Jahrhunderts übliche fragend-entwickelnde Unterricht, gestand Schüler*innen nur wenig Spielraum zu, sich im Unterricht sprachlich einzubringen (vgl. Keck/Sandfuchs/Feige 2004, S. 495). Im öffentlichen Schulwesen betritt das Unterrichtsgespräch als Interaktionsform verhältnismäßig spät die Bühne. Von der Antike bis zum preußischen Staat existierten zwar Privatschulen für bestimmte Gesellschaftsgruppen, so z.B. für freie Bürger, Jungen, Kleriker, Adel usw., ein öffentliches Schulwesen war indes noch nicht existent (vgl. Gudjons 2008, S. 77). Erst ab dem 19. Jahrhundert wurde der Schulbesuch durchgesetzt, wenngleich Bemühungen um Schulpflichtverordnungen bereits früh dokumentiert wurden (1763 General-Landschulreglement). Im Gegensatz zu heute gab es keine ausgebildete Lehrer*innenschaft und eine Reflexion von Unterrichtsmethoden fand nicht statt (vgl. Aicher-Jakob 2021, S. 112). Mit dem Aufkommen von Lehrer*innenbildungsanstalten und schließlich der Einführung der einheitlichen Grundschule im Deutschen Reich ab 1919 wurde die Grundschule zur verbindlichen Staatsangelegenheit. Der Unterricht wurde für alle Kinder verpflichtend und das moderne Schulsystem benötigte für den Bildungs- und Erziehungsauftrag verlässliche Organisations- und Kommunikationsstrukturen (vgl. Becker-Mrotzek/Vogt 2009, S. 1). Hier kommt dem Unterrichtsgespräch eine tragende Rolle zu, das in dieser Funktion unterschiedliche Ziele verfolgen kann (vgl. Abb. 6).

Unter einem Unterrichtsgespräch verstehen wir heute eine Interaktionsform im Unterricht, die zwischen Lehrer*in, Schüler*innen und Mitschüler*innen bzw. weiteren, im Unterricht eingebundenen Expert*innen stattfindet und sich auf einen Unterrichtsgegenstand bezieht. Bittner (2006) beschreibt das Unterrichtsgespräch als

> „eine zum schulischen Lehren, Lernen und Erziehen eingesetzte dialogische Interaktion mit der unter der kommunikativen Gesetzmäßigkeiten sozial relevante Bildungskontexte

> bereitgestellt werden und in der die personalen Interessen, Rücksichten und Erwartungen zu moderieren sind, dass Schüler kulturell vorstrukturierte Stoffgebiete er- und verarbeiten können" (Bittner, 2006, S. 31).

Generell sind unterschiedliche Szenarien beim Unterrichtsgespräch denkbar, da eine Schulklasse mindestens aus einer Lehrkraft und mehreren Schüler*innen besteht, die als gesamte Klasse oder als Teilgruppe mit oder ohne Präsenz der Lehrperson in das Gespräch involviert sein können. Unterscheidungen sind nicht nur hinsichtlich der Gesprächsakteur*innen zu treffen, vielmehr gilt es, die jeweilige Zielsetzung im Vorfeld zu reflektieren. Je nach Gesprächskonstellation und Zielsetzung variieren die Gesprächsformate durch den Lenkungsgrad der Lehrkraft bzw. den Freiheitsgrad der Schüler*innen (vgl. Abb. 7). Eine sorgsame Reflexion im Vorfeld hilft Wagnisse, die mit Unterrichtsgesprächen einhergehen, zu minimieren bzw. die Gefahr des Scheiterns von Gesprächen zu verhindern.

So vielfältig das Unterrichtsgespräch in seiner Performanz sein mag, findet es dennoch überwiegend im lehrer*inzentrierten Unterricht statt. Sein Charakter reicht von der konkreten Instruktion bis hin zur genetisch-dramaturgischen Darbietung (vgl. Keck/Sandfuchs/Feige 2004, S. 495). Das Adjektiv „genetisch" verweist in diesem Kontext auf sein Bestreben, Wissen im Lernenden entstehen zu lassen (vgl. Wagenschein 1989, S. 75). Dieses zwar wünschenswerte, aber schwierige Unterfangen unterstreicht die Relevanz didaktischer Bezüge, denn ohne den Zusammenhang von Lerngegenstand und Lernenden zu kennen, können Bildungsprozesse nur unzureichend initiiert werden. Damit Wissen im Lernenden überhaupt entstehen kann, müssen Gegenstand, Lernende und Lehrende konsequent zusammengedacht werden. Dieses Beziehungsgefüge wird als didaktisches Dreieck bezeichnet, das auch für den Verlauf von Unterrichtsgesprächen bedeutsam ist. Die triadische Darstellung geht auf Johann Friedrich Herbart (1776–1841) zurück, der den Lernenden an die Spitze des Dreiecks setzte. Damit Lernprozesse gelingen und Lernangebote überhaupt wahr- und angenommen werden können, müssen Lernende den Bezug als etwas Relevantes erkennen können. Die Bedeutsamkeit für die Lernenden wird durch die didaktischen Grundfragen nach Wolfgang Klafki (1962, S. 15ff.) analysiert. In der didaktischen Analyse werden die Unterrichtsinhalte einer Überprüfung unterzogen, in welcher Weise an diesem Unterrichtsgegenstand etwas Exemplarisches gelernt werden kann und worin seine Gegenwarts- und Zukunftsrelevanz liegt. Hier deuten sich bereits erste Wagnisse an, die es im Folgenden zu klären gilt. Um Wissen erzeugen zu können, werden Unterrichtsgespräche einer Planung unterzogen, die es im weiteren Unterrichtsverlauf zu verfolgen gilt. Unterrichtsgespräche sind aber grundsätzlich nur bedingt planbar und können mit einem völlig anderen Gesprächsverlauf einhergehen als zunächst von der Lehrkraft intendiert.

„Dramaturgisch" bezieht sich auf die Inszenierung des „Suchens und Findens" (Willmann 1967, S. 505). Wie Inszenierungen verlaufen, wird Gegenstand kritischer Betrachtungen sein. Zunächst stehen Darbietungsformen von Unterrichtsgesprächen und deren Intentionen im Vordergrund.

So vielfältig die jeweiligen Intentionen zur Initiierung von Unterrichtsgesprächen sein mögen, verfolgen doch alle als übergeordnetes didaktisches Ziel, Schüler*innen in das Unterrichtsgeschehen einzubinden. Ungeachtet des Freiheitsgrades und der Variationsbreite des gewährten Gedankenkorridors, geht es in jeder Gesprächsform um die Kommunikation über einen zugrunde gelegten Unterrichtsgegenstand. Denn Unterricht dient dazu, die als relevant erachteten sozialen, natürlichen bzw. kulturellen Belange für die folgende Generation zu klären. Die Frage, was, wann, wie gelernt werden soll, verliert nie an Aktualität, sie begleitet von Anbeginn institutionelles Lehren und Lernen. Die unterstellte Sinnkonstruktion der ausgewählten Themenfelder erschließt sich den Lernenden allerdings nicht per se und das Interesse geht nicht zwingend mit der Darbietung des Lerngegenstandes einher, es muss vielmehr geweckt werden. Im außerunterrichtlichen Geschehen gelingt das leichter. Das Interesse kann sich spontan entzünden, einfach dadurch, dass Gegenstände Fragen auslösen, Neugierde wecken oder dadurch, dass das Vorgefundene mit eigenen Vorkenntnissen kollidiert und Irritationen hervorruft. Diese Zugänglichkeit außerhalb des Klassenzimmers nutzt beispielsweise der Lerngang. Schüler*innen begegnen Gegenständen unmittelbar und können eigeninitiierte reale Entdeckungen erfahren. Lernerfahrungen sind dabei nicht auf Schulinszenierungen begrenzt. Gut zu beobachten sind derartige Lernprozesse auch im alltäglichen Leben, wenn beispielsweise Straßenkünstler*innen durch scheinbar Unmögliches Passant*innen vor Rätsel stellen. Vermeintlich schwebende Personen irritieren, sie rufen Fragen bei den Betrachter*innen hervor und Passant*innen werden zu Erklärungsansätzen verlockt. An ihren Reaktionen lassen sich Bildungsprozesse beobachten, wenn die Betrachter*innen ihre Theorien diskutieren, sie überprüfen und Mutmaßungen anstellen, um den Sachverhalt zu erklären. – Irritationen stellen Lernanfänge dar und werfen Fragen auf, die es zu klären gilt. Lernen ist kein reibungsloser Vorgang, der die Lernenden vom Nicht-Wissen zur Erkenntnis führt, sondern ein „riskanter Vollzug" (Meyer-Drawe 2008, S. 401).

Nicht immer sind Fragen, die die Unterrichtsgegenstände hervorrufen, faszinierend. Unterrichtsgegenstände bringen oft nicht die erwünschte Sogwirkung nach Klärung mit sich. Die Ökonomisierung von Bildung ging mit einer Wissensparzellierung einher und die zu klärenden Sachen sind in der Regel losgelöst vom Interesse in einem vorgegebenen Zeitplan zu bearbeiten. Unterricht bleibt folglich bis zu einem gewissen Grad immer künstlich und der Lernerfolg der Schüler*innen hängt entscheidend davon ab, wie es den Lehrenden gelingt, den Unterrichtsgegenstand im Klassenzimmer mit der außerschulischen Welt zu verbinden und ihn in Sprache zu heben. Hier kommt das Unterrichtsgespräch ins Spiel, es versucht die Bedeutsamkeit des Unterrichtsgegenstandes für die Lernenden herzustellen, zu eruieren, transparent zu machen, es bildet Voraussetzungen für seine Klärung: Es macht den Lerngegenstand sichtbar und verweist auf seine Relevanz. Das Unterrichtsgespräch versucht einen Kontakt zwischen Lernenden und Unterrichtsgegenstand herzustellen. Es dient als Brücke in die schüler*innenbezogene (Außen)Welt, um den Unterrichtsgegenstand, der in den Klassenraum transferiert wird, anschlussfähig für Bildungsprozesse zu machen. Gleichermaßen ermöglicht das Unterrichtsgespräch Orientierung und bildet in Form von Instruktionen und Konstruktion die Basis, sich der Relevanz eines Gegenstandes zu versichern. Das Gespräch ist somit essenzieller Bestandteil des Unterrichts, denn Unterricht ist Kommunikation und auf Sprache angewiesen. Gleichermaßen ist ein Unterrichtsgespräch störungsanfällig, es kann ins Stocken geraten, sich verlaufen, an den Schüler*innen vorbeisteuern, langweilen, ausschließen, kurz, es kann unterschiedliche Schwierigkeiten offenbaren und misslingen.

Die Sprache ist das häufigste Medium des Unterrichts und verfolgt unterschiedliche Funktionen, die im Kontext des Unterrichtsgegenstandes stehen. Hans Glöckel (2003, S. 54f.) schreibt der Sprache unterschiedliche Funktionen zu, die auch die Tragweite des Unterrichtsgesprächs verdeutlichen:

| | |
|---|---|
| **Gegenstandsersatz** | Beschreibungen, Schilderungen, Berichte, Erzählungen können den Unterrichtsgegenstand ersetzen. |
| **Mittel des Denkens** | Sprache als Vehikel des Denkens und Erkennens. Geistige Erfassung und Bewältigung eines Sachverhaltes. Objektivierung, Präzisierung, Ordnung, Deutung, Sinnkonstruktion, Abstraktion, Fixierung, Speicherung. Denkprozesse initiieren, fördern und begleiten. |
| **Unterrichtsgegenstand** | Sprache als Unterrichtsgegenstand: Semantik, Sprachgeschichte, Grammatik, Orthografie, Lektüre. Jeder Unterricht ist auch Sprachunterricht. |
| **Metasprache** | Sprechen über Sprache bedarf der Meta-Sprache. |
| **Vorbild** | Sprachvorbild sein, Sprachen lernen durch Hören und Sprechen. |
| **Ästhetische Wirkung** | Blumige, korrekte, karge, stereotype etc. Sprache in seiner ästhetischen Seite begreifen. |
| **Verhaltenssteuerung** | Sprache als Verständigung über gegenseitige Erwartungen. |
| **Mittler seelischen Erlebens** | Sprache und Emotionen sind eng verbunden. Sprache kann treffen, verbinden, ausgrenzen, inkludieren, versöhnen etc. |
| **Mittel der Erziehung** | Sprachlich geäußerte Anerkennung, Lob und Tadel, Aufforderung zur Begründung des Verhaltes etc. |

Die Kategorisierung verdeutlicht: Sprache führt einerseits zum Lerngegenstand, sie problematisiert, provoziert, irritiert, beschreibt, erklärt, analysiert diesen und wird zum Katalysator für Bildungsprozesse. Andererseits ist Sprache aber auch gleichermaßen selbst Lerngegenstand, da Sprache gelernt werden muss: Wortschatz, Grammatik, aber auch Sprechakte und Sprachkultur werden implizit und inzidentell gelernt. Sprache sichert wichtige Voraussetzungen für partizipative Prozesse.

Prinzipiell schließt eine fundierte Unterrichtsplanung die Reflexion der angedachten Unterrichtsgespräche ein. Funktion, Steuerung, Dauer, Formation des Gesprächs sind sorgsam zu reflektieren. Dadurch können Probleme bei der Durchführung besser antizipiert werden. Die Gesprächsformen sind so vielfältig wie ihre didaktischen Zielsetzungen. Stefan Bittner (2006) unterscheidet Unterrichtsgespräche, die auf die Erarbeitung von Unterrichtsgegenständen zielen von Gesprächen, die der Verarbeitung dienen:

> „Unterrichtsgespräche – ganz gleich, ob sie vom Lehrer geleitet sind oder unter Schülern geführt werden – dienen entweder dem Nachvollzug eines bereits vorliegenden und als unveränderlich vorliegenden Sachbestands, der aus dem Kontext der bisherigen Kenntnisse erarbeitet, verstanden werden muss. Es handelt sich demnach um *Erarbeitungsgespräche*. Oder es geht im weitesten Sinne darum, diesen oder einen noch nicht festgelegten Sachverhalt aus dem Kontext der eigenen Kenntnisse selbsttätig zu ergründen, interpretativ zu überformen bzw. zu verarbeiten, so dass hier von *Verarbeitungsgesprächen* geredet werden kann. Beide Modi des Gesprächs kommen in den verschiedenen Unterrichtsfächern vor und ergänzen sich als Instrumentarien der pädagogischen und didaktischen Arbeit" (Bittner, 2006, S. 25).

Er- und verarbeitende Gesprächsformen lassen sich in weitere Ziele untergliedern. Abbildung 6 orientiert sich an Bittners Klassifizierung, zeigt darüber hinaus aber noch weitere Gesprächsformen, die im schulischen Kontext verankert sind, wobei die Grenzen mitunter fließend zu verstehen sind.

Das Grafikinnere offenbart die Vielfalt der intendierten Arbeitsziele, die beim Einsatz eines Unterrichtsgesprächs in der Unterrichtsplanung vorgesehen werden können. Je nach Zielsetzung ergeben sich weitere Modi, die das Gespräch mit sich bringt bzw. die mitberücksichtigt werden müssen, zum Beispiel der Lenkungsgrad, die Gesprächsstrukturierung etc. Die Sozialformen können dabei variieren, denn bestimmte Zuordnungen zwischen Intention und Sozialformen ergeben sich nicht per se. So kann sich je nach Unterrichtssetting ein instruierendes Gespräch an eine Einzelperson, an eine Teilgruppe oder auch an die gesamte Schüler*innenschaft richten. Für alle Gespräche relevant sind jedoch unverzichtbare Gesprächsbedingungen, die die Einzelentscheidungen der Unterrichtsplanung und -durchführung verlässlich rahmen, wie eine etablierte Kommunikationskultur, die einen Austausch auf Augenhöhe voraussetzt, eine vertrauenswürdige Atmosphäre sichert, damit respektvoll und vertrauenswürdig interagiert werden kann. Transparenz er-

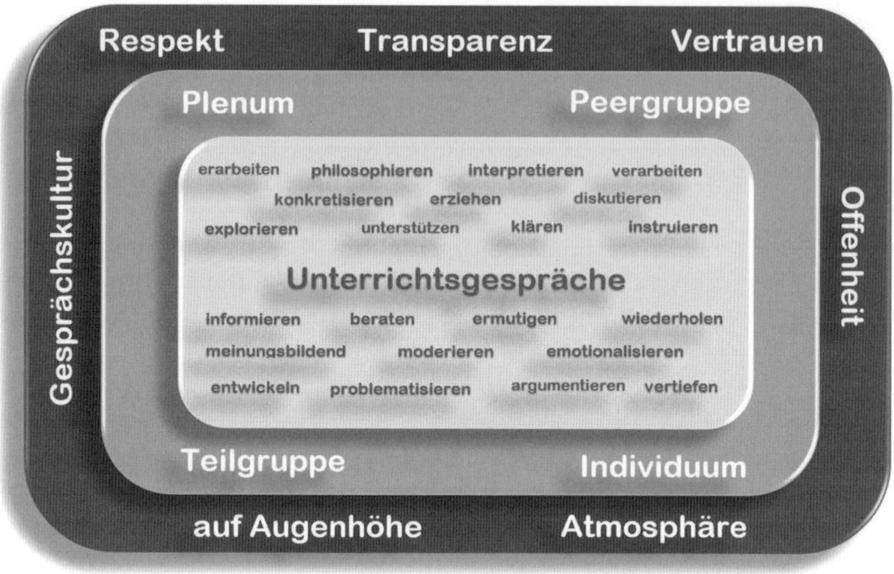


Abb. 6: Unterrichtsgespräche. Eigene Darstellung.

möglicht für die beteiligten Akteur*innen Partizipationsprozesse. Der äußere Rahmen verweist damit auf eine kommunikationsförderliche Beziehungsebene, die eine zentrale Gelingensbedingung darstellt.

Im weiteren Verlauf steht das Gespräch als zentrales Element von Unterricht mit seiner bildenden Intention im Vordergrund. Das Unterrichtsgespräch zielt dabei auf Erkenntnisgewinn und dient einerseits der Erarbeitung von Unterrichtsgegenständen, die als bildend erachtet werden, andererseits ihrer Verarbeitung und Vertiefung. Im Folgenden werden Gesprächsformen hinsichtlich ihres Lenkungsgrades unterschieden. Die Potenziale der Unterrichtsgespräche und den Gesprächsformen inhärenten Problemfeldern stehen im Vordergrund.

### Arbeitsaufgaben

1. Diskutieren Sie konkrete Umsetzungsschritte zur Etablierung und Verstetigung einer vertrauensvollen Gesprächskultur.
2. Bei der Unterrichtsplanung werden Unterrichtsgespräche selten problemorientiert reflektiert. Konstruieren Sie ein Unterrichtsgespräch, welches die Intention einer Wiederholung verfolgt. Antizipieren Sie unterschiedliche Problemfelder.

## 2.2 Freie Unterrichtsgespräche

Unterricht und Gespräch sind unmittelbar miteinander verbunden – das Gespräch ist zentrales Element des Unterrichts. Eine Gesprächsform, die den Schüler*innen einen hohen Gestaltungsspielraum einräumt, ist das freie Unterrichtsgespräch. Die Schüler*innen können sich in hohem Maße sprachlich am Unterrichtsgeschehen beteiligen. Das Gespräch reicht in diesem Verständnis weit über die Beantwortung von Lehrer*innenfragen hinaus, wie es beispielsweise der fragend-entwickelnde Unterricht vorsieht. Im freien Unterrichtsgespräch wird den Schüler*innen die Möglichkeit eingeräumt, weite Teile der Thematik selbst- bzw. mitzustrukturieren. Seine Anfänge finden sich bei Berthold Otto (1859–1933), einem deutschen Reformpädagogen, der seine unkonventionellen pädagogischen Überlegungen aus den eigenen Kinder- und Jugenderinnerungen bzw. aus der Erziehung seiner fünf Kinder speiste (vgl. Röhrs 1991, S. 235). Durch kontinuierliche Beobachtungen entwickelte Otto ein Verfahren des „Verstehens durch Annäherung" (Röhrs 1991, S. 238). Seiner Grundannahme folgend bilde das „Volk" eine „Denkgemeinschaft", in welcher jedes Individuum entsprechend seiner Stärken und seines Bewusstseins zu einem erreichbaren Erkenntnisstand geführt werde. Entscheidend für die Vermittlung sei dabei die Sprache. Otto war davon überzeugt, dass den Individuen ein natürlicher Drang zum geistigen Wachstum inhärent sei, der durch Fragen vorangetrieben werde. Kindern müsste folglich im Unterricht das Recht auf die Beantwortung ihrer Fragen eingeräumt werden, da ihnen eine bildende Funktion zu komme (vgl. Kap. 4). In der 1906 gegründeten „Hauslehrerschule" in Berlin Lichterfelde setzte er diese Annahmen konsequent in die Praxis um, indem er dem freien Unterrichtsgespräch in altersgemischten Gruppen einen zentralen Stellenwert einräumte. Die Gesprächsinhalte sollten dabei von Schüler*innen selbst in das Gespräch eingebracht werden. Wie ernsthaft sich der Lehrende um die Antworten auf die im Gespräch geäußerten Fragen bemühen sollte, zeigt sich in seinen Ausführungen zum Verstehen. *Verstehen* sei der Schlüssel für Lernen, *Hören* die Voraussetzung für Verstehen. Otto konstatiert, Verstehen und Hören seien eng miteinander verknüpft, indem der Redende denke und der Hörende verstehe (vgl. Röhrs 1991, S. 239). Diese Annahme beschreibt eine pädagogische Situation, die zwar eine Grundvoraussetzung für den Erkenntnisgewinn darstellt, die pädagogischen Situationen aber nicht per se eingeschrieben ist, denn die Informationen des Gesagten sind nicht für alle gleichermaßen aufschlussreich und anschlussfähig. Diese idealtypische Darstellung erklärt sich durch Ottos eigene Lernbiografie. Seine Schulerfahrungen prägten seine pädagogischen Gedanken grundlegend. Krankheitsbedingt war Otto lange Zeit auf außerinstitutionelles Lernen angewiesen und sammelte Erfahrungen im Selbstunterricht. Sein schulisches Lernen wurde durch zwei verständnisvolle Lehrer begleitet. Dieser biografische Hintergrund zeigt, dass eine einfache Übertragung des freien

Gesprächs in den schulischen Unterrichtsalltag mit Schwierigkeiten verbunden sein kann, wenn dem Verstehensprozess nicht grundlegende Gedanken vorangestellt werden (vgl. Kap. 3). Ungeachtet der Anschlussfähigkeit der Informationen setzt der Verstehensprozess zunächst ein echtes Interesse bei den Zuhörer*innen voraus. Das Interesse ist gegeben, wenn der Fragende sein Anliegen geklärt wissen möchte. Zuhören wird dann durch intrinsische Motivation getragen. Otto vertieft sein Modell des freien Unterrichtsgespräches, das sich am Tischgespräch orientiert:

> „Eben damit legen wir den Grund zu einer Geisteswissenschaft, die wirklich den Namen Wissenschaft zu führen berechtigt ist. Wir können das aber nur deswegen, weil wir auf diese Weise dem Geist des Kindes lediglich den Weg bahnen, auf den es sich durch die Entwicklung des deutschen Volksgeistes ebenso stark wie durch sein eigenstes innerstes Sehnen hingedrängt fühlt“ (Otto 1928, S. 146).

Das von Otto beschriebene Sehnen nach Erkenntnisgewinn ist dem Menschen von Geburt an eigen, es ist entscheidend für seine Entwicklung verantwortlich. Wie sich aber der Wissensdrang und das kindliche Explorieren entwickelt, erhält oder abschwächt, ist von vielen Faktoren abhängig. Es bleibt eine zentrale Entwicklungsaufgabe von Schulen daran zu arbeiten, dass die (Vor-)Freude der Schüler*innen in der Institution Schule nicht verloren geht. Darüber hinaus gilt es aber, Möglichkeiten im institutionellen Lernsetting auszuloten, Kindern mit geschwächtem Selbstkonzept[5] und verlernter Explorierfreudigkeit erneut zu Zuversicht und Lernfreude zu verhelfen bzw. Strukturen fest zu verankern, um diese Haltung kontinuierlich zu sichern.

Fragen, die bei Tischgesprächen entstehen, unterscheiden sich von Fragen im Unterrichtsalltag insofern, dass die Bedeutsamkeit in der Regel nicht erst transparent gemacht werden muss. Institutionelles Lernen birgt ausreichend Spielräume, geht aber dennoch mit mehr Einschränkungen einher. Schüler*innenfragen hervorzurufen, die von echtem Interesse zeugen, ist im Unterrichtsalltag, der durch Stundentafeln, Fachunterricht, Curricula etc. bestimmt wird, nicht immer einfach. Didaktische Überlegungen setzen an Fragen an, wie das Interesse der Schüler*innen geweckt, Fragen entwickelt und ein Verstehensprozess angestoßen werden kann. Otto sah im Gespräch mit „Wissenden“ ein großes Bildungspotenzial, da Wissen nicht ausschließlich über Geschriebenes erfolgen könne, vielmehr das Gespräch zur Wissenschaft führe. Soll Sprache, wie Ottos Annahme nahelegt, eine vermittelnde Funktion einnehmen, muss dieser Beachtung geschenkt wer-

5 Das Selbstkonzept geht u.a. auf Carl Rogers zurück, der bereits in den 60er Jahren des 20. Jahrhunderts betonte, dass für die Ausbildung des Selbstkonzepts geeignete Personen notwendig sind. Nach seinen Vorstellungen impliziert das Selbstkonzept drei Komponenten: das Selbstbild, das Selbstwertgefühl und das ideale Selbst (vgl. Rogers 1961).

den, denn der Lehrende muss eine Sprache wählen, die Lernenden einen Zugang ermöglicht.

Im 20. Jahrhundert etablierte sich der Stellenwert des Unterrichtsgesprächs als bildendes Element im Unterricht. Der deutsche Reformpädagoge Peter Petersen (1884–1952) versuchte die einseitige frontale Ausrichtung des Unterrichts durch Bildungsgrundformen auszuweiten. Die Kommunikationsstrukturen fanden und finden im frontalen Unterricht schwerpunktmäßig über die Lehrkraft statt. Seine „Gemeinschaftsformen des Sich-Bildens und Lernens" sahen das Gespräch, das Spiel, die Arbeit und die Feier als Grundformen des Lernens vor, die möglichst lebens- und wirklichkeitsnah gepflegt werden sollen. In Petersens Verständnis nahm das Gespräch einen wesentlichen Teil des Alltags ein. Dabei sollte es nicht als bloße Plauderei verstanden werden, vielmehr betonte Petersen, dass Gespräche auf Bildung zielen (1927/2001, S. 65). In wechselnden Sozialformen sollte das Gespräch zur Erarbeitung bestimmter Inhalte initiiert werden. In diesem Sinne versteht Petersen das Gespräch als ernsthaftes Unterfangen, das den Schüler*innen aber einen hohen Freiheitsgrad zugesteht:

> „So zielt alles hin auf sinnvolle Beziehungen, auf klare, deutliche, in Worten bestimmt ausgedrückte Erkenntnisse, allgemein auf Verständnis, noch weiter gesteigert: es geht um begründetes Wissen, begründete Erfahrung. Wegen dieser Anforderungen an das Gespräch muß auch die Form sorgsam und stetig kultiviert werden. Nicht im Sinne irgendeiner ‚Einschulung' oder einer Belehrung" (Petersen 1927/2001, S. 65).

Der Freiheitsgrad sollte sich auch in der äußeren Form widerspiegeln. Petersen räumte insbesondere den Gesprächen im Kreis einen hohen Stellenwert ein, da diese Formation die Hierarchieebenen in den Hintergrund rücken und Lehrer*innen und Schüler*innen sich in gleicher Weise begegnen können. Außerdem eigne sich die Sitzposition für die Fokussierung eines Lerngegenstandes. Im Gesprächskreis sollten Kinder die Möglichkeit erhalten, ihre Fragen einzubringen, aber auch mit Fragwürdigem konfrontiert zu werden, um Anreiz zur Auseinandersetzung mit Inhalten zu bekommen. Petersen sah es als Aufgabe des Lehrenden an, den Zusammenhang zwischen Inhalt und Leben des Lernenden transparent zu gestalten (vgl. Skiera 2010, S. 301).

Die Relevanz von Kreisgesprächen rückten im Verlauf des 20. Jahrhunderts kontinuierlich ins Bewusstsein und es konnte sich als fest verankerte Gesprächsform in der Institution Schule durchsetzen. In Grundschulen und Schulen, die sich an reformpädagogischen Konzepten orientieren, finden häufiger Kreisgespräche statt. Es gibt unterschiedliche Anlässe für ein Kreisgespräch und auch die Frequenz seines Einsatzes variiert. Die Funktionen des Morgenkreises sind vielfältig (vgl. Kap. 3). Kreisgespräche bilden eine gute Basis für bildende Gespräche, da sie im günstigen Fall ihre Wirkkraft durch eine gute Passung von Lernenden und Sache entfalten. Schüler*innen können dann ihre Bezüge, ihr Vorwissen bzw. Vorerfahrungen zum

Lerngegenstand in hohem Maße einbringen und den Lerngegenstand als ihre persönlich bedeutsame Thematik mitgestalten. Kreisgespräche nehmen die Beteiligung der Akteur*innen ernst und das Gespräch kann von den Beteiligten im Wesentlichen mitstrukturiert werden, wobei die Bildsamkeit der Sache und die Relevanz für die Lernenden offensichtlich werden kann. Die Offenheit, die in Kreisgesprächen eine gute Voraussetzung für Bildungsprozesse schaffen kann, ist aber weder durch die Kreisformation gegeben noch zwingend ein Erfolgsgarant für Bildungsprozesse bei allen Schüler*innen. Auch hierin offenbaren sich Wagnisse, wenn ein initiiertes Kreisgespräch nicht das einlöst, was es intendiert.

Das folgende Beispiel zeigt, wie offen ein Kreisgespräch verlaufen kann, wenn es nur wenig durch das Fachpersonal gesteuert wird. Die Kinderrunde fand in einer Kindertagesstätte statt und wurde von der Erzieherin durch einen Impuls zur Thematik Wetter/Temperatur eröffnet:

Erzieherin H: Heute ist es ja noch kälter geworden. Hat jemand schon geschaut, wie kalt es ist?

*Die Kinder bringen unterschiedliche Vorschläge.*

Kind: Ich glaube 111, 112 oder 113 Grad.
Kind: Oder 100 Grad.
Erzieherin H: Was über hundert Grad?
Mehrere Kinder rufen: Thermometer, Thermometer!

*Zwei Kinder springen hoch und um die Ecke in Richtung Außentüre.*

Kind: Soll ich mit?
Erzieherin H: Nein, das schaffen die allein. [...] Hat jemand von euch zu Hause schon geschaut?
Kind: Bei uns ist draußen sogar Eis.
Erzieher H: Wie kalt muss es denn da sein?
Kind: Eiskalt.
Erzieherin H: Wer weiß, wie kalt es sein muss, damit Wasser gefriert?
Kind: Zuerst ist es immer noch warm, dann gefriert es [...], wenn es eiskalt ist.

*Die beiden älteren Kinder kommen zurück: 20 Grad.*

Erzieherin H: 20 Grad? Da habe ich im Sommer ja mein T-Shirt an. Da kann ich so laufen. Warum jetzt nicht? Im Sommer

| | |
|---|---|
| | kann man es? 20 Grad Sonnenscheinwetter und 20 Grad schneeeisiges Kaltwetter? |
| Kind: | Wenn die 20 Grad oben sind, ist es warm. |
| Erzieherin H: | Wenn die 20 Grad unten sind, dann sind es die Winterpunkte [...], dann sind das Kellerpunkte. Und die Sommerpunkte sind oben. Das ist der Unterschied. Ja, manchmal wird es ganz kalt. |
| Kind: | Da muss man sich einmummeln. |
| Kind: | In Ägypten ist es nicht kalt. Da muss man sich ganz ausziehen. |
| Erzieherin H: | Stell dir vor, jetzt nackt draußen im Schnee? |
| Kind: | Ja, als ich in der Sauna war. |
| Erzieherin H: | Wie warum? In der Sauna ist es doch ganz warm. Wie hat es da ausgesehen? Hat es gedampft? |
| Erzieherin J: | So wie im Wald. Wenn wir die warme Luft ausatmen, dann entsteht Dampf. |

*Die Erzieherin vertieft den Vergleich. Es entsteht ein Gespräch zwischen zwei Kindern, über das, was sie gestern „angestellt" haben.*

| | |
|---|---|
| Kind: | Sind wir im Schnee rumgelaufen. |

*Die Erzieherin bekommt das Ende des Gespräches mit und greift das Gespräch auf.*

| | |
|---|---|
| Erzieherin J: | Die Socken waren nass! Und du hast die Socken angelassen? |
| Kinder lachen: | Sockige Füße [...], weil es so nass und kalt ist. |
| Erzieherin H: | Wenn ihr das gemacht habt, müsst ihr uns sagen, wie sich das angefühlt hat. |
| Kinder: | Kalt [...], nass [...], die Socken waren nass. |
| Erzieherin: | Bitte? Nächstes Mal kommt ihr zu mir, ich wünsche es mir, dass ihr dann frische Socken anzieht. |
| Kind: | Damit das Haus nicht nass wird? |
| Erzieherin H: | Nein, das Haus ist nicht so wichtig, aber das ist ein guter Gedanke. Frische Socken muss man anziehen, damit man sich nicht erkältet. Was anderes noch. Gestern hat mir das jemand erzählt. Ich habe es nicht geglaubt. |

*Im weiteren Verlauf entwickelt sich ein Gespräch über Geschwister und über eigene Stationen in der Entwicklung. Ein Kind berichtet, wie es laufen lernte und welche Tricks es dabei nutzte.*

*Ein anderes Kind sagt, wie es als Kleinkind aufgrund des Bewegungsdranges genannt wurde.*

| | |
|---|---|
| Kind: | Ich habe eine Cousine, auf die pass ich auf und meine Mama. |
| Erzieherin H: | Wisst ihr Klaras Schwester ist noch klein [...], ja ein kleines Geschwisterchen kann manchmal sehr anstrengend sein [...], jedes Kind ist etwas ganz besonderes, es ist soweit, wie es ist, einmalig. |
| Kind: | Ich darf morgen ins Ballett. |
| Erzieherin H: | Wo gehst du denn hin? |

*Das Kind nennt die Ballettschule und die Erzieherin wünscht viel Spaß.*
(Aicher-Jakob 2015, S. 246f).

Anhand der Sequenz lässt sich zeigen, welche bildenden Momente dem Gespräch inhärent sind (vgl. Aicher-Jakob 2015, S. 247). Das Gespräch wird durch zwei vorherrschende Themen bestimmt, dem Thema „Draußen ist es kalt“ und „einen Bruder/eine Schwester haben“.

**Temperatur/Draußen ist es kalt:** Die erste Thematik wird von der Erzieherin durch einen Impuls eingebracht. In den Tagen vor der Kinderrunde wurde mit den Kindern gemeinsam das Thermometer abgelesen. Der Gesprächsimpuls knüpft an eine bekannte Thematik an. Die Antworten der Kinder bringen, so unrealistisch sie erscheinen, ein Extrem zum Ausdruck, analog zur vorherrschenden Temperatur. Der Grad der Kälte wird anhand der hohen Zahlen, 100 und mehr, zum Ausdruck gebracht. Mit der Erinnerung an das Außenthermometer werden die Kinder aufgefordert, dem aufgeworfenen Problem selbstständig auf den Grund zu gehen. Durch die Frage, ob die Kinder zu Hause bereits nachgeschaut haben, wird eine außerinstitutionelle Anbindung der Thematik ermöglicht. Ein Gespräch über Temperatur kann zu Hause initiiert, fortgeführt oder intensiviert werden. Im weiteren Verlauf machen die Kinder die Temperatur an den Auswirkungen der Kälte fest. Es sei so kalt, dass sich Eis gebildet habe, wobei diese Erscheinungsform als etwas Außergewöhnliches betrachtet wird. Auf erneutes Nachfragen, wie kalt es sein müsse, damit Wasser gefriere, folgern sie in ihrer Logik, es müsse eiskalt sein. Ein anderes Kind beantwortet die Frage, indem es sich auf den jahreszeitlichen Wechsel bezieht. Die Ausführungen der Kinder verdeutlichen ihre Erklärungsansätze, sich auf die sichtbaren Begleiterscheinungen zu stützen. Dabei setzen sie ihr Vorwissen ein: Temperatur wird in Zahlen gemessen, extreme Temperaturen gehen mit hohen Zahlen einher, es gefriert, wenn es kalt ist, nach dem Sommer kommt der Winter. Im Gesprächsverlauf wird deutlich, dass die tatsächlich vorherrschende Temperatur noch keine endgültige Klarheit bringt. Die Temperatur, die mit Hilfe des Außenthermometers abgelesen wird, verdeutlicht die den Zahlen immanente Problematik: Der Betrag lässt noch keine eindeutige Zuordnung zu. Der hohe Abstraktionsgrad der Zahlen wird sichtbar. Im Gespräch erkennen die Kinder, dass die Zahl als solches noch keine Rückschlüsse zur vorherrschenden Temperatur zulässt, denn bei 20 Grad könne man auch mit T-Shirt bekleidet nach draußen gehen. Für die Kinder hilfreich sind die Bezüge oben und unten bzw. Kellerpunkte, Winter- und Sommerpunkte. Die Erzieherin setzt durch die gewählten Bilder und Metaphern den Abstraktionsgrad herab und erleichtert dadurch den Kindern den Zugang.

Der weitere Verlauf des Gespräches zeigt, wie sprunghaft sich die Gedanken im freien Gespräch entwickeln können. Die Kinder bringen ihre eigenen Gedanken zu Temperatur und Wetter ein, sie geben die Richtung des Gesprächs vor und binden die Thematik zurück an ihre eigenen Erfahrungen, sie kontextualisieren sie. Dabei erfolgt das Gespräch nicht völlig ungesteuert, die Erzieherinnen greifen einzelne Beiträge der Kinder auf und ermöglichen der Kindergruppe, an den Schilderungen zu partizipieren. Die Erklärung der Dampfbildung in der Sauna zeigt das Bemühen, den Kindern das Phänomen anhand eines geteilten kollektiven Erfahrungsraums, in diesem Fall des Waldes, zu erläutern. Dabei wird mit der Kommunikationsstruktur, wie sie im fragend-entwickelnden Unterricht vorherrscht, gebrochen, denn das Gespräch bietet auch Raum, sich mit anderen Kindern auszutauschen. In diesen Nebengesprächen werden für die Beteiligten relevante Gesprächsinhalte generiert und kommuniziert. Das Abenteuer, mit Socken durch den Schnee zu laufen, wird mit anderen Kindern im Peergespräch geteilt. Die Kommunikation findet nicht nur legitimiert durch die Erzieherin statt, das Gespräch darf auch als vorübergehendes Nebengespräch unter den Kindern stattfinden und wird von der Erzieherin aufgegriffen. Die Schilderungen führen wieder zu neuen Erkenntnissen und wecken weitere Assoziationen in der Kinderrunde.

**„Einen Bruder/eine Schwester haben“ – sich als Individuum mit eigener Geschichte begreifen:** So entwickelt sich die zweite Thematik ungeplant durch den situativen Ablauf des Gesprächs. Es zeigt sich, wie situativ freie Gespräche erfolgen können und wie sprunghaft die kindliche Gesprächsdynamik sein kann: Die Schilderung, ohne Schuhe im Schnee gewesen zu sein, führt über nasse Füße zur Notwendigkeit, Socken zu wechseln. Von den Socken führt die Aufmerksamkeit auf die Füße und schließlich zu der Feststellung, dass das Geschwisterchen noch keine Schuhe trage. Die Begriffe „Schwester“ und „Bruder“ geben dem Gespräch eine völlig neue Richtung: sich als älter oder jünger zu verstehen, Unterstützung zu geben oder zu erhalten. Assoziationen zur eigenen Entwicklung werden sichtbar und Kinder schildern ihre individuellen Entwicklungsetappen. Die Kinder greifen in der Retrospektive Bemerkenswertes aus ihrer eigenen Entwicklung heraus und erfahren sich als ein Individuum mit eigener Geschichte. Diese Erkenntnis wird von der Erzieherin bekräftigt, jedes Kind sei etwas Besonderes, etwas Einmaliges. Das Gespräch betont an dieser Stelle das Kind als Individuum und erlaubt es den Kindern, ihre eigene Geschichte in die Erzählrunde einzubringen. Die Kinderrunde endet schließlich mit einer Handlung, die die Gruppe wieder als Gemeinschaft erkennen lässt.

Der Verlauf der Kinderrunde zeigt, welche bildenden Momente dem Gespräch inhärent sind. Das Gespräch gesteht den Kindern einen hohen Lenkungsgrad des Gesprächsverlaufs zu und dennoch verläuft es nicht völlig ungesteuert. Die Erzieherinnen verfolgen das Gespräch achtsam und moderieren und modulieren es sorgfältig. Sie setzen geeignete Impulse, um die Gedanken der Kinder allen zugänglich zu machen oder um „Angedachtes" weiter zu vertiefen und für alle verständlich zu machen. Die Kinderrunde zeigt aber auch deutlich, welche Herausforderungen mit einem offenen Unterrichtsgespräch in der Schule verbunden sind. Denn die Organisation eines Gesprächskreises benötigt Zeit, Raum und will einstudiert sein, damit es sich in den Unterrichtsalltag einfügen kann. In einer Unterrichtsstunde, die einem 45-Mintuten-Takt folgt, werden Gespräche, wie sie hier eingefangen wurden, wohl eher die Ausnahme bleiben. Der hohe Lenkungsgrad durch die Kinder zeigt darüber hinaus, wie wenig vorhersehbar sich ein Gesprächsverlauf entwickeln bzw. wie individuell die Strukturierung einer Thematik sein kann. Eine derart unkalkulierbare Entwicklung des Gesprächs bringt im Unterricht, verstanden als geplante zielgerichtete Form des Lehrens und Lernens, Schwierigkeiten mit sich. Denn in der Planung des Unterrichtsvorhabens dürften an dieser Stelle keine „Gesprächsergebnisse" vorausgesetzt werden, die für den weiteren Fortgang des Unterrichts benötigt werden. Gesprächsergebnisse benötigen eine stärkere Strukturierung durch den Lehrenden. In der Planung müsste der Gesprächsverlauf weitestgehend offen angedacht werden, um den Schüler*innen tatsächlich die Gesprächsstrukturierung zuzugestehen. Die Kritik am freien Unterrichtsgespräch setzt eben an diesen Aspekten an und macht deutlich, dass freie Unterrichtsgespräche oberflächlich bzw. beliebig werden können. Der Verlauf des freien Unterrichtsgespräches hängt in entscheidendem Maße von den Impulsen der Kinder ab und diese werden oft von wenigen, eloquenten und selbstbewussten Schüler*innen eingebracht, während ein großer Teil der Schüler*innen diese Möglichkeit nicht wahrnehmen. Aus diesem Grund gewähren schulische Situationen selten einen derart offenen Gesprächsverlauf.

Kreisgespräche im Unterricht können freier initiiert oder aber stringenter am Lerngegenstand und an der Planung der Lehrperson ausgerichtet werden. Ungeachtet des Lenkungsgrades bricht das Kreisgespräch aber nicht zwingend mit der Grundstruktur der Kommunikation, die im fragend-entwickelten Unterricht gegeben ist. Die problematische Gesprächsfigur, bei welcher sich immer nur eine Person im Gespräch mit der Lehrkraft befindet, kann bei frontaler Anordnung ebenso wie bei einer kreisförmigen Anordnung gegeben sein. Gleichwohl finden bildende Gespräche, die möglichst viele Schüler*innen ins Gespräch einbinden, in vielfältigen Formationen statt. Gesprächsthemen werden ungeachtet der Anordnung der Schüler*innen zum Bildungskontext (vgl. Brandt 2015, S. 42). Der Austausch innerhalb der Schüler*innenschaft ist im Kreis leichter, der Blick auf einen Unterrichtsgegenstand ist von allen Positionen uneingeschränkt möglich und die Kinder können sich in der Sitzposition gleichberechtigt(er) erfahren. Dennoch hängt es von den Lehrenden ab, wie diese ein Gespräch in Gang bringen, den Schüler*innen Transparenz gewähren sowie Möglichkeiten schaffen, individuelle Erfahrungen einzubinden und gleichermaßen die Spannung für alle zu erhalten. Das Inkaufnehmen des Organisationsaufwandes, eine kreisförmige Anordnung der Gruppe der Lernenden zu initiieren, sichert dennoch keine höhere Partizipation und Sprachbeteiligung der Schüler*innen. Denn Schüler*innen fühlen sich nicht gleichermaßen von Themen angesprochen und expressive und wortgewandte Schüler*innen, nehmen sich ihre Redezeit häufig auf Kosten der stilleren. Überlegungen, wie die Ungleichverteilung der Redezeit demokratisch für alle Schüler*innen gewährleistet werden kann, führen mitunter zu einer Gesprächskultur, die den Grundgedanken des freien, bildenden Unterrichtsgesprächs ad absurdum führen kann. So finden sich auch Gesprächskreise an Schulen, die das Rederecht aller Schüler*innen basisdemokratisch dadurch sichern möchten, dass jedem Individuum eine Aussage abverlangt wird und ein gut gemeinter Austausch zum Wochenstart regelrecht zum ‚Rapport' verkommt. Nicht selten wird versucht, alle Schüler*innen in ein Gespräch einzubinden, indem Schüler*innen reihum von ihren Wochenendaktivitäten berichten müssen. Familiäre Innenansichten werden dadurch zum Unterrichtsthema gemacht und zeigen für alle sichtbar die individuellen familiären Ressourcen für Wohlbefinden und Freizeitaktivitäten, die sowohl durch die Betreuungssituation als auch durch die finanziellen Mittel ungleich gegeben sind und so regelrecht zur Beschämung führen können (vgl. Kap. 3).

Freie Unterrichtsgespräche bergen ein hohes Strukturierungspotenzial für Schüler*innen. Das Spannungsfeld zwischen geringer Steuerung durch die Lehrenden und basisdemokratischen Überlegungen bleibt reflexionswürdig. Im Unterricht überwiegen freiere Unterrichtsgespräche, die Schüler*innen zwar ein hohes Partizipationspotenzial ermöglichen, aber nicht gänzlich auf die Lenkung der Lehrenden verzichten. Damit Kreisgespräche mit höherem Lenkungsgrad durch die Schüler*innen nicht in einem fragend-entwickelnden Unterricht enden, gilt es die Gesprächskommunikation kontinuierlich zu reflektieren.

Das Gespräch als bildendes Element verfolgt pädagogische und didaktische Zielsetzungen. Sprechen wir von bildenden Momenten im Unterrichtsgespräch, blieb in den bisherigen Ausführungen unerwähnt, dass Sprache als solche auch immer selbst zum Bildungsgegenstand wird. Sprache wird implizit gelernt und jede Form von Unterrichtsgesprächen dient dem Spracherwerb und der Sprachbildung. Die Sprache der Lehrkraft weist somit immer eine Vorbildfunktion auf. Sprache wird nicht nur im Deutschunterricht zum Unterrichtsgegenstand,

Spracherwerb ist in allen Fächern zu berücksichtigen, möchte man Partizipation bei Schüler*innen bewirken (vgl. Kap. 3).

**Wie können Gespräche als Grundform des Lernens im Unterricht etabliert werden?**

- Schüler*inneninteresse wahrnehmen,
- Interesse an den Äußerungen der Schüler*innen zeigen,
- ein Gesprächsklima schaffen, bei welchem alle Schüler*innen sicher sind und sich gerne mitteilen. Eine Gesprächskultur etablieren, die sich durch gegenseitigen Respekt und Wertschätzung auszeichnet,
- aktives Zuhören üben,
- flexibel mit Schüler*innenbeiträgen umgehen und diese immer wieder bündeln, verdeutlichen, exemplifizieren,
- die Klasse reflektieren: welche Schüler*innen sind mitteilungsfreudig, welche Schüler*innen benötigen mehr Zeit, Ermutigung und Unterstützung,
- die Situation der Klasse bzw. einzelner Schüler*innen wahrnehmen, ihre Vorerfahrungen berücksichtigen, schwierige Gesprächsthemen antizipieren,
- an der Balance zwischen (Über-)Steuerung und Leerlauf arbeiten,
- eigenes Monologisieren wahrnehmen, den eigenen Gesprächsanteil reduzieren,
- Kettenfragen, Lehrer*innenfragen reflektieren
- Engführungen einer Thematik vermeiden, gleichermaßen dem inflationären Einsatz von Lehrer*innen-Fragen entgegenwirken,
- unterschiedliches Abstraktionsniveau beachten, Wörter verdeutlichen, etc.,
- Zwischenergebnisse sichern, bilanzieren, fokussieren, damit alle wieder mitdenken können, Gesprächsentwicklung moderieren und sichtbar machen,
- feste Zeiten für Gespräche einplanen und ihnen Raum geben,
- ...

Die Ausführungen machen Potenziale von Unterrichtsgesprächen mit geringem Lenkungsgrad sichtbar, bildende Momente offenbaren sich im bzw. durch das Gespräch. Eine Stärke ist der hohe Strukturierungsgrad durch die Schüler*innen, die so die Thematik zu einem für sie relevanten Unterrichtsgegenstand formatieren können. Die Ausführungen zeigten aber auch die Herausforderungen, die mit einem freien Unterrichtsgespräch einhergehen, wenn auf eine behutsame Lenkung der Lehrkraft verzichtet wird und die Thematik beliebig, langweilig oder unverständlich wird bzw. wenn es nur wenigen Schüler*innen möglich ist, die Thematik zu strukturieren. Wagnisse entstehen aber auch gerade durch die Bemühungen der Lehrkraft, das dem freien Gespräch inhärente Potenzial zu sichern, wenn Gespräche formalisiert zum ‚Rapport' verkommen und dadurch konterkariert werden.

### Arbeitsaufgaben

1. Die Kinderrunde findet in einer Kindertagesstätte statt. Die Institution verfügt dabei über höhere Freiheitsgrade als die Schule. Reflektieren Sie die Unterschiede der beiden Institutionen.
2. Sind derart offen gestaltete Bildungsgespräche in der Schule denkbar? Diskutieren Sie mögliche Einsatzszenarien.

## 2.3 Gelenkte Unterrichtsgespräche

Neben freien Gesprächssituationen nehmen im lehrer*innenzentrierten Unterricht gelenkte Unterrichtsgespräche einen zentralen Stellenwert ein, um Lernende, Lehrende und Lerngegenstand zu verbinden und anschlussfähige Bildungsprozesse zu sichern. Eine Gesprächsform mit hohem Lenkungsgrad der Lehrkraft ist der fragend-entwickelnde Unterricht. Er geht auf das sokratische Gespräch zurück, bei welchem Sokrates durch gezielte Entscheidungs- und Ergänzungsfragen ein Gespräch in seinem Ablauf so lenkt, dass Wissen beim Gegenüber generiert werden kann. Für Sokrates schlossen sich Fragen und Belehrung aus. Die eingesetzten Fragen dienen in seinem Verständnis zur Lenkung des Gesprächsverlaufs an dessen Ende der Erkenntnisgewinn des Gesprächspartners steht. Diese Vorgehensweise der sokratischen Dialogführung nennt sich Mäeutik.[6] In den Schulen der frühen Neuzeit konzentrierte sich Unterricht überwiegend auf Vorträge, Wiederholen und chorartiges Nachsprechen. Herbarts Unterrichtsmethodik versuchte im 19. Jahrhundert, den überwiegend instruktionsorientierten Unterricht in Handlungsmuster mit höheren Interaktionsformen zu überführen (vgl. Keck/Sandfuchs/Feige 2004, S. 151). Dass sich dabei das Gespräch noch stark am Instruktionsmuster orientiert, soll in folgenden Ausführungen zum fragend-entwickelten Unterricht gezeigt werden. Denn im Gegensatz zum freien Unterrichtsgespräch muss diese Gesprächsform einer konkreteren Choreografie folgen, damit Wissen erzeugt werden kann. Folgende Aussage einer angehenden Lehrerin vor der Lehrprobe zeigt deutlich die Diskrepanz zwischen dem Anspruch, eine Belehrung zu vermeiden, die Problematisierung vielmehr im Gespräch zu entwickeln, aber dennoch auf festgelegte Ergebnisse angewiesen zu sein, damit das Gespräch zur nächsten Unterrichtsphase führt:

6 Mäeutik wird auch als Hebammenkunst bezeichnet. Die Analogie bezieht sich auf die Geburtshilfe, denn so wie die Mutter mit Hilfe der Hebamme ein Kind gebärt, soll der Lernende durch die ‚Geburtshilfe' des Gesprächspartners Wissen hervorbringen.

„Meine Stunde steht und ich freue mich inzwischen wirklich auf die Stunde. Ich denke, ich habe alles bedacht und vorbereitet. Die Stunde ist eigentlich ein Selbstläufer. Nur die Passagen, an denen das Unterrichtsgespräch stattfindet, liegen mir im Magen. Was mache ich, wenn die Schüler*innen nicht auf das Problem des Vorratsspeichers kommen? Was mache ich, wenn das Gespräch ganz von den Frühblühern wegführt?" (Kim B. im Vorbereitungsdienst).

Die Ängste der angehenden Lehrerin unterstreichen die Funktionsdivergenz, die mit Unterrichtsgesprächen einhergehen können: Die Lehrkraft initiiert ein scheinbar offenes Gespräch, das den Schüler*innen Freiräume gewähren soll, ihre Vorerfahrungen einzubringen und die Bedeutsamkeit des Gegenstandes für sich zu erfassen. Das didaktische Dreieck dient als Tableau, um im Gespräch den Lerngegenstand mit den Lernenden zu verknüpfen und den Lebensweltbezug im Gespräch zu modellieren. Zugleich ist die Unterrichtsstunde in dieser Phase auf ein bestimmtes Resultat angewiesen. Das Gespräch soll Partizipation sichern, die Unterrichtsthematik mit den Lernenden verbinden und dabei doch dem geplanten Unterrichtsverlauf der Lehrkraft weitgehend ‚nahtlos' folgen. Das ist ein Widerspruch an sich und zeigt deutlich, dass das Gespräch mit einer Engführung einhergehen muss, wenn eine bestimmte Problematisierung im Gespräch erfolgen soll. Im Beispiel der Referendarin ist intendiert, im Gespräch zu problematisieren, wie es Frühblühern, trotz der Temperaturen gelingt, die Nährstoffe für Blätter und Blüten zu entwickeln. Gewiss finden Kinder Interesse an der Stundenthematik, wenn sie auf das Problem stoßen und selbst erkennen können, dass der dargebotene Impuls – ein Bild mit blühenden Blumen im Schnee – ihr Vorwissen irritiert. Die Stundenplanung geht vom Idealfall aus, nämlich, dass die Schüler*innen irritiert werden und Fragen aufwerfen. Diese Herangehensweise stützt sich darauf, Irritationen als Lernanfänge zu begreifen und zweifelsohne steigt die Motivation, wenn Kinder selbst Fragen stellen, an deren Beantwortung sie interessiert sind. Ob das allerdings in einem Gespräch gelingt bzw. welche Assoziationen Kinder dabei entwickeln, ist nur bis zu einem gewissen Grad kalkulierbar. Der Gesprächsführung und dem Gesprächsverlauf wird bei der Unterrichtsplanung häufig zu wenig Aufmerksamkeit gewidmet.

In einer Seminaraufgabe erhielten Lehramtsstudierende die Aufgabe, einen Gesprächsverlauf zum Thema Frühblüher zu konstruieren. Als Einstieg wurde dasselbe Bild der Lehramtsanwärterin gewählt, das Frühblüher im Schnee zeigt. Die Aufgabe der Studierenden war es, sich im Vorfeld zu überlegen, wie das Gespräch verlaufen könnte, das als Problematisierung angedacht war. Folgende Sequenz steht stellvertretend für die unterschiedlichen Gesprächsverläufe, die im Seminar angefertigt wurden. Die als Problematisierung angedachten Einstiegsgespräche zeigten alle einen ähnlichen Gesprächsduktus, einen geradezu idealtypischen Verlauf mit einer am Ende ‚brauchbaren' weiterzuverarbeitenden Aussage, die sich auf echtes Interesse stützt:

| | |
|---|---|
| Lehrerin: | Was seht ihr denn auf dem Bild? |
| A: | Eine Sonnenblume! |
| Lehrerin: | Ist das wirklich eine Sonnenblume? |
| B: | Das ist eine Tulpe! |
| Lehrerin: | Wann seht ihr denn die Tulpen? |
| B: | Im Frühling. |
| Lehrerin: | Und gibt es noch andere Blumen, die auch schon so früh blühen, im Frühling? |
| C: | Osterglocken und Krokusse. |
| Lehrerin: | Genau und die haben was gemeinsam! Überlegt mal, was unter der Erde passiert. |
| | *Stille* |
| W: | Die kommen aus der Zwiebel. |
| Lehrerin: | Alle Frühblüher besitzen eine Zwiebel. |

Dieser inszenierte Gesprächsverlauf wird sicher die Ausnahme bleiben. In der Regel streuen die Gesprächsimpulse breiter und Lehrkräfte haben unterschiedliche Reaktionsmöglichkeiten. Baumert beschreibt den Ablauf eines Gesprächs, dessen Ausgang bereits im Vorfeld festgelegt wird, folgendermaßen: Die Lehrkraft

> „beginnt den Unterricht mit einem komplexen und anspruchsvollen Problem, dessen Bearbeitung relativ viel Spielraum lässt. Da die Schüler das Unterrichtsziel in der Regel nicht kennen, tasten sie sich auf die eröffnenden Fragen assoziativ an die vermeintliche Idee des Lehrers heran. Um in 45 Minuten zum vorgegebenen Unterrichtsziel zu gelangen, muss die Lehrkraft die Schülerantworten so kanalisieren, dass sie in die geplante Bahn einmünden. Dies geschieht in der Regel durch eine Fragefolge, bei der die Nachfragen von Schritt zu Schritt enger und trivialer werden. Am Ende steht dann eine simple Antwort, die zu geben Schülern geradezu peinlich sein kann" (Baumert 2003, S. 10).

Die Ausführungen kennzeichnen eine klare Zielorientierung, die mit dieser Aktionsform einhergeht. Das anvisierte Ziel soll durch geschickt gesetzte Fragen erreicht werden. Der Erkenntnisgewinn für die Schüler*innen soll über eine kleinschrittige Heranführung erreicht werden. Die Lehrkraft plant dementsprechend eine gewisse Abfolge, sie ist auf bestimmte, der Unterrichtsphase zuträgliche Antworten angewiesen. Das bedeutet, den Schüler*innen wird ein mehr oder weniger geradliniger Gedankenkorridor gewährt, damit das Gespräch nicht vom Kurs abkommt. Die Lehrkraft greift in das Gespräch ein und lenkt es in den gewünschten Verlauf. Meyer bezeichnet diese Art des lehrkraftzentrierten Gesprächs deshalb auch als „unehrliches Handlungsmuster" (Meyer 2011, S. 287), da die

Lehrer*innen die Befehlsgewalt im Gespräch nur scheinbar zur Disposition stellen, das Gespräch aber durch klare Hierarchien strukturiert sei. Tatsächlich verbirgt sich hinter dieser Vorgehensweise eine Belehrung, an die sich Schüler*innen durch den Einsatz von geeigneten Fragen und der von den Lehrenden als positiv evaluierten Antworten erst herantasten bzw. sie erraten müssen. Gespräch und Lehren scheinen nur schwer miteinander vereinbar. Werner Loch (1962, S. 644) konstatierte das „vollkommene Gespräch" sei die „Dekonstruktion des Lehrens und umgekehrt". In Unterrichtsgesprächen mit höherem Lenkungsgrad offenbaren sich stärker die Gesprächsrollen, denn Unterricht und somit das Verhältnis von Lehrenden und Lernenden ist durch Fähigkeits- und Wissensdifferenzen bestimmt (vgl. Lüders 2003, S. 15), die Lehrkraft kontingentiert die Redezeit und bemisst die Qualität der Beiträge.

Unterrichtsplanungen, die ein gelenktes Unterrichtsgespräch vorsehen, legen in der Regel einen gewissen Ablauf des Gesprächs nahe. Die Reaktionen auf bestimmte Gesprächsanlässe bleiben jedoch nur bedingt planbar, denn Schüler*innen, die im fragend-entwickelnden Unterricht überwiegend als kollektive Gruppe betrachtet werden, bringen unterschiedliche Vorerfahrungen mit und Fragen bzw. Gesprächsanlässe rufen bei den Schüler*innen unterschiedliche Assoziationen hervor, die von der Lehrer*in nicht immer nachzuvollziehen sind. Wie sprunghaft Assoziationen vonstattengehen können, zeigt folgende Gesprächssituation, die sich in einer Grundschule ereignete:

L: Schaut einmal, was wir heute häkeln. (L. zeigt eine gehäkelte Eule.) Könnt ihr das Tier erkennen? So sieht sie aus. (L. wendet sich M. zu, die sich mit der Tischnachbarin austauscht.)
L: (interveniert) M. hast du das mitbekommen?
M: Ja, wir waren mal in Griechenland im Urlaub...
L. (gereizt) Und was hat das jetzt mit unserem Thema zu tun?
M: Da hatten die auf den Euro-Münzen auf der Rückseite auch Eulen. Ich glaube, es war die 2-Euro-Münze.

Die Rückfrage der Lehrerin, ob M. das mitbekommen habe, dient in dieser Situation als indirekte Ermahnung an M., der unausgesprochen unterstellt wird, nicht mitzudenken. Die Äußerung von M. wirkt zunächst auch völlig losgelöst vom eigentlichen Unterrichtsgeschehen. Die Nachfrage zeigt aber, dass die Gedanken der Schülerin den Unterrichtsgegenstand, die Eule, konsequent mitberücksichtigen. Ihre Vorerfahrungen zum Lerngegenstand können aber von der Lehrkraft zunächst nicht im Kontext des Unterrichtsgegenstandes gebracht werden, sie kann die Äußerung nicht ohne Nachfragen einordnen. Assoziationen zu einem

Unterrichtsgegenstand bleiben unkalkulierbar und sind nicht immer selbsterklärend. Soll ein Ziel über Fragen erreicht werden, werden die Äußerungen der Schüler*innen eingeschränkt und ihre Antworten werden hinsichtlich der Lehrer*innenlogik sondiert. Der anvisierte Erkenntnisgewinn ist nämlich von bestimmten Antworten abhängig, die zwingend für die Dramaturgie und den Ablauf des Gesprächs notwendig sind. Das heißt, die Antwortoptionen auf die gestellten Fragen werden eingeschränkt, häufig ist nur eine bestimmte Antwort vorgesehen. Das Gespräch verläuft dementsprechend als ‚Ping-Pong-Prozess' zwischen Lehrkraft und Schüler*innen als kollektive Gruppe (vgl. Brandt 2015, S. 37). Mehan (1979) beschreibt dieses Inszenierungsmuster, das bei dieser Aktionsform vorherrscht, folgendermaßen: „I-R-E" – Initiation – Replay – Evaluation. Gemeint ist die Eröffnung eines Unterrichtsgesprächs durch eine einfache Sachfrage, die durch eine kurze Schüler*innenantwort beantwortet werden soll. Im Anschluss wird die Antwort evaluiert und als zielführend bzw. nicht tragfähig bewertet. Daraufhin wird die nächste Frage initiiert.

Um dieses Muster anhand der Lehrprobenstunde zu verdeutlichen, könnte das Gespräch über die Frühblüher folgendermaßen stattfinden:

Die Lehrerin steigt im Unterricht mit einem Bild zu Frühblühern ein.

L: Die Tulpe beginnt bereits zu blühen, obwohl draußen letzte Woche noch Schnee lag.

W: Ich war letzte Woche auf der Alb, da lag unheimlich viel Schnee.

S: Konntest du Schlittenfahren?

*Es entstehen mehrere kleinere Gespräche unter den Kindern.*

L: Oh wie schön, das hat euch doch bestimmt Spaß gemacht. Jetzt schaut noch einmal zu meiner Blume. Wie schafft es denn die Blume, sich durch den Boden zu schieben und bei diesen Temperaturen Blätter zu entwickeln?

N: Die Tulpe hat einen starken Stiel, der bohrt sich durch.

L: Ja, der muss ganz schön kräftig sein.

W: So Schnee ist ja aber auch nicht schwer zu durchbohren, da reicht ja der kleine Finger. Wir haben am Samstag im Schnee gemalt, das ging ganz leicht.

R: Die Tulpe hat ja auch viel weniger Blätter, da bekommt der Stängel mehr Kraft ab.

L: Ja, genau, die Blumen, die wir bei unserem Ausflug gesehen haben, sahen doch ganz anders aus.

S: Können wir nicht mal wieder so ein Spaziergang machen und anschließend ein Eis essen.

*Schüler*innen begrüßen lautstark den Vorschlag von S.*

L: (L. zeigt auf eine ausgegrabene Tulpe.) Schaut mal, das sieht doch merkwürdig aus oder nicht? Vielleicht erinnert ihr euch noch an die Wurzeln des Löwenzahns, den wir letztes Jahr gesammelt haben, die sahen doch ganz anders aus. Hier seht ihr eine Zwiebel.
B: Zwiebeln mag ich nicht.
C: Die Tulpenzwiebel essen wir doch auch nicht!
L: Da wäre ich selbst nicht draufgekommen, an die Zwiebeln zu denken, mit denen wir kochen. Die unterscheiden sich nämlich tatsächlich von den Tulpenzwiebeln. Die Tulpe erhält durch die Zwiebel unter der Erde die Nährstoffe, die sie im kalten Winter zum Wachsen braucht.

Diese Gesprächspassage stellt den Unterschied zwischen Unterrichtsgesprächen und Alltagsgesprächen deutlich zur Schau. Die Antwortoptionen, die vom Unterrichtsgegenstand wegführen, werden durch die Lehrer*innenfrage wieder in die gewünschte Richtung gelenkt. Nicht alle Antworten werden von der Lehrkraft als hilfreich eingestuft und entsprechend positiv rückgemeldet. Im Alltagsgespräch ist der Gesprächsverlauf offen, das Gespräch hätte zu Beginn durchaus in Richtung Berge und Wintersport verlaufen können. Dieser Verlauf führt allerdings vom Unterrichtsgegenstand weg und die Lehrkraft bringt die Schüler*innen durch weitere Fragen wieder auf Kurs. Äußerungen zum Winterausflug und zur Idee, einen Lerngang zu planen, werden nicht weiter verfolgt, das Gespräch wird wieder in Richtung Unterrichtsgegenstand bzw. auf die Aspekte des Unterrichtsgegenstands, die zur Problematisierung führen sollen, gelenkt: Der kräftige Stängel bzw. die Zwiebel als Speicherorgan für Frühblüher.

Unterrichtsgespräche finden im Rahmen eines geplanten, vorstrukturierten Unterrichts statt und verfolgen im Gegensatz zum spontanen Alltagsgespräch für den Unterricht vorgesehene Intentionen. Sie sind an bestimmte Zeitfenster gekoppelt und finden in den dafür vorgesehenen Klassen- bzw. Kursräumen statt, die darauf zielen, das Denken und Handeln der Schüler*innen zu unterstützen. Institutionelles Lernen findet auch zunehmend in virtuellen Räumen statt. Virtuelle Räume eröffnen Kommunikationsmöglichkeiten, bringen aber auch zusätzliche Hürden mit sich, die Unterrichtsgespräche beeinträchtigen. Physische Distanz, die Option, ‚unsichtbar' zu bleiben, verändern das Gesprächsverhalten, wie auch die Tatsache, für alle im Großformat präsent zu sein. In virtuellen Gesprächen erhöht sich die Hemmschwelle ins Gespräch einzusteigen, auch weil gewohnte Kommunikationsregeln nicht mehr greifen. Zusätzliche Problemfelder zeigen sich in der Gesprächsaktivierung und -steuerung, wobei die Bereitschaft, sich abzulenken und aus dem Gespräch auszusteigen weit höher ist als im Klassenraum.

Der fragend-entwickelnde Unterricht offenbart unterschiedliche Hierarchieebenen, Sprechanteile und -akte werden legitimiert und kontingentiert. Diese beeinflussen den Unterrichtsverlauf und zeigen deutlich, welche Schüler*innenantworten bzw. Beiträge dem weiteren Unterrichtsverlauf dienlich sind, welche verfolgt, unterstrichen, hervorgerufen werden bzw. welche nicht den Vorstellungen der Lehrkraft entsprechen. Die Beiträge folgen einer gewissen Dramaturgie, die nicht völlig ergebnisoffen geplant ist. Insbesondere bei Gelenkstellen, wird der Grad der Antwortoptionen schmäler. Alltagsgespräche bieten im Gegensatz zu Unterrichtsgesprächen größere Freiräume und laden zu Narrationen ein. Im schulischen Kontext verengen sich die Handlungsmöglichkeiten der Kinder/Schüler*innen und die Deutung eines Sachverhaltes, der in alltäglichen Gesprächen unterschiedliche Reaktionen zulässt, erfährt im Schulkontext mitunter eine Verengung. Narrationen unterliegen im fragend-entwickelnden Unterricht gewissermaßen einer semipermeablen Membran, die Schüler*innenantworten auf Unterrichtslogik filtert. Schüler*innen lernen im Laufe ihrer Schulsozialisation, ihre Gesprächsanteile stärker an der Planung der Lehrenden auszurichten. Sie lernen implizite Verhaltensweisen, denn es gilt, wichtige Unterrichts- und Gesprächsregeln zu beachten, die mehr oder weniger offensichtlich sind:

- Wie beteilige ich mich am Gespräch?
- Ich beachte Gesprächsregeln. Ich lasse andere ausreden und höre ihnen zu.
- Wie zeitnah hat die Antwort zu erfolgen, damit sie überhaupt wahrgenommen wird?
- Das Interesse ist in der Regel an ein bestimmtes Zeitfenster und an einen bestimmten Unterrichtsverlauf gebunden.
- Es gibt Ausführungen, die eher auf Zustimmung stoßen als andere. Es interessiert keinesfalls alles, auch wenn der Frageduktus das nahelegt.
- ...

Auch gelenkte Unterrichtsgespräche bleiben ein unsicheres Terrain, denn sie sind nur bis zu einem gewissen Grad planbar und gehen mit vielen Unsicherheiten einher. Die Schwierigkeiten werden deutlich, wenn man berücksichtigt, was Unterrichtsgespräche intendieren. Sie wollen als Alternative zur Belehrung der ‚alten' Schule verstanden werden, den Abstand zum Lehrer*innenmonolog wahren und die Schüler*innen im günstigen Fall mit Leichtigkeit an den Unterrichtsgegenstand heranführen. Im Gespräch soll ihnen die Schüler*innenrelevanz vor Augen geführt, eine Anknüpfung an Vorerfahrungen gesichert, Anschluss an das bislang unstrukturiert vorliegende Vorwissen ermöglicht werden, welches im Gespräch strukturiert werden soll. Das Gespräch ist in dieser Performanz eine Interaktionsform, die scheinbar Unmögliches zu vereinen versucht:

> „Man soll das Gemeinte im Gesagten erfassen, das Ungesagte im Gemeinten verbalisieren, das Frühere mit dem Jetzigen verknüpfen und auf Zukünftiges hinweisen, das Gesagte zusammenfassen und an Bekanntes erinnern, Geistreiches als solches hervorheben und Geistlosem mit pädagogischem Takt begegnen, die Mutlosen ermutigen und die Übermütigen bremsen, ... Die Liste kann man beliebig fortsetzen“ (Leisen 2003).

Trotz aller Kritik bleibt der fragend-entwickelnde Unterricht in allen Schulformen ein gängiges Handlungsmuster (vgl. Brandt 2015, S. 37). Er wird in allen Unterrichtsphasen eingesetzt: Als Einstieg, zur Problematisierung, zur Erarbeitung, zur Ergebnissicherung, zur Transfererstellung etc. Der fragend-entwickelnde Unterricht basiert auf Lehrer*innenfragen, die dann von möglichst vielen Lerner*innen beantwortet werden. Ein Problem bzw. eine Sache wird dabei in Fragen zerlegt und in einfache Fragen überführt. Gerade weil der fragend-entwickelnde Unterricht zentrales Strukturelement bleibt, ist es von großer Relevanz zu reflektieren, ob die Fragen geschickt und sinnvoll gestellt werden können. Um möglichst viele Schüler*innen zum Mitdenken anzuregen, können induktive und deduktive Herangehensweisen das Gespräch unterstützen. Induktiv, indem das Besondere auf Allgemeines übertragen wird und deduktiv, indem allgemeine Regeln am Einzelfall verdeutlicht werden. Unterrichtsphasen, die über den fragend-entwickelnden Unterricht strukturiert werden, sind hoch anspruchsvoll, wenn der Unterrichtsgegenstand durch das Gespräch Interesse hervorrufen und Lernprozesse auslösen soll. Dennoch birgt diese Form die Möglichkeit, sich von einem kleinschrittigen Frage-Antwort-Szenario zu einem bildenden Gespräch zu verändern, wenn Fragen ‚weitergedacht‘ oder ‚weiter‘ gedacht werden. Denn Fragen zu stellen, bleibt konstitutives Merkmal im Unterrichtsgespräch. Sie bieten ein hohes Maß an Einsatzmöglichkeiten und sind keineswegs nur auf Wissen gerichtet, das kleinschrittig rekonstruiert werden soll. Fragen können u.a. zum Nachdenken einladen, provozieren, Denkanstöße liefern, Meinungen hinterfragen, Mehrperspektivität anbahnen, Dilemmata vor Augen führen, als Katalysator wirken und ein Gespräch in Gang bringen. Sie können die Beziehungsebene tangieren und beispielsweise die Klassengemeinschaft stärken oder sich anbahnende Konflikte klären. In Form von konvergierenden Fragen, regen sie durch das bei den Schüler*innen bereits vorhandene Wissen an, Einsichten auf neue Sachverhalte anzuwenden bzw. zu konstruieren. Eine höhere Konstruktionsleistung wird den Schüler*innen durch divergierende Fragen abverlangt, bei welchen sich Vorwissen und Dargebotenes in Divergenz befinden und Problemzusammenhänge neu durchdacht werden müssen, wobei die Lösungen im Widerspruch zur eigenen Wissensbasis stehen können. Fragen verdienen zweifelsohne ihre Berechtigung im Unterricht, dennoch macht der hohe Redeanteil der Lehrer*innen und die Gefahr, sich in Fragekettten zu verstricken, ein Umdenken notwendig. Eine Möglichkeit, den eigenen Redeanteil zu senken, liegt beispielsweise in einem partiellen bewussten Ausklinken aus einem Gespräch.

Das kann zunächst angekündigt erfolgen, damit die Schüler*innen wissen, dass sie das Gespräch jetzt stärker strukturieren können. Später kann eine Gestik den Rückzug ankündigen, um ein bereits in Gang gekommenes Unterrichtsgespräch nicht weiter zu beeinträchtigen. Die Initiierung so genannter Murmelgruppen, bei welchen sich die Schüler*innen in einer Phase über eine gestellte Frage zunächst ohne großes Publikum austauschen können, stellt eine höhere Gesprächsbereitschaft in Aussicht, da die Schüler*innen sich über eine Thematik im Vorfeld absichern können und der Gesprächseinstieg aus sicherer Position möglich wird. Bei Kettengesprächen entscheidet nicht die Lehrkraft, wer den nächsten Beitrag übernimmt, sondern die Schüler*innen, die etwas zum Gespräch beitragen, übergeben das Wort an weitere Schüler*innen. Diese Methode bricht mit der für den fragend-entwickelnden Unterricht typischen Kommunikationsstruktur, bei welcher ausschließlich die Lehrkraft zum Reden legitimiert.

Damit Gespräche gelingen, kann es hilfreich sein, sich bei der Unterrichtsplanung die Variationsbreite von Fragen vor Augen zu führen bzw. sich im Vorfeld Klarheit zu verschaffen, welche Frageformen beim Einsatz zielführend sind. Fragen sind ein wichtiges Mittel, um die Kommunikation und Diskursivität im Unterricht zu sichern. Ohne Anspruch auf Vollständigkeit können folgende Unterscheidungen weiterhelfen, ein Gespräch gezielter zu steuern:

| | |
|---|---|
| **Alternativfrage** | Gesprächspartner*innen können zwischen zwei oder mehrere Alternativen wählen. Ein Gedankenkorridor wird vorgegeben. |
| **Bumerangfrage** | Eine gestellte Frage wird an die Klasse zurückgeworfen und soll zum Überprüfen der Frage auffordern. |
| **Gegenfrage** | Die Präzisierung eines Gedankengangs wird angeregt, die Gesprächspartner*innen werden mit eigenen Aussagen konfrontiert. |
| **Geschlossene Frage** | Die Antworten lassen nur Zustimmung bzw. Verneinung zu. Sie fordern eine klare Positionierung, befördern allerdings kein Narrativ. |
| **Informationsfrage** | Die Frage wird nicht zur Lenkung des Gesprächs eingesetzt, sondern resultiert aus Interesse und zielt auf nähere Kenntnis. |
| **Kontaktfrage** | Sie ist leicht zu beantworten und stellt zunächst einmal einen grundlegenden Kontakt her, bevor das eigentliche Gesprächsthema angesprochen wird. |
| **Kontrollfrage** | Die Gesprächspartner*innen überprüfen durch Kontrollfragen, ob sie das Gegenüber richtig verstanden haben. Sie dienen als Vergewisserung. |

| | |
|---|---|
| **Offene Frage** | Befördert Narrative, sie lässt einen hohen Spielraum bei der Gesprächsbeteiligung zu, Assoziationen können sich weiter vom Unterrichtsgegenstand entfernen. |
| **Provozierende Frage** | Sie pointiert einen Sachverhalt und kann Schüler*innen helfen, eigene Standpunkte zu überdenken. |
| **Reflektierende Frage** | Missverständnisse sollen verhindert werden, sie kann dazu dienen, den Gesprächsverlauf wieder für alle anschlussfähig zu machen. |
| **Rhetorische Frage** | Diese Frage erwartet keine Antwort, oft verbirgt sich dahinter eine These. |
| **Suggestivfrage** | Die Antwort wird bereits in die Frage hineinmodelliert. Das Gespräch wird eher manipuliert als entfaltet. |
| **Weiterführende Frage** | Die Gesprächspartner*innen werden in ihren Gedanken unterstützt und zum weiteren Nachdenken angeregt. |

Für die Unterrichtsplanung und Durchführung sind nicht nur die unterschiedlichen Frageformate relevant, sondern vielmehr die Reflexion der eigenen Gesprächsführung. Da man bei der Durchführung von Unterrichtsgesprächen unmittelbar ins Geschehen eingebunden ist, fällt die Reflexion der Gesprächsführung schwer. Gegenseitige Hospitationen, Teamteaching, Videografien und Feed-Back vonseiten der Schüler*innen können wichtige Informationsquellen bieten. Im Unterrichtsalltag können Fragen zur Selbstreflexion helfen, die eigene Gesprächsführung zu elaborieren.

**Reflexive Fragen für die Gesprächsführung:**

- Höre ich meinen Schüler*innen aufmerksam zu?
- Signalisiere ich Interesse und Aufmerksamkeit?
- Wie stelle ich sicher, dass alle Schüler*innen die Beiträge verstanden haben? Welche Hilfestellungen gebe ich?
- Gebe ich die Äußerungen einzelner Schüler*innen an die Klasse weiter und binde diese ins Gespräch ein? Wie ermutige ich? Wie halte ich das Gespräch ‚am Laufen'?
- Stelle ich genügend Zeit zum Nachdenken zur Verfügung?
- Lasse ich kleine Murmelphasen zum gegenseitigen Austausch zu?
- Wie stelle ich Transparenz her? Vermeide ich ein Lehrer*innenecho? Gebe ich vielmehr die Äußerungen mit anderen Worten wieder, damit die Aussagen verstanden werden können?
- Binde ich ausreichend Schüler*innen ins Gespräch ein?

- Wie erfolgen meine Rückmeldungen?
- Biete ich Hilfen an, wenn Schüler*innen stocken?
- Wie strukturiere ich die Äußerungen, wenn die Thematik vom Unterrichtsgegenstand wegführt?
- Wie ermögliche ich allen Schüler*innen nach längeren Narrationen wieder mitzudenken?
- Wie schärfe ich Inhalte, damit das Erarbeitete nicht verwässert?
- Wie sichere ich die Redezeit für Schüler*innen, damit sich nicht nur wenige Schüler*innen zur Thematik äußern können?
- Bin ich mir meiner Vorbildfunktion bewusst?
- Welche Aspekte einer guten Gesprächskultur muss ich weiter vertiefen?
- Welche Rituale können den Gesprächsablauf unterstützen?
- Wie fasse ich am Ende der Gesprächsphase die Ergebnisse zusammen, damit weitergearbeitet werden kann?

Um Schüler*innen in der Eigenleistung ihres Denkens zu stärken, bieten Impulse eine gute Alternative. Sie ermöglichen den Schüler*innen einen breiteren Gedankenkorridor. Impulse müssen nicht mittels Sprache erfolgen, oft reicht es aus, ein Bild oder einen Unterrichtsgegenstand als stummen Impuls zu zeigen, der dann ein Gespräch auslöst. Dabei ist dem Gespräch noch keine konkrete Richtung vorgegeben, wie das bei vielen Fragen der Fall ist. Schüler*innen können ihre individuellen Vorkenntnisse und Vorerfahrungen ungefiltert einbringen. Als stumme Impulse fungieren auch Gestik und Mimik, beispielsweise eine einladende Geste oder ein gerichteter Blick, der Schüler*innen zum Austausch auffordert. Aber auch verbale Impulse, in Form von Aussagen, Aufforderungen oder auch einfach ein Ausruf der Lehrkraft lassen ein breiteres Denkfeld bei den Schüler*innen zu. Ein Unterricht, der sich mehrheitlich der Impulse bedient, benötigt Geduld und Zeit. Es ist nicht auszuschließen, dass die Darbietung eines Impulses, die Schüler*innen zunächst ratlos zurücklässt. Schüler*innen lernen rasch, dass Unterrichtsgespräche in der Regel in eine vorgedachte Richtung zu verlaufen haben. Im Gegensatz zu Fragen, ermöglichen Impulse divergierende Antworten. Das führt aber nicht grundsätzlich zur Gesprächsaktivierung, sondern kann auch in Folge von Verunsicherung kontraproduktiv sein. Der Umgang mit Freiräumen muss moderiert werden, bis sich eine entsprechende Gesprächskultur etabliert hat. Für Lehrende besteht die Schwierigkeit, darauf zu vertrauen, dass Schüler*innen einen Impuls annehmen und als Gesprächseinstieg zu nutzen wissen. Bei einer veränderten Gesprächsführung kann die ‚beitragsfreie' Zeit zunächst vielleicht endlos erscheinen. Möchte man ein Nachdenken bei den Schüler*innen anregen, ihnen Freiräume im Denken einräumen, muss man die Stille aushalten lernen.

Unterrichtsgespräche sind eine zentrale und relevante Interaktionsform im Unterricht. Unterrichtsthemen werden im und durch Gespräche zum bedeutsamen Unterrichtsgegenstand, zum Bildungskontext. Die Inszenierung der Gesprächsanlässe muss aber einer Überprüfung standhalten, inwiefern Schüler*innen an einem Arbeitsziel beteiligt werden können, wie ihnen durch ein Gespräch ein Fragehorizont eröffnet wird, ohne dass dabei ein lehrergelenktes Fragenfeuerwerk initiiert werden muss, das ausschließlich kleinschrittiges Nachdenken zulässt. Nachdenken zielt in diesem Verständnis dann nicht auf gewünschte Reflexionen, vielmehr lediglich auf eine Reproduktion der Lehrer*innenlogik.

Auch wenn freiere Unterrichtsgespräche einen höheren Redeanteil der Schüler*innen und einen breiteren Lösungskorridor sichern, ist es nicht per se die professionellere Interaktionsform. Die Qualität der Unterrichtsgespräche lässt sich nicht am Lenkungsgrad durch die Lehrkraft bemessen, vielmehr an der Passung zwischen Funktion und Steuerung. Ein Gespräch, das die Schüler*innen instruieren möchte, damit eine anstehende Arbeitsphase bewältigt werden kann, duldet zunächst weniger Partizipationsprozesse, diese sollen aber durch das Gespräch gewährleistet werden. Der Input ist so die Voraussetzung für spätere Partizipation. Die Demonstration eines Sachverhalts bzw. die Erklärung einer Vorgehensweise sind auf eine klare Kommunikation angewiesen, damit sie für alle verständlich werden. Ein diffuses Gespräch würde die Informationen in diesem Fall ‚verwässern' und von der Intention ablenken. Der Anleitung bzw. Vermittlung steht Aneignung gegenüber. Explorieren benötigt eher Impulse, möchte man die Schüler*innen zum Erkunden, Entdecken und Erforschen motivieren. Die Intention bestimmt somit den Lenkungsgrad durch die Lehrkraft bzw. den Freiheitsgrad, der Schüler*innen eingeräumt wird. Abbildung 7 zeigt: Das Verhältnis bedingt sich gegenseitig.

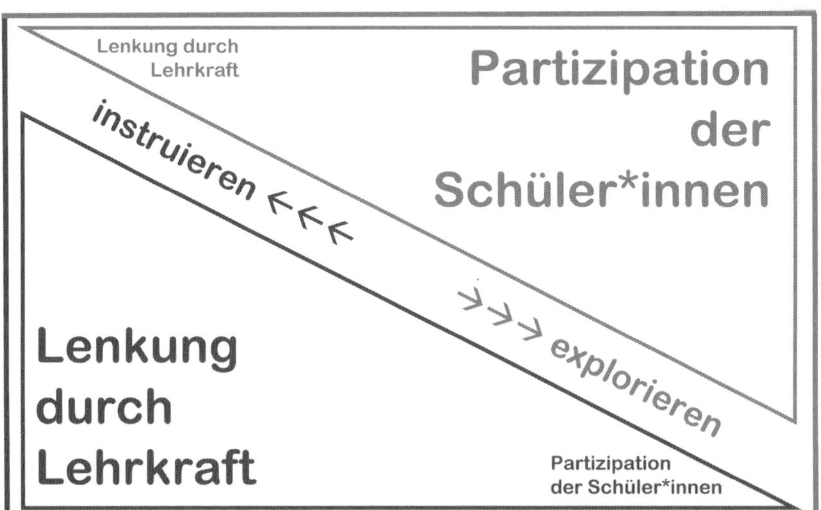


Abb. 7: Lenkung und Partizipation. Adaptierte Darstellung.

Unterrichtsgespräche, die eine höhere Partizipation intendieren, bedienen sich gezielter Impulse und Fragestellungen, die unterschiedliche Blickwinkel auf Unterrichtsgegenstände ermöglichen. Damit diese zur Sinn- und Deutungsstruktur beitragen, verhindern sie eine vorschnelle Schließung, „Vereindeutigung" bzw. „Validierung" (vgl. Kolenda 2010), sondern versuchen Gedanken für die Schüler*innen anschlussfähig zu machen. Um Partizipationsprozesse bei den Schüler*innen zu ermöglichen, gilt es, grundlegende Voraussetzungen für die Partizipation im Unterricht und im Gespräch zu gewährleisten, die im weiteren Verlauf betrachtet werden.

## Arbeitsaufgaben

1. Einige Pädagog*innen vertreten die Ansicht, der Terminus Frontalunterricht sollte nicht mehr eingesetzt werden. Welche Argumente könnten diese Annahme stützen?
2. Diskutieren Sie Möglichkeiten, Ihre Gesprächsführung im Unterricht zu reflektieren und weiterzuentwickeln.

## Literaturverzeichnis

Aicher-Jakob, M. (2015): Das Verhältnis von Kindergarten und Schule – ein chronischer Disput. Eine empirisch fundierte Studie zur Implementierung des Orientierungsplans in baden-württembergischen Kindertageseinrichtungen. Bad Heilbrunn.

Aicher-Jakob, M. (2021): Schulische Praxisphasen in der Lehrer*innenbildung – ein Ort für reflexive Prozesse. In: Kreuzer, T./Albers, S. (Hrsg.): Selbstreflexion. Baltmannsweiler, S. 111–127.

Baumert, J. (2003): Lehrkräfte müssen sich in ihren Unterricht schauen lassen. In: GEW, Zeitschrift für Gewerkschaft und Wissenschaft, Landesverband Bayern, April 2003. München, S. 10–11.

Becker-Mrotzek, M./Vogt, R. (2009): Unterrichtskommunikation. Linguistische Analysemethoden und Forschungsergebnisse. Tübingen.

Bittner, S. (2006): Das Unterrichtsgespräch. Formen und Verfahren des dialogischen Lehrens und Lernens. Bad Heilbrunn.

Brandt, B. (2015): Partizipation in Unterrichtsgesprächen. In: De Boer, H. (Hrsg.) (2015): Gespräche über Lernen – Lernen im Gespräch. Wiesbaden.

Glöckel, H. (2003): Vom Unterricht. Lehrbuch der Allgemeinen Didaktik. 4. durchgesehene und ergänzte Auflage. Bad Heilbrunn.

Gudjons, H. (2008): Pädagogisches Grundwissen. 10. Auflage. Bad Heilbrunn.

Keck, R.W./Sandfuchs, U./Feige, B. (Hrsg.) (2004): Wörterbuch Schulpädagogik. 2. Auflage. Bad Heilbrunn.

Klafki, W. (1962): Didaktische Analyse als Kern der Unterrichtsvorbereitung. In: Roth, H./Blumenthal, A.: Didaktische Analyse. Auswahl grundlegender Aufsätze aus der Zeitschrift Die Deutsche Schule. Hannover, S. 5–34.
Kolenda, S. (2010): Unterricht als bildendes Gespräch. Richard Rorty und die Entstehung des Neuen im sprachlichen Prozess. Opladen.
Leisen, J. (2003): Unterrichtsgespräch: Fragendentwickelnder Unterricht, sokratischer Dialog und Schülergespräche. http://www.josefleisen.de
Loch, W. (1962): Beiträge zu einer Phänomenologie von Gespräch und Lehre. In: Bildung und Erziehung 15, S. 641–661.
Lüders, M. (2003): Unterricht als Sprachspiel. Eine systematische und empirische Studie zum Unterrichtsbegriff und zur Unterrichtssprache. Bad Heilbrunn.
Mehan, H. (1979): Learning lessons. Social Organization in the Classroom. Cambridge.
Meyer, H. (2011): Unterrichts-Methoden. 2. Praxisband.14. Auflage. Berlin.
Meyer-Drawe, K. (2008): Lernen. In: Frost, U./Mertens, G./Böhm, W.: Handbuch der Erziehungswissenschaft. Band 1. Paderborn, S. 391–402.
Otto, B. (1928): Der Lehrgang der Zukunftsschule. Berlin-Lichterfelde.
Petersen, P. (1927/2001): Der Kleine Jena-Plan einer freien allgemeinen Volksschule. Weinheim und Basel.
Rogers, C. (1961): On Becoming a Person. Houghton Mifflin.
Röhrs, H. (1991): Die Reformpädagogik. Ursprung und Verlauf unter internationalem Aspekt. 3. durchgesehene Auflage. Weinheim.
Skiera, E. (2010): Reformpädagogik in Geschichte und Gegenwart. Eine kritische Einführung. 2. durchgeschene und korrigierte Auflage. München.
Wagenschein, M. (1989): Erinnerungen für morgen. 2. ergänzte Auflage. Weinheim und Basel.
Willmann, O. (1967): Didaktik als Bildungslehre. Freiburg.

### Abbildungsverzeichnis

# 3. Partizipation an Gesprächen – Partizipation durch Gespräche

## 3.1 Sprachvermögen als Voraussetzung für Partizipation

Forderungen nach Partizipation finden sich in allen pädagogischen Feldern, von der Früherziehung bis hin zur Geragogik. Sie wird national (vgl. Kinder- und Jugendhilfegesetz § 8 SGB VIII 2020; Kultusministerkonferenz 2006) und international (vgl. UN-Kinderrechtskonvention, Artikel 12) eingefordert, als Recht, Alters- und dem Entwicklungsstand entsprechend ernst genommen und gehört zu werden. Partizipation verstanden als Beteiligung, Teilhabe, Mitwirkung oder Einbeziehung hat im Schulalltag viele Gesichter. Sie benötigt hierfür aber einen verlässlichen pädagogischen Rahmen. Fragen nach Teilnahme und Teilhabe sind eng verknüpft mit Fragen nach der Verteilung von Macht und nehmen im Kontext von Demokratielernen einen zunehmend hohen Stellenwert ein. Im Schulgeschehen impliziert Partizipation eine Haltung, Schüler*innen verlässlich Rechte auf Selbstbestimmung und Mitentscheidung einzuräumen. Dabei darf nicht außer Acht gelassen werden, dass Partizipation nicht nur gestalterische Momente betrifft, sondern wie Markowitz beschreibt, als Spannungsfeld zwischen *Teilnahme* und *Teil sein* verstanden wird (vgl. Markowitz 1986, S. 9). *Teil sein* verweist im Klassenraum auf die Bezugsgruppe und bezieht sich auf rezeptive und interpretative Aspekte, während *Teilnahme* produktive Aspekte in den Fokus stellt (vgl. Brandt 2004, S. 6). Wie wichtig es wird, Partizipation in beiden Richtungen konsequent mitzudenken, lässt sich anhand von Unterrichtsgesprächen anschaulich exemplifizieren. Diese setzen bei den Beteiligten stärker an der Rezeption und Interpretation orientierte Kompetenzen voraus, wie z.B. verstehen, aufnehmen und interpretieren. Gleichermaßen benötigen die Beteiligten aber auch Fähigkeiten und Fertigkeiten, die für die Produktion relevant sind, wie z.B. sich zu artikulieren, etwas auszuführen, zu fabulieren und zu explorieren. Kommunikation stellt eine Beteiligungsform der Schüler*innen im Unterricht dar und steht für partizipative Prozesse, gleichermaßen ermöglicht Kommunikation, beispielsweise durch Instruktionsphasen Partizipation im Unterricht. Unterrichtsgespräche sichern folglich Partizipation, simultan oder sukzedan.

Unterrichtsgespräche stellen wichtige Weichen für die Teilhabe am Unterricht. Dabei bedient sich der Unterricht vielfältiger Gesprächsformate. Welche Formen in der Planung vorgesehen werden, hängt von den jeweiligen Zielsetzungen ab und diese wiederum beeinflussen die Partizipationsmöglichkeiten der Schüler*innen bzw. den Zeitpunkt ihrer Partizipationsprozesse. Denkt man Kommunikation und Partizipation der Schüler*innen im Unterricht zusammen, erscheinen freie Unterrichtsgespräche als geeignet, da sie den Redeanteil der Schüler*innen erhöhen. Partizipationsprozesse sind aber nicht ausschließlich als Gesprächsbeteiligung zu verstehen. Instruierende Gespräche gehen zunächst mit geringeren Partizipationsmöglichkeiten für Schüler*innen einher. Stärker an Instruktionen orientierte Unterrichtsphasen verbindet man gedanklich zunächst mit dem so genannten Frontalunterricht. Im traditionellen Frontalunterricht versucht der Lehrende den Lernstoff an eine Schulklasse gleichzeitig zu vermitteln. Die Steuerung erfolgt über Fragen und Impulse. Diese Form des Unterrichts eröffnet nur wenig Gestaltungsspielraum für Schüler*innen. Insbesondere aufgrund der fehlenden Passung von Lerngegenstand und Schüler*in steht der Frontalunterricht zunehmend in Kritik, da er sich an einem imaginären Durchschnittslernenden ausrichtet und Schüler*innen dadurch teils über- und teils unterfordert. Ein Unterricht, der die Unterschiedlichkeit der Schüler*innen konsequent berücksichtigt, setzt auf Arbeitsformen, die sich an den individuellen Dispositionen der Schüler*innen ausrichten. Der Umgang mit Heterogenität in der Schule ist komplex und anspruchsvoll, und die Ergebnisse der empirischen Unterrichtsforschung zeigen dringenden Handlungsbedarf (vgl. Vock/Gronostaj 2017). Formen der Individualisierung und Differenzierung sind Antworten auf die Frage, wie der Vielfalt der Schüler*innen im Unterricht gerechter begegnet werden kann, um die Beteiligung der Schüler*innen am Unterricht zu gewährleisten. Die Kritik am traditionellen Frontalunterricht[7] wird in verschiedenen Theoriediskursen geführt und zeitigt Erfolge in den pädagogischen Handlungsfeldern. Allerdings offenbaren sich dabei auch Missverständnisse, wenn für Schüler*innen relevante Instruktionsphasen fälschlicherweise mit dem in Kritik geratenen Frontalunterricht gleichgesetzt und als obsolet betrachtet werden. Instruktionsphasen sind unverzichtbar, sie sichern Partizipationsprozesse der Schüler*innen im Anschluss an diese, denn das Unterrichtsgeschehen ist auf transparente Arbeitsschritte angewiesen. Gespräche mit einem höheren Lenkungsgrad durch die Lehrer*innen dienen somit auch der Schüler*innenbeteiligung, die im Anschluss an die Gesprächsphase erfolgt. Ein Unterricht, der auf hohe Partizipationsmöglichkeiten der Schüler*innen zielt, hat beide Belange im Blick: In Phasen der Gesprächsbeteiligung bzw. Gesprächsstrukturierung durch Schüler*innen sichern Verstehensprozesse eine höhere Gesprächsbeteiligung, in Phasen der Instruktion sichert die Konzentration auf diese und ihre Übersetzung in weitere Arbeitsschritte die Partizipation im Anschluss daran.

Ungeachtet ihres Lenkungsgrades zielen Unterrichtsgespräche auf den auditiven Lernkanal. Zentrale Voraussetzung hierfür ist das Hören der akustischen Sig-

7 Frontalunterricht steht in unterschiedlichen Diskursen für unzeitgemäßen obsoleten Unterricht und kann als pädagogisches Unwort betrachtet werden.

nale. Allerdings ist Hören nicht mit Zuhören gleichzusetzen, hierfür muss die Aufmerksamkeit auf die Äußerungen gerichtet werden. Ebenso wenig impliziert das Zuhören Verstehen. Ein Gespräch erfordert vom Zuhörer sowohl rezeptive als auch produktive Aktivitäten. Für beides ist Verstehen unabdingbar, ansonsten läuft die gehörte Information ins Leere, kann nicht umgesetzt oder aber, dem Gesagten kann nichts erwidert werden und ein Gespräch kommt ins Stocken. Professionelle Unterrichtsüberlegungen, die Partizipationsprozesse von Schüler*innen in den Blick nehmen, kommen nicht umhin, sich mit den Voraussetzungen für Verstehensprozesse zu befassen. Dabei werden einerseits Sprachkompetenzen relevant, anderseits muss der Verstehensprozess grundlegende Beachtung finden, da Verstehen nicht ausschließlich an mangelnder Hör- bzw. Sprachkompetenz scheitern kann.

Das Bindeglied, das den Zusammenhang von Lerngegenstand, Lernenden und Lehrenden im Gespräch herstellt, ist Sprache. Richard Rorty bezeichnet Sprache als das zentrale Verknüpfungselement, das Dinge miteinander in Beziehung setzt und miteinander verwebt (vgl. Rorty 1992, S. 47). Damit Schüler*innen am Unterricht partizipieren können, also Lerngegenstände in Gesprächen er- bzw. verarbeiten und ihre Relevanz für die eigene Person bzw. für die Gesellschaft erkennen können, wird Sprachverständnis zu einer zentralen Voraussetzung. Sprachverstehen geht mit unterschiedlichen Herausforderungen einher. Zum einen erschwert der Unterschied zwischen Alltags- und Bildungssprache den Verstehensprozess, zum anderen ist das Sprachvermögen der Schüler*innen heterogen und kann zu Behinderungen führen.

Bildungssprache unterscheidet sich von Alltagssprache immens. Auch Kinder, die in der Lage sind, sich im Alltag ohne größere Schwierigkeiten zu artikulieren, können sprachliche Probleme in der Schule aufweisen, denn Sachverstehen ist im schulischen Kontext an Fachsprache gebunden. Diese Tatsache erklärt, warum Sprachschwierigkeiten von Kindern, trotz vielfältiger Bemühungen wie Entwicklungsscreening, Entwicklungsgespräche und Sprachfördermaßnahmen, vor der Einschulung unentdeckt bleiben können. Der Übergang von Alltagssprache zur Bildungssprache ist als sukzessiver Prozess anzudenken, denn Bildungssprache bzw. Fachsprache entwickelt sich im Laufe der Schulsozialisation. Anfänglich sichert eine gewisse ‚Zweisprachigkeit', also eine alltagssprachliche und fachsprachliche Kommunikation, die Partizipation am Unterrichtsgeschehen. Der Pädagoge und Physiker Martin Wagenschein (1896–1988) formulierte das Wechseln zwischen den Sprachen folgendermaßen: „Erst die Muttersprache, dann die Fachsprache (und immer wieder auch zurück zur Muttersprache)" (1991, S. 122).

Was man heute im Kontext von Mehrsprachigkeit als „Code-Switching" oder „Code-Wechsel" bezeichnet, also das Wechseln beim Sprechen zwischen den Sprachen, ist auch im Kontext von Bildungssprache dem Verstehensprozess zuträglich, um Sprachsicherheit anzubahnen. Dies gelingt leichter, wenn Lehrer*innen die

Vermittlung von Bildungssprache als kontinuierliches Lernziel mitberücksichtigen, das unabhängig der Klassenstufen und Schulformen als Unterrichtsprinzip verstanden wird. In der Regel werden Sachverhalte in der Fachsprache, auch unter Einsatz von Fachbegriffen, mit zunehmendem Alter und Schuldauer den Schüler*innen verständlich. Hinsichtlich der heterogenen Schüler*innenschaft zeigen sich im Sprachvermögen deutliche Unterschiede in der Kompetenz, Fachausdrücke im Sprachwortschatz zu verankern. Bildungssprache bezieht sich aber nicht nur auf den Gebrauch von Fachbegriffen, die für Schüler*innen zunächst noch fremd sind. Auch der Einsatz von sperrigen Begrifflichkeiten und komplexen Satzkonstellationen erschweren den Verstehensprozess und unterscheiden sich dadurch deutlich von der Alltagssprache. Folgendes Sprachspiel steht sinnbildlich für die mühsame Decodierung von Textpassagen, die Schüler*innen leisten müssen, um bildungssprachliche Textpassagen verstehen zu können:

> Die Inhabitanten von Domizilen mit transparenter Außenstruktur werden gebeten, gegen Deformierung resistente Materie nicht zu Wurfprojektilen umzufunktionieren.

Zweifelsohne lässt sich der Inhalt des Satzes nur schwer aus dem Stegreif erschließen. Sperrige Begriffe bzw. Umschreibungen erschweren die Übersetzungsleistung. Können „Domizile mit transparenter Außenstruktur" als Glashaus, „Inhabitanten" als Bewohner und „gegen Deformierung resistente Materie" als Steine übersetzt werden, lässt sich der Satz in eine gängige Redensart übersetzen: „Wer im Glashaus sitzt, soll nicht mit Steinen werfen". Die Dechiffrierung kann in der Übersetzungsleistung allerdings bis dahin nur als Teilerfolg verbucht werden. Denn die Aussage ist erschwerender Weise nicht wörtlich gemeint. Sie muss weiter decodiert werden, indem der übertragene Sinn erarbeitet wird. Zum Ausdruck gebracht werden soll also, dass man anderen Menschen nichts vorwerfen soll, was man selbst tut oder getan hat. Die Bedeutung der Redewendungen lässt sich nicht unmittelbar aus der Bedeutung der Einzelelemente ableiten. Redewendungen sind als Unterrichtsgegenstand im Fach Deutsch vorgesehen. Als Unterrichtsthema lassen sich Redewendungen spielerisch vermitteln und erfreuen sich auch bei so genannten Schaustunden hoher Beliebtheit. Ungeachtet dessen wird nach Abschluss der Einheit allzu leicht vergessen, welche Übersetzungsleistungen den Schüler*innen hierbei abverlangt werden. Darüber hinaus sind Redewendungen und Metaphern sprachlich, zeitlich, regional und kulturell gebunden. Redewendungen, die früher noch häufiger gebraucht wurden, finden sich heute nur noch vereinzelt im Sprachgebrauch. Für die kulturelle Gebundenheit gibt es unzählige Beispiele, die deutlich machen, dass Redewendungen nicht einfach in andere

Sprachen übersetzt werden können. Ihr Sinn ist nicht universal verständlich, Redewendungen können folglich nicht einfach migrieren. Übersetzungsversuche wie beispielsweise „Nobody can reach you the water.“ oder „My English is not the yellow from the egg, but it goes.“, werden englischsprachige Gesprächspartner*innen sicher eher ratlos zurücklassen.

Redewendungen und Metaphern durchziehen unsere Sprache und erschweren wie Fachausdrücke, Synonyme, komplexe Satzstrukturen etc. den Verstehensprozess. Bildungssprache ist vielschichtig und Behinderungen im Verstehensprozess liegen nicht immer offen, denn Bildungssprache unterscheidet sich in mehreren Dimensionen von der Alltagssprache. Konrad Ehlich zeigt, wie komplex Bildungssprache betrachtet werden muss, da der Verstehensprozess an unterschiedlichen Ebenen scheitern kann. Dazu gehören die

> „phonologisch-phonetische, lexikalisch-semantische, morphologisch-syntaktische, pragmatisch-diskursive, metasprachliche Ebene sowie Sprachfertigkeiten: Hörverstehen, Sprechen, Lesen und Schreiben“ (Ehlich 2005, S. 22f).

Daraus lässt sich die Notwendigkeit ableiten, Bildungssprache altersgerecht und gestuft im Kontext von Bildungsinstitutionen zu denken. Bedeutsam werden sprachkognitive Kompetenzen, die im Kontext der individuellen, sozialen und emotionalen Entwicklungen zu betrachten sind. Eine Tatsache, die die Relevanz interdisziplinärer Kooperationen zwischen Fachdidaktik, Pädagogik, Psychologie und Didaktik unterstreicht (Selimi 2018, S. 1).

Verstehen wird aber nicht nur durch die Bildungssprache erschwert. Sollen zentrale Voraussetzungen für Partizipation gewährleistet werden, muss die Thematik Sprachvermögen differenzierter betrachtet werden. Bereits an der Alltagssprache können Schüler*innen scheitern. Den Spracherwerb zu fördern und Sprachkompetenzen aufzubauen, damit Schüler*innen der Erarbeitung in mündlichen und schriftlichen Unterrichtsformaten überhaupt folgen können, sind und bleiben zentrale Aufgaben von Schulen. Diese Aussage erscheint zunächst trivial, sie findet aber im Unterricht noch zu wenig Beachtung. Spracherwerb wird zunächst dem Fach Deutsch zugeordnet, so findet sich beispielsweise in den Leitgedanken zum Bildungswert des Faches Deutsch im baden-württembergischen Bildungsplan der Grundschule:

> „Sprachkompetenz und Ausdrucksvermögen sind Schlüsselfähigkeiten für den Bildungserfolg aller Kinder und eine wesentliche Voraussetzung für ihre Chancen im Miteinander unserer Gesellschaft. Der konsequenten Erweiterung des rezeptiven und produktiven Wortschatzes kommt dabei eine zentrale Funktion zu“ (Ministerium für Kultus, Jugend und Sport 2016).

Sprachkompetenz und Ausdrucksvermögen sind Voraussetzung für Partizipation in der Schule und in der Gesellschaft. Sprechen und Zuhören wird bundeslandübergreifend als eigener Kompetenzbereich ausgewiesen (vgl. Behrens/Eriksson 2011, S. 43). Freies Erzählen zur Unterhaltung, zur Wiedergabe und Verarbeitung von Erfahrungen, Sprechen, Nacherzählen, sich an Gesprächen beteiligen etc. sind Kompetenzen, die ab der ersten Klasse im Fach Deutsch, aber auch bereits im vorschulischen Lernen, in Familien und Kindertagesstätten aufgebaut werden. Die enge Verbindung von Sprachstand und Bildung, die in jedem Bildungsbericht betont wird, verweist auf Entwicklungsaufgaben, die in pädagogischen Institutionen bearbeitet werden müssen. Sprachkompetenz wird nämlich mitunter als einzubringende Voraussetzung für Unterricht verstanden. Noch zu selten ist sie als basaler Baustein im Unterricht fest verankert und wird als kontinuierliche Unterrichtsaufgabe betrachtet. Dabei werden die sprachlichen Kompetenzen von Schüler*innen in den Bildungsberichten regelmäßig als unzureichend beschrieben (vgl. Bildungsbericht 2022). Die daraus resultierenden Konsequenzen können jedoch nicht den Erfolg sichern, der für eine barrierefreie Teilhabe aller am Unterricht notwendig ist. Während Wagenscheins Äußerung zum Sprachenwechsel auf die Diskrepanz zwischen Muttersprache und Fachsprache verweist, sind heute mehrsprachig aufwachsende Kinder für unsere Gesellschaft konstitutiv. Wagenschein setzte „Muttersprache“ mit „Alltagssprache“ gleich, die „Muttersprachen“ bzw. Familiensprachen stimmen heute allerdings für einen großen Teil der Schüler*innen nicht zwingend mit der Verkehrssprache in der Schule überein. Bundesweit betrachtet, sprechen über 20% der drei- bis sechsjährigen Kinder, die eine Kindertageseinrichtung besuchen, nicht vorrangig Deutsch in der Familie (vgl. Bildungsbericht 2022). Regional betrachtet ist die Verteilung sehr unterschiedlich. Dabei wird die Sprachleistung der mehrsprachig aufwachsenden Kinder häufig unterschätzt. Sie verfügen zum Zeitpunkt der Einschulung bereits über hohe Kompetenzen in der Erstsprache. Die Kompetenzen in der Zweitsprache erweisen sich für die Partizipation am Unterrichtsgeschehen allerdings häufig noch als unzureichend (vgl. Jeuk 2015, S. 13). Auch hier setzt der Bildungsplan an und führt in den Leitgedanken hierzu aus:

> „Darum müssen Kinder, die die deutsche Sprache noch nicht zureichend beherrschen, weil sie zum Beispiel erst geringe Vorerfahrungen haben oder eine andere Erstsprache sprechen, in ihrem Spracherwerb und in ihrer Sprachentwicklung besonders gestärkt und unterstützt werden. Dieser Herausforderung begegnet das Fach Deutsch, indem es auf die individuelle sprachliche Förderung eingeht. So können die Kinder ihre sprachlichen Fertigkeiten und Kenntnisse im Hinblick auf die Besonderheiten der deutschen Sprache ausbauen. Daher versteht sich das Fach Deutsch als Fach, das Deutsch auch als Zweitsprache vermittelt“ (Ministerium für Kultus, Jugend und Sport 2016).

Die Bildungsbenachteiligung, die seit PISA 2000 erneut in den Aufmerksamkeitsfokus rückt, konstatiert den engen Zusammenhang von Schule und Herkunft und macht die Bildungsbenachteiligung u.a. an Sprachdefiziten fest. Sprachförderung ist inzwischen ein integraler Baustein im institutionellen Lernen. Sie beginnt bereits vor der Schule und dennoch reichen die Maßnahmen nicht aus, um allen Kindern einen guten Start in der (Grund)Schule zu ermöglichen. Aber nicht nur in der Grundschule erschweren Sprachdefizite den Unterrichtsalltag, auch in den weiterführenden Schulen führen Sprachschwierigkeiten zu Problemen (vgl. Schümer 2004). Überlegungen, wie Sprachförderung gestaltet und verstetigt werden kann, sind für Partizipationsprozesse im Unterricht von hoher Relevanz. Kinder und Jugendliche mithilfe von isolierten Sprachförderprogrammen ‚zu schulen', ohne ihre Erstsprachensozialisation zu berücksichtigen, erweist sich weder als zielführend noch als demokratisch, da Sprache einen Teil der Identität ausmacht.

Folgendes Beispiel zeigt, wie Sprachschwierigkeiten durch ein Pendeln zwischen Alltags- und Fachsprache überwunden werden können.[8] Die Unterrichtssequenz stammt aus einer Geografiestunde in einer Sekundarschule. Der Unterricht kommt zunächst ins Stocken, da die Fachsprache Schwierigkeiten bereitet. Der Wechsel stellt einen konstruktiven Versuch dar, einen nicht verstandenen Fachausdruck „Massiv", hier im Kontext einer Gebirgskette in der Schweiz, anhand des alltagssprachlichen Verständnisses zu erläutern. Die alltagssprachliche Bedeutung des Wortes „massiv" ist den Schülern Erkan (ER) und Nabih (NA) zwar bekannt, sie können diese Erklärung aber nicht auf den Unterrichtsgegenstand, die Gebirgskette, übertragen. Die Lehrerin (FJ) erläutert den Terminus durch den Rückgriff in die Alltagssprache:

| | | |
|---|---|---|
| 01 | ER: | Nabih hat gesAgt masSIV? |
| 02 | FJ: | mAssiv hat mehrere beDEUtungen. |
| 03 | | es gibt einmal massIv ist vor *allen dingen wenn etwas sehr FEST ist. *(_ballt beide Fäuste vor dem Körper_) |
| 04 | | wenn *du wenn du sO **richtig mUske[ln so] su:perhart (hast du) massI::VE mUskeln hast-= *(_fasst an NAs Oberarm_) **(_spannt ihren rechten Bizeps an und berührt ihn mit der linken Hand_) |
| | ER: | [ja JA]. |
| 06 | NA: | weil *er heißt auf InstagrAm Erkan masSIV. *(_zeigt auf ER_) |
| 07 | FA: | ja JA. |
| →08 | massI:v sagt man aber auch für BER:ge. | |

(Willmann 2023, S. 256f.)

8 Die ursprüngliche Transkription wurde wegen der besseren Lesbarkeit vereinfacht. Großschreibungen bedeuten Betonungen.

Die Lehrerin verdeutlicht die Polysemie des Begriffes „Massiv“. Sie erklärt den Begriff zunächst im alltagssprachlichen Kontext, sie wählt die Muskelkraft als Vergleich, der für die Schüler leicht nachzuvollziehen ist. Die Geste, das Ballen der Fäuste, visualisiert ihre Aussage. Nachdem sie den Terminus alltagssprachlich kontextualisierte, leitet sie anschließend zur fachsprachlichen Bedeutung über, die jetzt mit Hilfe ihrer Erläuterungen leicht erschlossen werden kann. Der Einwurf von Schüler Nabih legt nahe, dass die Bedeutung verstanden wurde, da der Instagram-Name von Erkan „massiv“ im Sinne von „stark“ bedeutet.

Die Ausgangsbedingungen mehrsprachiger Kinder im Unterricht zu berücksichtigen und sich pädagogisch und didaktisch auf Mehrsprachigkeit einzustellen, bleibt eine zentrale Herausforderung und kontinuierliche Aufgabe von institutionellem Lernen. Sprachförderung ist als durchgängige, langfristige und selbstverständliche institutionelle Aufgabe im Bildungssystem anzusehen. Das zeigt die Notwendigkeit, Spracherwerb nicht als Bringschuld der Schüler*innen zu verstehen, sondern diesen kontinuierlich in der Schule zu berücksichtigen – in jeder Klassenstufe, in allen Schularten und in jedem Fach. Spracherwerb bzw. Sprachaneignung findet im Deutschunterricht statt, wenn Sprache selbst zum Lerngegenstand wird und diese systematisch gelehrt bzw. gelernt wird: Wortschatz, Grammatik usw. Sprache, Sprechakte und Sprachkultur werden aber bis zu einem hohen Grad implizit gelernt und das geschieht nicht nur im Fach Deutsch, sondern in allen Unterrichtsfächern. Gleichwohl können Sprachschwierigkeiten das Sachlernen in weiteren Fächern behindern, wie das obige Beispiel deutlich macht. Sprache kann als Werkzeug des Denkens Probleme mit sich bringen und diese Probleme sind nicht im Denken zu suchen, sondern vielmehr durch die Sprache gegeben. Sprachschwierigkeiten tangieren folglich nicht nur das Fach Deutsch, vielmehr können Schüler*innen im Fachunterricht an den Kommunikationsstrukturen bzw. an der Sprache selbst scheitern, wenngleich der Lerngegenstand keine Probleme bereitet. So bleiben beispielsweise Textaufgaben im Mathematikunterricht eine sprachliche Herausforderung, die den mathematischen Vorgang behindern können, auch wenn die eigentlichen mathematischen Operationen problemlos gelöst werden könnten. Folgende Textaufgabe für eine zweite Klasse zeigt, dass die Dechiffrierung des Textes weit größere Schwierigkeiten birgt als die notwendige Rechenoperation:

> „Die 33 Kobolde des Waldes fürchten den Donner. Als das Gewitter kommt, verstecken sich 12 in einer Höhle. Die anderen suchen Schutz unter einem großen Stein. Wie viele sind unter dem Stein?“ (Rasch 2009 S. 78).

Lernprozesse können folglich durch sprachliche Gegebenheiten erschwert werden. Ein Projekt, das versucht, ‚sprachliche Behinderungen‘ zu umgehen, ist das so genannte Rucksackprojekt. Das ursprünglich aus den Niederlanden stammende Projekt wurde von Nordrhein-Westfalen für deutsche Einrichtungen adaptiert und wird inzwischen bundesweit in unterschiedlichen Variationen durchgeführt. Allen gemein ist das Bestreben, Eltern von mehrsprachig aufwachsenden Kindern Möglichkeiten aufzuzeigen, ihre Kinder in schulischen Belangen in ihrer Muttersprache zu unterstützen. Der Austausch über die schulischen Inhalte erfolgt in der Familiensprache, die Förderung der Mehrsprachigkeit wird als übergeordnetes Ziel betrachtet. Das Programm versteht sich als Bildungsprogramm für Eltern mit Migrationshintergrund. Hintergrund des Projektes, das zunächst in den Kindertagesstätten initiiert wurde, ist die Überzeugung, dass Bildung nicht an Sprache scheitern darf. Denn auch nicht deutschsprachige Eltern können wichtige Kenntnisse und eigene Erfahrungen zu den Unterrichtsgegenständen weitergeben, wenn ihnen das in ihrer Erstsprache ermöglicht wird. In wöchentlichen Treffen lernen Eltern die Inhalte kennen, die ihre Kinder in der Schule bearbeiten. Sie tauschen sich in ihrer Sprache über die Themen aus und strukturieren gemeinsam ihr Wissen. Dadurch wird der Lernstoff transparent und die Bildungsinstitution zugänglich und vertraut. Gemeinsam bereiten die Eltern mit den Kontaktpersonen des Rucksack-Projektes Materialien und Lernspiele für die Themenfelder vor. So können die Eltern die Lernprozesse ihrer Kinder unterstützen und lernen gleichermaßen Deutsch. Die Eltern-Kind-Interaktion steht im Fokus und durch den inhaltgestützten Austausch wird die Herkunftssprache gestärkt. Die Bildungs- und Erziehungspartnerschaft wird ernst genommen, indem (grund)schultypische Arbeitsweisen transparent gemacht werden und schulisches Lernen unterstützt wird. Diese unkomplizierte Herangehensweise verweist die Eltern nicht zunächst selbst auf die Schulbank zum Sprachenlernen. Vielmehr werden ihnen von Anfang Möglichkeiten aufgezeigt, ihr Wissen und ihre Vorerfahrungen einzubringen, ohne sie als defizitär zu klassifizieren.

Migration ist im 21. Jahrhundert ein alltägliches Phänomen. Schulen sind darauf allerdings noch zu wenig vorbereitet. Bildung und Mehrsprachigkeit schließen sich nicht aus. Bildung vollzieht sich nicht grundsätzlich am besten im Medium *einer* Sprache, ebenso wenig entspricht Einsprachigkeit heute der Normalität, wie es der monolinguale Habitus[9] der Schule nahelegt (vgl. Gogolin 1994). Vielmehr stellt das Erlernen von zwei oder mehreren Sprachen die Normalität vieler Kinder dar. Diese Lebensrealität findet in Schulen noch zu wenig Berücksichtigung. Wilfried Stölting vermerkte bereits 1974 hierzu „Zweisprachigkeit wird zum Problem, wo Einsprachigkeit für das Normale gehalten wird“ (Stölting 1974, S. 150).

9 Der Terminus *monolingualer Habitus* geht auf Ingrid Gogolin zurück. Sie zeigt auf, dass das Bildungswesen im 19. Jahrhundert ein monolinguales Selbstverständnis herausbildete, das bis heute vorherrscht und nicht weiter hinterfragt wird (vgl. Gogolin 1994).

Sprache ist in allen Fächern von tragender Relevanz, denn Sprache ist Voraussetzung für Unterricht und Unterricht gleichermaßen. Die Lehrer*innenbildung stellt eine wichtige Stellschraube dar, um Bildungsarbeit in der Migrationsgesellschaft professionell weiterzuentwickeln und zu gewährleisten. Unterschiedliche Ansätze zeitigen zwar Erfolge, eine verbindliche Bearbeitung der Thematik im Lehramtsstudium findet jedoch nicht statt. Nicht alle Standorte der Lehrer*innenbildung bieten kontinuierlich Seminare und Projekte an, um sich bereits in der ersten Phase adäquat damit zu befassen.

!

### Deutsch als Zweitsprache für alle Fächer

Erfolgversprechende Bemühungen zeigen sich beispielsweise im Projekt „Deutsch als Zweitsprache für alle Fächer" (DaZfaF),[10] das an der Pädagogischen Hochschule Ludwigsburg von Katja Holdorf gestaltet wird. Das Projekt stellt die Notwendigkeit eines sprachsensiblen Unterrichts ins Zentrum und unterstützt den Spracherwerb in allen Fächern. Ziel des Projektes ist es, Lehramtsstudierende und Lehrende aller Fächer für einen bewussten Umgang mit Sprache zu sensibilisieren. Das Projekt wurde ursprünglich für fünf Jahre bewilligt und ist inzwischen integraler Bestandteil in der Lehrer*innenbildung. Zentral soll eine Sensibilisierung für die Thematik bewirkt werden, nicht nur bei Studierenden mit Hauptfach Deutsch, sondern bei allen Lehramtsstudierenden. Dadurch wird ein professioneller Umgang mit Mehrsprachigkeit im Unterricht erleichtert bzw. angeleitet. Im Projekt wird auf Synergieeffekte gesetzt, denn Kooperationsseminare mit anderen Fächern bringen die Expertisen zusammen und gewährleisten, dass fachliche und sprachliche Aspekte Berücksichtigung finden. Ein weiterer Schwerpunkt umfasst die Entwicklung, Erprobung und Sammlung von Materialien und Lehr-Lernszenarien in der offenen DaZ Werkstatt. Diese können im Lehr-Lernlabor von den Studierenden erprobt und reflektiert werden. Zwischen den Lehrangeboten und der Entwicklung und Erprobung des Materials besteht eine enge Verbindung. Die offene DaZ-Werkstatt dient als Beratungsanlaufstelle für Studierende und hilft mit konkreten Materialien einen sprachsensiblen Unterricht anzuleiten. Längerfristig arbeiten Projekte, die auf Sprachsensibilisierung zielen, daran, diese als selbstverständliche Voraussetzung bei der Unterrichtsplanung und Durchführung mitzudenken. Bis dieses Ziel erreicht ist, werden insbesondere in den Kooperationsseminaren, Unterrichtsszenarien analysiert, die sprachliche Schwierigkeiten mit sich bringen. Sachtexte, Arbeitsanweisungen etc. werden hinsichtlich unbeabsichtigter Fallstricke untersucht, die zu Problemen führen können.

---

10 Der Projektantrag „Deutsch als Zweitsprache für alle Fächer (DaZfaF)" wurde von Christine Bescherer, Stefan Jeuk und Iris Kleinbub gestellt. Das Projekt wurde von 2017–2022 vom Ministerium für Kultus, Jugend und Sport Baden-Württemberg gefördert und ist seit 2022 verstetigt.

Weitere Überlegungen setzen am produktiven Umgang mit Mehrsprachigkeit im Klassenzimmer an. Dabei geht es nicht ausschließlich um Verstehensprozesse. Vielmehr trägt ein Unterricht, der die Mehrsprachigkeit von Kindern produktiv nutzt, dazu bei, die Familiensprachen zu stärken. Ein solides Sprachvermögen ist für das Erlernen von weiteren Sprachen Voraussetzung. Rudimentäre Sprachkenntnisse in der Erstsprache, erschweren auch die Möglichkeiten, Deutsch als Zweitsprache bzw. weitere Fremdsprachen zu erlernen. Es gibt vielfältige Bemühungen, mehrsprachig aufwachsenden Kindern gerecht(er) zu werden. Dennoch bleibt es gängige Praxis, Englisch, Französisch, Italienisch und Spanisch im Klassenverband als wichtige Fremdsprache wertzuschätzen, im Gegensatz zu Türkisch, Arabisch, Polnisch usw., deren Sprachgebrauch im Unterricht oft nicht goutiert werden. Ein professioneller Unterricht berücksichtigt die Mehrsprachigkeit der Kinder produktiv und konstruktiv konsequent mit. Die Relevanz der pädagogischen und fachdidaktischen Frage, wie die Herkunftssprachen der Schüler*innen als Ressource den Unterricht bereichern können, wird zunehmend erkannt und findet ihren Niederschlag im theoretischen Diskurs und in den Praxisfeldern (vgl. Schader 2012).

Sprachschwierigkeiten zeigen sich aber nicht nur bei mehrsprachig aufwachsenden Kindern. Sie sind auch bei Schüler*innen, deren Erstsprache Deutsch darstellt, weit verbreitet. Ein sprachsensibler Unterricht kommt allen Kindern zugute. Katja Holdorf, Gestalterin und Verantwortliche für DaZfaF, unterstreicht im Gespräch die Relevanz, sprachliche Barrieren im Vorfeld zu erkennen:

> „Lehrer*innen haben die Aufgabe, Kindern und Jugendlichen fachliche Inhalte zu vermitteln. Durch Sprache werden Informationen vermittelt. Wenn diese Sprache zu fachlich und zu komplex für den Sprachstand der Kinder und Jugendlichen ist, dann scheitert die fachliche Vermittlung. Deshalb ist es wichtig, dass Lehrpersonen den Sprachstand ihrer Schüler*innen kennen oder ermitteln, mit geeigneten Methoden und einer angemessenen Sprache agieren und so die Kinder von der bereits vorhandenen Alltags- zur Fachsprache führen können. Dabei geht es nicht nur um Kinder mit DaZ – je nach Alter und Bildungshintergrund ist die sprachsensible Vorgehensweise für alle Kinder einer Klasse relevant. Die Schülerschaft ist heterogen – nur durch Differenzierung wird man diesem Umstand gerecht."

Oft ausgeblendet werden Verständigungsschwierigkeiten, die mit starken dialektalen Färbungen einhergehen, die gleichermaßen als Mehrsprachigkeit verstanden werden können. Ein sprachsensibler Unterricht, der den Spracherwerb in allen Klassenstufen vorsieht, kommt somit allen Kindern zugute.

### Arbeitsaufgaben

1. Wählen Sie einen kurzen Sachtext aus und analysieren Sie ihn auf mögliche Sprachbarrieren. Überarbeiten Sie den Text so, dass er für Schüler*innen mit Sprachschwierigkeiten leichter zu verstehen ist.
2. Diskutieren Sie unterschiedliche Möglichkeiten, um die Sprachenvielfalt im Klassenverband konstruktiv zu nutzen.

## 3.2 Verstehen als Voraussetzung für Partizipation

Sprachkompetenz ist eine wichtige Voraussetzung für die Beteiligung am Unterrichtsgeschehen. Dennoch wird Verstehen nicht ausschließlich durch Sprachvermögen hergestellt. Verstehen ist ein komplexer Vorgang und hängt von unterschiedlichen Faktoren ab. Wissen, das sich durch den Unterricht bilden soll, ist auf Verstehensprozesse angewiesen. In den Geisteswissenschaften war Verstehen bis in die 60er Jahre des 20. Jahrhunderts die vorherrschende Methode, im Gegensatz zum Erklären, das die Naturwissenschaften bestimmte. Die Hermeneutik wird als Wissenschaft des Verstehens bezeichnet. Sie bezog sich ursprünglich auf sprachliche Dokumente im historisch-literarischen Kontext (vgl. Gudjons 2008, S. 56f.). Die Deutungskunst geht davon aus, dass sich der Sinn einer Aussage nicht direkt aus sich selbst heraus ableiten lässt, vielmehr die Aussage verstanden werden muss. Verstehen ist eng an die Bedeutung von Lebensäußerungen geknüpft, die in Form von Zeichen und Symbolen geäußert werden. Die Erschließung führt zum Sinn, wobei die Formen der Sinnkonstruktion perspektivabhängig gebildet werden. Wilhelm Dilthey (1833–1911), Begründer der Geisteswissenschaften, definiert Verstehen folgendermaßen:

> „Wir nennen den Vorgang, in welchem wir aus Zeichen, die von außen sinnlich gegeben sind, ein Inneres erkennen, Verstehen" (Dilthey 1957, S. 318).

Die Methode des Verstehens findet ihren Niederschlag heute in unterschiedlichen Fachbereichen und Disziplinen. Kersten Reich (1978, S. 38f.) unterstreicht die Bandbreite, die sich unter dem Begriff der Hermeneutik verbirgt. Darunter fallen Bereiche der Auslegungstechnik, also Interpretationen von Texten, die Lehre vom Verstehen von Texten, aber auch Methoden der Geschichtsforschung, Philosophielehre und Ansätze auf der Basis von sprachlichen Interaktionen und Kommunikation. Verstehen in erziehungswissenschaftlicher Perspektive ist das Erkennen und das gleichzeitige Erfassen von Zeichen, die sich als Lebensäußerung ausdrücken (vgl. Danner 2006, S. 34). So ist eine Lehrkraft in der Lage, Schüler*innen, die den Unterricht stören, rasch wahrzunehmen. Die Störung ist offensichtlich, nicht aber die Bedeutung des Schüler*innenhandelns. Dieses liegt zunächst nicht offen, da es sich nicht direkt aus den Äußerungen erschließen lässt – es muss *verstanden* werden. Zu verstehen, warum bzw. wozu Schüler*innen das Verhalten an den Tag legen, kann weiterhelfen und pädagogische Reaktionen hervorrufen. Aus der Übersetzung einer vermeintlichen Störung lassen sich dann pädagogische Handlungspraktiken ableiten, die helfen können, entsprechende Vorkommnisse zukünftig zu vermeiden. Aus dem Verstehen lassen sich so präventive Maßnahmen ableiten.

Im Kontext von Kommunikation und Partizipation zeigt sich die Relevanz von Verstehen besonders deutlich, denn Gespräche können an Verstehensprozessen scheitern.

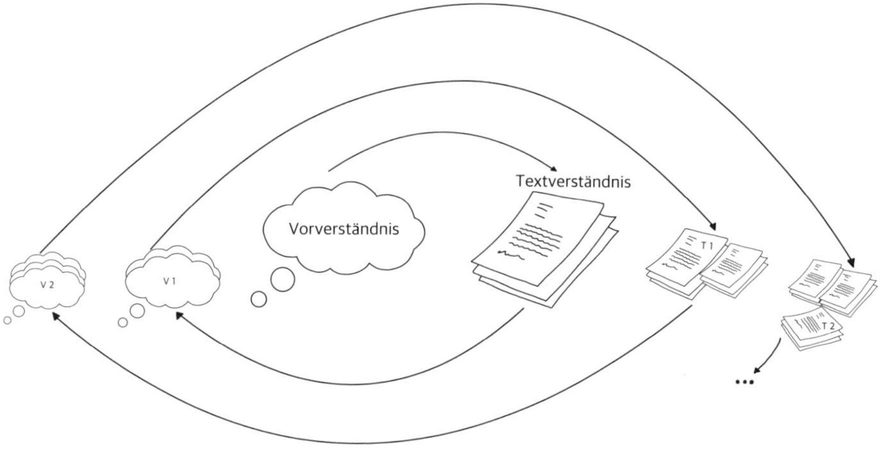


Abb. 8: Hermeneutischer Zirkel. Eigene Darstellung.

Die Probleme liegen nicht allein in der Sprachkompetenz, vielmehr versagt die Sprache selbst als Werkzeug des Begreifens. Der Sinn des Gesagten wird durch Sprechen konstituiert und dieser erschließt sich nicht allen Rezipient*innen gleichermaßen, er ist perspektivenabhängig. Die Bedeutung der Äußerungen ist für das Verstehen Voraussetzung, die Sinnerschließung wird jedoch von den Akteur*innen unterschiedlich moduliert. Der Kenntnisstand der Rezipient*innen und Produzent*innen, das Vorwissen sowie die Vorannahmen beeinflussen entscheidend, was, wie bzw. ob etwas verstanden wird. Der hermeneutische Zirkel (Abb. 9) zeigt, wie Vorannahmen die Deutung von Texten bzw. Situationen beeinflussen. Gleichermaßen offenbart sich im hermeneutischen Zirkel die dem Verstehen innewohnende Paradoxie: Der Verstehende muss den Sachverhalt, dem Sinn zu verleihen ist, schon für sich in Teilen verstanden haben. Das heißt, ein Vorverständnis dessen, was erst verstanden werden soll, ist als Grundvoraussetzung des Verstehens notwendig.

Diese Paradoxie, die Relevanz des Wissens für den Nichtwissenden, verweist auf die Gefahr des Missverstehens, wenn das neu zu Verstehende zu selektiv aus dem Vorwissen herausgebildet wird. Denn die Sinnkonstruktion erfolgt vor dem jeweiligen individuellen Relevanzsystem und wie dieses den Verstehensprozess beeinflusst, ist nur schwer prognostizierbar.

Der deutsche Theologe und Philosoph Hans-Georg Gadamer (1900–2002) setzte sich grundlegend mit dem Nachdenken über das Verstehen auseinander. Seinen Bemühungen, Verstehen verständlich zu machen und die Bedeutung der Sprache im Verstehensprozess herauszuarbeiten, widmete Gadamer einen großen Teil seines wissenschaftlichen Schaffens. Auch er legt zunächst den hermeneutischen Zirkel zugrunde, erweiterte diesen dann um den Begriff des „Horizonts". Darunter versteht er die Reichweite, die von einem Standpunkt aus sichtbar wird. Dementsprechend kann der Horizont eng sein, erweitert werden oder auch neu erschlossen werden. Grundvoraussetzung hierfür sei das Beherrschen von Sprache. Sprache bezieht auch er nicht ausschließlich auf Sprachkompetenz. Für Gadamer ist Sprache die Vorarbeit zum Begreifen. In seinem Vortrag „Die Vielfalt der Sprachen und das Verstehen der Welt" (2013) führt er den Zusammenhang zwischen Welt und Sprache aus: Um sich in der Welt zu verstehen, sei es notwendig, sich miteinander zu verstehen und das wiederum impliziere, den anderen zu verstehen. Gadamers These, Verständigung sei ein Sprachproblem und vollziehe sich im Medium der Sprachlichkeit, offenbart relevante Bezüge zu Kommunikation und Partizipation im Unterricht. Für beides ist Sprache universales Medium, in welchem sich Verständigung und Verstehen vollzieht. Wie es bei der Auslegung von Texten nie nur eine Auslegung geben kann, steht auch das Verstehen des Gesagten im Kontext der Betrachter*innen, denn Verstehen setzt ein Wiedererkennen voraus, das aber auch ein Andersverstehen zulässt. Das Gesagte steht somit im engen Zusammenhang mit der Zuhörer*in, die die Bedeutung des Gesagten konstruiert. Gadamer betont, Verstehen sei von bestimmten Vorurteilen abhängig, wobei sich der Ausdruck Vorurteil nicht als vorgefertigte Meinung verstehen lässt, vielmehr als ‚Vormeinung', die man bereit sei, im Verstehensprozess zu erweitern.

Über Sprache erlangen wir Kenntnisse über die Welt, denn wie Gadamer (1965) betont, wachsen wir auf, „wir lernen die Welt kennen, wir lernen die Menschen kennen und am Ende uns selbst, indem wir sprechen lernen." Gadamer wirft in seinen Überlegungen die Frage auf, ob der Begriff der Sprache in der modernen Sprachwissenschaft und Sprachphilosophie der komplexen Sachlage gerecht werden kann, da diese so eng mit dem Denken verwoben sei, dass eine Trennung von Sprache und Denken schwerfalle. Im Kontext von Kommunikation und Partizipation bleibt festzuhalten: Was das Resultat eines Gespräches sein wird, lässt sich im Vorfeld nicht vorhersagen. Der Gesprächsverlauf hängt entscheidend von den Sinnkonstruktionen der Gesprächspartner*innen ab und diese Konstruktionen bestimmen das Gespräch. Gadamer führt hierzu aus:

> „Wir sagen zwar, daß wir ein Gespräch ‚führen', aber je eigentlicher ein Gespräch ist, desto weniger liegt die Führung desselben in dem Willen des einen oder anderen Gesprächspartners. So ist das eigentliche Gespräch niemals das, das wir führen wollten. Vielmehr ist es im allgemeinen richtiger zu sagen, daß wir in ein Gespräch geraten, wenn nicht gar, daß wir uns in ein Gespräch verwickeln. Wie da ein Wort das andere gibt, wie das Gespräch seine Wendungen nimmt, seinen Fortgang und seinen Ausgang findet, das mag sehr wohl eine Art Führung haben, aber in dieser Führung sind die Partner des Gesprächs weit weniger die Führenden als die Geführten. Was bei einem Gespräch ‚herauskommt', weiß keiner vorher. Die Verständigung oder ihr Mißlingen ist wie ein Geschehen, das sich an uns vollzogen hat. So können wir dann sagen, daß etwas ein gutes Gespräch war, oder auch, daß es unter keinem günstigen Stern stand" (Gadamer 1965, S. 361f.).

Diese Ausführungen verdeutlichen ein weiteres Mal, warum das Gespräch als unsicheres Terrain empfunden wird. Die Unsicherheit über den Gesprächsverlauf, wie ihn die Lehramtsanwärterin zum Ausdruck brachte (vgl. Kap. 2), sind unter diesen Betrachtungsweisen gut nachzuvollziehen. Die Gefahr, dass das Gespräch in eine nicht beabsichtigte Richtung führt, ist unter diesen Betrachtungsweisen nichts Außergewöhnliches. Nicht nur der Unterschied zwischen Alltags- und Bildungsgespräch kann das Gespräch von den intendierten Schüler*innenäußerungen wegführen und somit den weiteren Ablauf der Stunde beeinträchtigen. In Gadamers Verständnis *gerät* die Lehramtsanwärterin vielmehr ins Gespräch, als dass sie dieses sicher *führen* könnte. Was dabei herauskommen wird, lässt sich beim „ins Gespräch verwickelt sein" nur schwer voraussagen, da die Redner*innen jeweils an ihren eigenen Erfahrungen und Wissensbeständen anknüpfen. Kognitionspsychologisch agieren die Gesprächspartner*innen auf der Grundlage des jeweils eigenen Wissenshintergrunds, der als Relevanzsystem dient. Das Gesagte wird von den Gesprächspartner*innen an das jeweilige Relevanzsystem adaptiert, das heißt, in das eigene Relevanzsystem übersetzt. Verstehen wird in dieser Hinsicht vordergründig als Verstehen von Fremdem expliziert. Der Soziologe Alfred Schütz (1899–1959) zeigt die Bedeutsamkeit der Selbstauslegung, denn Fremdverstehen setzt immer eine Selbstauslegung voraus, da Verstehen durch das eigene Relevanzsystem begrenzt wird. Wie diese Selbstauslegungen ausfallen, ist im Vorfeld ungewiss. Dieses Gefühl der Ungewissheit, das es im Gespräch auszuhalten gilt, fällt Noviz*innen schwerer als Lehrer*innen mit weitreichenderen Unterrichtserfahrungen.

Lehrer*innen begegnen dieser Unsicherheit mit unterschiedlichen Strategien: durch offenere Planung, durch stärkere Lenkung des Gesprächs bzw. durch die Auswahl der Schüler*innen, die im Gespräch zu Wort kommen. Lehrende entwickeln rasch ein Gespür dafür, welche Schüler*innen die Logik des Unterrichts antizipieren und in Antwortoptionen übersetzen können. Gleichwohl lernen Schüler*innen im Laufe ihrer Bildungsbiografie in schulischen Szenarien zu denken und sich unterrichtsadäquat zu äußern. Das schränkt den „Horizont" entscheidend ein und verengt den Blick auf eine vom Lehrenden angedachte Unterrichtslogik. Die Paradoxie wird deutlich, denn der Unterricht, der darauf zielt, den

Horizont der Schüler*innen zu weiten, begrenzt diesen durch diese Praktiken: Die Möglichkeit, lebensweltliche Bezüge zum Unterrichtsgegenstand einzubringen, wird dadurch empfindlich eingeschränkt und die Intention des Unterrichtsgespräches kann dergestalt unterlaufen werden. Die Anforderungsstruktur, die von einer vermeintlichen Einigkeit über Sinn und Transparenz des aktuellen Handelns von Lehrenden und Lernenden ausgeht, birgt ein hohes Risiko (vgl. Röbe/Aicher-Jakob/Seifert 2019, S. 73). Wenn Unterrichtsgegenstände nicht aus mehreren Perspektiven betrachtet werden können und nur ein Deutungsmuster in Bezug auf den Inhalt zugelassen wird, geht das mit einer Engführung einher. Problematisch dabei bleibt, dass Schüler*innen im Laufe ihrer Schulzeit lernen müssen, ihre eigenen subjektiven Wahrnehmungen und Deutungen auszublenden und diese in eine Form schulischer Wahrnehmung zu transformieren. Der Erfolg von Schüler*innen liegt dann darin begründet, die Perspektive auf das Lernen einzunehmen (vgl. Scholz 2009, S. 240). Das bedeutet, dass Mehrperspektivität durch die Anforderungsstruktur systematisch verhindert werden kann. Eindimensionale Deutungsoptionen von Unterrichtsgegenständen können zu Behinderungen im Verstehensprozess führen bzw. diesen sogar verhindern. Unterricht wird dann regelrecht konterkariert.

Lerntheoretisch betrachtet machen Überlegungen zum Verstehen einen Perspektivenwechsel möglich, denn Unterrichtsgegenstände werden nicht einfach behandelt und verstanden. Der lerntheoretische Turn, Wissen nicht länger als zu vermittelnde Größe zu verstehen, vielmehr als individuelle Konstruktionsleistung zu betrachten, beeinflusst Überlegungen zu Verstehensprozessen im Unterricht. Wenn Unterrichtsgegenstände nicht länger als eine von allen Individuen gleich konstruierte Wirklichkeit gedacht werden, zeitigt das Konsequenzen für Verstehen als Voraussetzung für Partizipationsprozesse. Der Konstruktivismus unterstreicht die Bedeutung des Eigenanteils der Lernenden im Lern- und Verstehensprozess durch die individuelle Erfahrungswelt. Der radikale Konstruktivismus sieht die Außenwelt nur marginal mit der individuellen Erfahrungswelt der Lernenden verbunden. Der aus der Außenwelt stammende Reiz, wird in diesem Verständnis ausschließlich durch die Verarbeitung im Gehirn der Lernenden konstruiert. Individuelle Vorkenntnisse und Erwartungen werden als die Verantwortlichen für die (Be-)Deutung betrachtet. So konstruiert das Gehirn seine Wirklichkeit entsprechend der Realität, also der objektiven und bewusstseinsunabhängigen Welt (vgl. Roth 1995). Diese radikal gedachte Spielart des Konstruktivismus würde Unterricht als ein unmögliches Unterfangen dekonstruieren, da jede Form als einen Eingriff in die Autonomie der Schüler*innen verstanden werden könnte (vgl. Terhart 1999). Konstruktionen entstehen aber nicht nur individuell, sondern immer auch im Unterricht, im sozialen Gefüge. Im Austausch mit der Klasse können durch Gespräche Ko-Konstruktionen entstehen, nicht als letzte Wahrheiten gedacht, vielmehr als Wahrheiten, die sich immer wieder neu behaupten müssen. Gemeinsame Vorstellungen lösen in diesem Verständnis individuelle Einzelkonstruktionen ab. Anschlussfähig für Kommunikations- und Partizipationsüberlegungen in konstruktivistischer Sicht sind Überlegungen, die an der Herstellung einer gemeinsamen Realität ansetzen. Für Schüler*innen im Gespräch können unterschiedliche Standpunkte zu Fragestellungen bzw. zu Unterrichtsgegenständen sichtbar werden. Im Gespräch zeigen sich unterschiedliche Positionen zu Gegebenheiten, die Schüler*innen zur Transformation der eigenen Realitätsvorstellung anregen können und das wiederum kann so zu neuen Erkenntnissen führen. Eindrücke, die Schüler*innen im Gespräch gewinnen, werden kontinuierlich konstruiert und dekonstruiert, so dass Schüler*innen zu neuen Interpretationen der Welt gelangen können. Gesprächsinhalte führen durch individuelle Konstruktionen zu unterschiedlichen Wahrnehmungen. Damit Schüler*innen im Gespräch partizipieren können, muss der Vorgang einer intersubjektiven Aushandlung der Bedeutung konsequent berücksichtigt werden, damit gemeinsames Wissen überhaupt aufgebaut werden kann. Das bedeutet aber gerade nicht, das Vorankommen des Unterrichts durch wenige verengende Aussagen zu sichern, die von Schüler*innen getragen werden, die sich bereits am schulischen Lernen orientieren. Es bedeutet vielmehr, Praktiken zu entwickeln, die auch divergierende Blickrichtungen zulassen und dadurch unterschiedliche Standpunkte sichtbarmachen. Im gemeinsamen Gespräch, das sich an einer Ko-Konstruktion orientiert, liegt eine Voraussetzung für Verstehen im Herstellen eines gemeinsamen Verständnisses, das behutsam im Gespräch entwickelt wird. Die Gesprächsführung sollte dabei nicht auf Linearität, sondern auf Diskursivität setzen, dafür aber durch eine sichernde Moderation unterstützt werden, um Konstruktionen zu verbinden. Denn ein Gespräch, das unterschiedliche Perspektiven zulässt und in divergierende Richtungen verläuft, benötigt in der Gesprächsführung Unterstützung, damit es nicht an Komplexität verliert und für alle Beteiligten transparent bleibt. Lüders (2003) bezeichnet diese Form einer vorübergehenden Konsensbildung als „Arbeitsinterim“. Um die unterschiedlichen Konstruktionen immer wieder zusammenzuführen, können folgende Strategien helfen (vgl. Rumpf 1991):

!

- Teilergebnisse wiederholen,
- Ergebnisse exemplifizieren,
- Zwischenstationen wiederholen,
- Bilanzieren,
- Aussagen modalisieren,
- Aspekte visualisieren,
- Argumente pointieren,
- Verkettungen laut denken,
- Annahmen von Schüler*innen von weiteren Schüler*innen erklären lassen,
- ...

Auf diese Weise können Gespräche eine Konsensebene finden, transparent werden und eine breitere Basis für Verstehensprozesse bilden. Voraussetzung ist Reziprozität und die Möglichkeit der Ko-Konstruktion. Diese Vorstellungen stehen allerdings im Konflikt zu Unterrichtsgesprächen, die den Ausgang des Gesprächsverlaufes unveränderlich setzen und sich auf Kosten eines breitangelegten Verstehensprozesses auf wenige Schüler*innenaussagen stützen, die ausschließlich die Perspektive auf schulisches Lernen einnehmen. Erschwerend für den Verstehensprozess wirkt sich die Heterogenität der Beteiligten aus, denn Gespräche sind fluide und können nicht angehalten bzw. noch einmal ‚nachgelesen' und individuell durchdacht werden. Die Strategien stellen auch eine Differenzierungsform dar, da nicht alle auf demselben Abstraktionsniveau denken und sprechen.

Alle Ansätze führen deutlich vor Augen, dass Verstehensprozesse weniger tragfähig sind, wenn sie mit einer frühzeitigen Verengung in Richtung Lehrperspektive einhergehen, vielmehr Diskursivität, auch vorübergehende Diffusität benötigen, um für möglichst viele Schüler*innen den Anschluss an die Unterrichtsthematik zu sichern.

### Arbeitsaufgaben

1. Recherchieren Sie den Unterschied zwischen Verstehen und Erklären und ordnen Sie die Begriffe unterschiedlichen Forschungstraditionen zu.
2. Diskutieren Sie, was es bedeutet, ein Gespräch durch Differenzierungsmöglichkeiten für möglichst viele Schüler*innen anschlussfähig zu machen.

## 3.3 Partizipative Gesprächsformen

### 3.3.1 Der Morgenkreis

Gespräche zielen auf Partizipation, im Moment des Gesprächs, das initiiert wird, oder im Anschluss daran, wenn notwendige Informationen durch das Gespräch gesichert werden. Eine Gesprächsform, die als Grundform der Partizipation diskutiert wird, ist der Morgenkreis. In ihm treten beide Aspekte von Partizipation, Teilnahme und Teil sein, besonders deutlich zu Tage: Schüler*innen erleben sich in dieser Formation als Teil der Klassengemeinschaft und haben in besonderem Maße die Möglichkeit am Unterrichtsgespräch zu partizipieren, es mitzugestalten und zu steuern. Wie häufig diese Formation an Schulen initiiert wird, schwankt. Wird das Kreisgespräch als festes Ritual eines jeden Schultages veranstaltet, spricht man vom Morgenkreis. Findet dieser nur zum Wochenbeginn statt, spricht man eher vom Montagskreis. Partizipation in Institutionen zu ermöglichen, ist mit größeren Schwierigkeiten verbunden als im Familienverbund, wo jeder, so unterschiedlich die Familienkonstellation auch sein mag, leichter Gehör findet und die eigenen Aufgaben bzw. Privilegien kennt. Der tägliche Übergang von der Familie in die Schule geht somit auch mit veränderten Partizipationsmöglichkeiten einher, da die (Gesprächs-)Regeln in der Schule für eine heterogene größere Gruppe konzipiert wurden, die institutionelles Lehren und Lernen unterstützen und Sprechakte stärker legitimiert und kontingentiert werden als in der Familie. Der Morgenkreis eignet sich unter diesem strukturtheoretischen Gesichtspunkt besonders als Übergangsritual, das Kinder vom außerschulischen Geschehen ins schulische Geschehen führt. Midori Mori (2010, S. 45) untersuchte in ihrer vergleichenden Studie den Morgenkreis, an einer Berliner Grundschule und einer Grundschule in Kioto, südwestlich von Tokio, und zeigt diesen als habituelles Mikro-Übergangsritual, das dazu genutzt wird, die Gemeinschaft täglich zu konstituieren und zu festigen. Der Übergang von der Familie in eine andere Gruppe wird vollzogen. Im Gegensatz zum individualisierten Unterricht wird hier für alle Schüler*innen sichtbar, Teil dieser Gruppe zu sein und die Gesprächsmodalitäten sind noch nicht so stark reguliert und auf schulische Belange verengt wie im herkömmlichen Unterricht. Der Übergang verläuft nicht linear, er kann vielmehr mehrere Zugehörigkeiten beinhalten. Mori verweist auf unterschiedliche Mitgliedschaften, die möglich werden: in der Peer-Group, in einer Mädchen- oder Jungengruppe, aber auch in Teilgruppen, in Spielgemeinschaften usw.

Neben strukturfunktionalen Betrachtungen unterstreichen Ansätze des symbolischen Interaktionismus, dass konkrete Alltagspraktiken erst durch den Unterricht selbst, verstanden als soziale Situation, hervorgebracht werden. Diese handlungstheoretischen Betrachtungsweisen nehmen die gemeinsame Sinnkonstruktion bzw. die geteilten Orientierungen in sozialen Interaktionen in den Blick. Von Interesse sind forschungsbezogene Fragestellungen, wie Subjekte in Interaktionen Sinn bzw. Wertorientierungen konstruieren und aufrechterhalten. Die Performanz der sozialen Interaktion bietet Antworten auf Fragen, wie Kinder ihren Handlungen Bedeutung verleihen. Unter dieser Blickrichtung wird das Forschungsinteresse anschlussfähig und ertragreich für die sozialtheoretische Kindheitsforschung. Auch zu generationalen Ordnungen im Sinne von doing generation (vgl. Kelle 2005) oder zur Ritualforschung (vgl. Wulf 2005) bietet der Morgenkreis ein breites Forschungsspektrum. Erste Forschungen zum Morgenkreis reichen bis zu den Anfängen des 20. Jahrhunderts zurück. Unter der Leitung von Peter Petersen rückte im Zuge seiner Tatsachenforschung das Forschungsinteresse, insbesondere das Ankommen der Schulneulinge, in den Fokus. Die frühen Forschungen zeigten, dass der Morgenkreis überwiegend für das Erzählen, Vorlesen und Spielen genutzt wurde (vgl. Opitz 1935) bzw. dass die

Zahl der Körperbewegungen im Kreis am höchsten waren (vgl. Puljevitsch 1937), wobei 80,7% der Bewegungen beim Gähnen entstanden.

Die aktuelle Forschungslage zum Morgenkreis bleibt überschaubar. Der Blick konzentriert sich im ausgehenden Jahrtausend auf seine Stellung im Grundschulunterricht. Dabei behauptet sich der Morgenkreis als fester Bestandteil im Grundschulunterricht. Er wird bewusst zur Unterstützung des Gemeinschaftssinns und zur Förderung von kommunikativen Kompetenzen eingesetzt (vgl. Heinzel 2004). In ihrer 1996 bundesweit durchgeführten Befragung konstatiert Friederike Heinzel (2001, S. 106) den hohen Stellenwert des Morgenkreises im Grundschulalltag: 89,6% der Lehrer*innen geben an (N= 604) Kreisgespräche zu initiieren, 40,7% davon täglich, teilweise sogar mehrfach am Tag. Als beliebteste Variante nannten die Lehrer*innen den Montagskreis und den Morgenkreis (vgl. Heinzel 2001, S. 114f.). Besonderes Augenmerk erfährt der Morgenkreis am Schulanfang. In der Reformschule Kassel findet er täglich im altersgemischten Unterricht statt, wobei ein Kind das Kreisgespräch protokolliert. Charlotte Röhner (1998) arbeitet anhand der Protokolle geschlechtsspezifische Interessen der Schüler*innen heraus. Während Mädchen eher Gegenstände mitbringen, nutzen Jungen den Morgenkreis eher als Bühne, um sich selbst darzustellen. Auch im Kommunikationsverhalten zeichnen sich geschlechtsspezifische Verhaltensmuster ab. Thies und Röhner (2000) resümieren, Jungen sichern sich ein höheres Zeitkontingent im Morgenkreis bei gleichzeitig geringer ausgeprägtem Interesse gegenüber Mädchen. In seiner Studie „Morgenkreis und Schulanfang" revidiert Ernst Purmann (2001) diese Feststellung, indem er unabhängig der Geschlechterfrage generell auf aktivere und passivere Kinder verweist. Von besonderem Interesse sind seine Aussagen über das Lehrer*innenverhalten: Der Morgenkreis stelle sich als Spiegelbild der Lehrkraft dar. Ob es gelingt, den Morgenkreis als Forum zu gestalten, hänge von der Performanz der Lehrperson ab. Diese Tatsache unterstreicht auch Heinzel (2016) in ihrer aktuellen Studie, die den Morgenkreis als klassenöffentlichen Unterricht zeigt. Als Organisator*in sei die Lehrkraft maßgeblich für die Durchführung des Morgenkreises zuständig und somit auch für sein Gelingen bzw. Scheitern. Ihre Fallstudie belegt das dem Morgenkreis inhärente Partizipationspotenzial, indem Schüler*innen unterschiedliche Beteiligungsmöglichkeiten erhalten „z.B. erzählen, berichten, zeigen, vorführen, vorlesen, präsentieren, klären, leiten, aushandeln, fragen, antworten, loben, kritisieren, spielen oder singen" (Heinzel 2016, S. 20). Partizipationspotenziale gehen aber nicht per se mit dem Morgenkreis Hand in Hand. Anhand ihrer Beobachtungen arbeitet Heinzel (vgl. 2016, S. 98ff.) zentrale Strukturmerkmale des Morgenkreises heraus:

1. **Strukturen der Interaktion**
   Die Interaktionsstrukturen streuten breit. Sie reichten von Sequenzen, mit einem für den Frontalunterricht typischen Gesprächsmuster, Lehrer*innenfrage –

Schüler*innenantwort – Lehrer*innenrückmeldung, bis hin zu schüler*innengesteuerten Interaktionsformen, wie Schüler*innenbeitrag – Schüler*innenfrage – Schüler*innenantwort. Bei den schüler*inneninitierten Interaktionsmustern zeigten sich stark formalisierte und ritualisierte Abläufe. Feste Regeln regulierten die Wortvergabe, die teilweise von Kindern vorgenommen wurde, teilweise im Reihum-Durchlauf erfolgte. Das Geschlecht fungierte als Ordnungsmoment, das von allen Kindern akzeptiert wurde. Herausforderungen zeigten sich im Rollenwechsel der Lehrerin, in den Bemühungen, die eigenen Redebeiträge zu reduzieren bzw. die Leitungsfunktion an die Kinder abzugeben. Die Rollenübernahme als Moderatorin ging mit Kompromissen und Rollendiffusionen einher. Durch die Abgabe der Leitung wurde die Lehrkraft einerseits zum System der Klasse, andererseits oblag ihr die Verantwortung für das Geschehen: Sie eröffnete den Kreis für Themen, die sie für die Kinder als relevant erachtete, kontrollierte dabei gleichzeitig die auftretenden Emotionen, indem sie eine formalisierte Schließung der Prozesse bewirkte.

2. **Strukturen der Partizipation**
   Strukturen der Partizipation wurden sichtbar, wenn Kinder von schulischen und außerschulischen Ereignissen erzählen konnten. Die Beobachtungen offenbarten, dass die Kinder die Beteiligungsformen gerne annahmen und kreativ nutzten. Den Partizipationsarrangements war allerdings ein Übungscharakter eingeschrieben. Dieser bot den Kindern einerseits Schutz, da Risiken vermindert wurden, andererseits entfalteten sich die Schüler*innenhandlungen auf der Grundlage einer Lehrerin-Schüler*innen-Hierarchie, die deutliche Dominanzstrukturen aufwies. In diesem Kontext erschien der Morgenkreis als „didaktischer Trick", wie bereits Böhme und Kramer (2001, S. 178) konstatierten, da dieser die Stabilität von Schule sichert, indem er das Wohlbefinden der Schüler*innen erhöht. Als Risikomoment zeigte sich auch in dieser Studie die Klassenöffentlichkeit, die die Beteiligungsfreude beeinträchtigte.
3. **Strukturen des Zwischenraums**
   Im Übergang von der außerschulischen Lebenswelt zur Grundschule wurden Strukturen des Zwischenraums sichtbar. Im Morgenkreis konnte eine Öffnung der Schule in Richtung Kinderkultur beobachtet werden. Der Blick auf die Inszenierungs- und Aufführungspraktiken zeigte, wie der Morgenkreis zur Bühne wurde und Raum für peerkulturelle aber auch für schulische Praktiken entstanden.

Die Forschungsergebnisse zeigen deutlich, welches Partizipationspotenzial der Morgenkreis haben kann. Die Erkenntnisse unterstreichen aber auch die Notwendigkeit, schulisches und pädagogisches Handeln kontinuierlich zu reflektieren, um Routinen im Morgenkreis kritisch zu hinterfragen. Im Gegensatz zu anderen offenen Unterrichtsgesprächen (vgl. Kap. 2) zielt der Morgenkreis weniger auf allgemeindidaktische bzw. fachdidaktische Ziele (vgl. Heinzel 2016, S. 20), vielmehr soll er ein breites Handlungsrepertoire für Schüler*innen bieten, sich ins Geschehen einzubringen. Das Bemühen, Schüler*innen weitreichende Handlungsfelder zu eröffnen, erklärt, warum der Morgenkreis unweigerlich mit Partizipationsüberlegungen im schulischen Setting genannt wird. Den hohen Beteiligungsmöglichkeiten stehen allerdings Herausforderungen gegenüber, die nicht unberücksichtigt bleiben dürfen: Es bleibt eine Herausforderung für Schüler*innen, sich vor der gesamten Klassengemeinschaft zu zeigen, sich zu artikulieren und dabei Gefahr zu laufen, sich zu blamieren, indem man Fehler macht oder nichts beizutragen weiß. Diese Hürde nehmen Schüler*innen mit unterschiedlichem Geschick, weil Schüler*innen verschiedene Vorerfahrungen mitbringen. Auch wenn das Gespräch im Vergleich zum gelenkten Unterrichtsgespräch mit höheren Freiheitsgraden einhergeht, darf diese Tatsache nicht darüber hinwegtäuschen, dass es ein Gespräch im institutionellen Setting bleibt, das nicht nur intergenerationale Interaktionen mit den Mitschüler*innen vorsieht, sondern auch intragenerationale Interaktionen zwischen Lehrkraft und Schüler*in beinhaltet. Wie wichtig dabei die Performanz der Lehrkraft ist, unterstreichen alle Studien. Herausforderungen zeigen sich darüber hinaus aufseiten der Lehrkräfte, die sich mit der Balance-Aufgabe konfrontiert sehen, Kindern Beteiligungsmöglichkeiten zu eröffnen, sie durch geeignete Gesprächsanlässe zu Interaktionen herauszufordern und dabei die Partizipation aller im Blick zu haben. So changiert der Morgenkreis zwischen der Überperformanz weniger aktiver Akteur*innen, die sich auf Kosten von zurückhaltenden Mitschüler*innen inszenieren und ausleben können, und einer Gesprächskultur, die den Kindern vermeintlich demokratieförderlich gleichermaßen einen Gesprächsbeitrag abverlangt. Das Empfinden, sich gegen den Willen am Gespräch beteiligen zu müssen, wird auch nicht durch den Anreiz eines Erzählsteins geschmälert.

Die hohe Popularität des Morgenkreises verleitet dazu, seine Durchführungspraktiken nicht ausreichend zu reflektieren. Die fehlende wissenschaftliche Auseinandersetzung mit dem Morgenkreis befördert eine affirmative Herangehensweise. Oberflächliches Goutieren unterstellt der Partizipation in dieser Kreisformation einen Automatismus. Gerade in ritualisierten Formaten verselbstständigen sich Praktiken leicht. Folgende reflexive Fragen können helfen, die eigenen Praktiken kontinuierlich zu hinterfragen:

!

- Eignet sich das geplante Vorgehen für den Morgenkreis, für die Kreisformation?
- Ist der Ablauf des Morgenkreises den Schüler*innen transparent?
- Eignen sich die eingesetzten Rituale zur Durchführung?
- Eröffnet der Morgenkreis ein breites Handlungsfeld für Schüler*innen oder gleicht er eher einem fragend-entwickelnden Unterricht?
- Finden die Kinder Gefallen am Morgenkreis? Was gefällt ihnen? Was lehnen sie ab?
- Bietet der Morgenkreis ausreichend Varianz?
- Finde ich Themen, die das Interesse der Kinder finden?
- Stelle ich sicher, dass die familiären Innenansichten durch Themen nicht in den Vordergrund treten?
- Bringe ich ausreichende Sensibilität für Fragen mit, die das Bewerten und Vergleichen von Schüler*innen bewirken können?
- Ermutige ich die Schüler*innen, sich am Gespräch zu beteiligen, ohne sie zu nötigen?
- Wirke ich dominantem Verhalten einzelner Schüler*innen entgegen, dass auch weniger dominante Schüler*innen Raum finden?
- Ist mein Umgang mit Störungen geeignet?
- Herrscht ein Gesprächsklima vor, das zum Austausch einlädt?
- Stelle ich sicher, dass Schüler*innen nicht ausgelacht werden?
- Erfolgt die Wortvergabe formalisiert und ritualisiert? Wie kann ich eine weniger formalisierte Wortvergabe unterstützen?
- Reduziere ich meine Redebeiträge zunehmend?
- Reflektiere ich die Übertragung meiner Leitungsfunktion?
- Lasse ich ausreichend Spielraum für peerkulturelle Praktiken?

## Arbeitsaufgaben

1. Welche Rituale können helfen, Gespräche im Morgenkreis sinnvoll zu unterstützen? Diskutieren Sie Potenziale und Fallstricke beim Einsatz von Ritualen.
2. Sammeln Sie Möglichkeiten der Wortvergabe im Morgenkreis. Diskutieren Sie unterschiedliche Szenarien hinsichtlich ihrer Zielsetzung.

### 3.3.2 Der Klassenrat

„Jeden Dienstag haben wir in der zweiten Stunde Klassenrat. Da können wir alles ansprechen, was in der Woche nicht so gut lief. In der fünften Klasse hat unsere Klassenlehrerin den Klassenrat geleitet. Es gab oft Streit und es war anstrengend. Heute leitet der Klassensprecher den Klassenrat und unsere Lehrerin unterbricht nur bei Problemen. Ich finde, das Klassenklima ist seither besser geworden. Es gibt auch eine Box, wo wir anonym eine Nachricht einwerfen können. Bei manchen Themen ist das besser so. Einmal hat uns auch die Schulsozialarbeiterin bei einem Problem geholfen, wir müssen also nicht alle Probleme selbst lösen" (Rebecca S., Klasse 7).
„Ich finde den Klassenrat blöd. Die Probleme werden nicht echt gelöst. Es sprechen immer die gleichen Schüler und die bekommen auch immer recht. Da kann doch gleich der Lehrer wieder entscheiden" (Stefan A., Klasse 4).

Der Klassenrat weist eine lange Tradition im pädagogischen Alltag auf, auch wenn seine Wirkungsweise nicht uneingeschränkte Zustimmung erfährt, wie die Eingangszitate bereits vorwegnehmen. Seit der Jahrtausendwende erfährt der Klassenrat im Kontext von Demokratielernen eine Renaissance. Dabei wird die Schule als demokratisches Vorbild betrachtet, in welcher die Schüler*innen erleben können, was als Gesellschaftsform erwünscht wird. Seit 2005 taucht der Begriff Demokratielernen zunehmend in bildungspolitischen Belangen auf, da die europäische Kommission im Zuge der Lissabon-Strategie „Demokratie und Menschenrechte" als europäische Bildungsziele benennt (vgl. Edelstein/Fauser 2005). Ziel der Strategie war es, die Europäische Union bis 2010 zum „wettbewerbsfähigsten und dynamischsten wissensbasierten Wirtschaftsraum der Welt" zu machen.

Was unter Demokratielernen konkret zu verstehen sei, findet seinen Niederschlag in den Bildungsüberlegungen der jeweiligen europäischen Länder unter entsprechenden Bezeichnungen: education for citizenship, éducation pour la citoyenneté, Bildung für die Demokratie usw. Auch wenn die Ausführungen je nach Tradition und Schulsystem variieren, lässt sich doch ein übergeordnetes Ziel erkennen: Schüler*innen sollen im Kleinen erfahren können, wie demokratische Lebensformen unsere Gesellschaft bestimmen. Intendiert ist, dieses Anliegen in den Institutionen nicht nur theoretisch zu verankern, vielmehr sollen Schüler*innen im pädagogischen Alltag in demokratische(n) Strukturen sozialisiert werden. Eine ausschließlich theoretische Ausrichtung und Vermittlung erzielt nicht die Wirkung, um eine demokratieförderliche Grundeinstellung zu sichern. Schüler*innen lernen zwar in unterschiedlichen Fächern, die historische Entwicklung demokratischer Gesellschaften, Dimensionen eines demokratischen Grundverständnisses, Voraussetzungen für Demokratie usw. kennen. Die Aneignung theoretischer Inhalte führt aber nicht unweigerlich zu demokratischem Handeln. Neben der Wissensvermittlung wird den Schulen auch die Aufgabe zuteil, den Schüler*innen einen Erfahrungsraum zu bieten, in welchem demokratische Strukturen erlebt und gelebt werden können. Dabei erhofft man sich demokratiefördernde Effekte, wenn Schüler*innen am Schulleben partizipieren und sich als handlungsfähigen Teil der Schulgemeinschaft sehen und erleben können. Demokratielernen wird dabei als Prinzip verstanden, das nicht nur gelehrt, vielmehr in den Strukturen erfahren werden kann. Dieses Aufgabenverständnis unterstreicht schulpädagogische Bemühungen um Handlungsformen, die sich nicht ausschließlich an der Outputorientierung im Sinne der Lehr-Lernforschung orientieren (vgl. Bauer 2013, S. 13), sondern das Binnenleben schulischer Institutionen als einen authentischen Erfahrungsraum für demokratisches Lehren und Lernen zu nutzen wissen. Dabei wird Schule zu einem politischen Gemeinwesen, in welchem von Anfang an gelernt wird, wie ein gesellschaftliches Zusammenleben im ‚Großen' gelingen kann. Diese Idee findet sich in „die Schule als Polis", die ursprünglich Hartmut von Hentig in Analogie an die freie attische Stadt in der Antike formulierte. Er beschreibt darin die Institution als einen Bildungsort, der Schüler*innen hohe Partizipationsmöglichkeiten einräumt und ihnen ein weitgehend selbst- bzw. gemeinsam bestimmtes Leben in der Schulgemeinschaft ermöglicht (vgl. von Hentig 2004). Schulen sind zwar als staatliche Bildungsinstitution mit ihrem Bildungsauftrag an Schulgesetze und an die Bildungspläne der jeweiligen Bundesländer gebunden und so in ihren Handlungsmöglichkeiten eingeschränkt. Dennoch konkretisiert die Schule als Polis Freiräume, um demokratisches Lernen als grundlegendes Prinzip im Schulleben zu verankern.

Die Vorstellung von Schule, als gesellschaftliche Institution mit der Aufgabe auf demokratisches Zusammenleben vorzubereiten, reicht in pädagogischen Konzeptionen weit zurück. Demokratische Erziehung verbindet man zunächst mit dem amerikanischen Philosophen und Pädagogen John Dewey (1859–1952), der mit seinem Werk „Demokratie und Erziehung" (1915) die Aufgaben von Schulen explizit bei der Demokratiebildung konstatierte. Konsequent setzt Dewey seine Vorstellungen in Chicago in der Laboratory School (1894–1904) um und fordert eine demokratische Gemeinschaft, die für

> „die gleichmäßige Teilnahme aller ihrer Mitglieder an ihren Gütern und für immer erneute biegsame Anpassung ihrer Einrichtungen durch Wechselwirkung zwischen den verschiedenen Formen des Gemeinschaftslebens sorgt" (Dewey 1993, S. 136).

Dewey führte dabei in seinem Schulleben eine Gesprächsform ein, bei welcher Kinder Fragen und Konflikte klären können, die das Zusammenleben mit sich bringen und belasten. Das Forum unterstützte die partizipativen Prozesse von Schüler*innen und zielte darauf, diese im Zusammenleben sichtbar zu machen.

Die von den Schüler*innen eingebrachten Fragen und Sachverhalte bestimmten das Gespräch und entsprechende Konsequenzen erfolgten daraus. Demokratie wird in diesem Verständnis als Prozess und nicht als Zustand verstanden. Diese Annahme ist im Kontext von Demokratielernen hochaktuell. Schule als Erfahrungsraum kann Strukturen bieten, in welchen Schüler*innen partizipativ wirken und die Institution gestalten, um demokratische Formen des Zusammenlebens zu erlernen. Schulen haben die Möglichkeit, durch pädagogische Konzeptionen die Analyse und Reflexion von Strukturen und Handlungen zu sichern und Schüler*innen im Kleinen vor Augen zu führen, wie Schwierigkeiten und Konflikte gemeinsam zu lösen sind, um ein demokratisches friedliches Leben zu ermöglichen. Der Klassenrat versucht Schüler*innen an der Partizipation im Schulleben besser zu beteiligen, indem für sie relevante Themen zur Sprache gebracht werden. Gleichermaßen dient er als Unterstützung, da im günstigen Fall alle Mitglieder der Klasse die Möglichkeit haben, sich uneingeschränkt am Schulleben zu beteiligen. Demokratie wird so immer wieder in Handlungen hergestellt und gefestigt, aber auch in gemeinsamen Gesprächen analysiert und reflektiert.

Neben Dewey wird auch der französische Reformpädagoge Celestin Freinet (1896–1976) als einer der „Urväter des Klassenrats" (vgl. Bauer 2013, S. 25) bezeichnet. In seiner französischen Schule (Freinet 1979) nahm die so genannte Klassenversammlung eine zentrale Stellung ein. In seiner Konzeption ist die Leitung des Gesprächs den Schüler*innen übertragen, auch er verfolgte die bereits beschriebenen Zielsetzungen. Einerseits diente die Klassenversammlung Arbeitsabsprachen, die sowohl Ziele der Organisation und Kooperation als auch inhaltliche Schwerpunktsetzungen verfolgten. Andererseits betonte Freinet die Persönlichkeitsbildung durch die Klassenversammlung, da Schüler*innen zur Ehrlichkeit und Selbstkritik erzogen werden sollten (vgl. De Boer 2006, S. 16). Freinet beschreibt die Wirkkraft der Klassenversammlung folgendermaßen:

> „Nichts ist moralisch so förderlich wie diese gemeinsame Gewissenserforschung, die sowohl kritisch wie konstruktiv das Leben beeinflußt" (Freinet 1979, S. 77f.).

Die vertrauensvolle Atmosphäre in der Klassenversammlung vergleicht er mit einem Familiengefüge, bei welchem alle Familienmitglieder Interessen mitbringen, und die schulischen Angelegenheiten so zu persönlichen Angelegenheiten werden (vgl. Freinet 1979, S. 78). Die Idee des Familiengefüges wurde von Vertreter*innen der Psychologie in den 80er und 90er Jahren des 20. Jahrhunderts übernommen. Sie finden ihren Niederschlag in der so genannten Klassendiskussion (vgl. Dreikurs/Cassel/Rückriem 1995) bzw. in der „Lehrer-Schüler-Konferenz" (vgl. Gordon 1985).

Die Ausführungen verdeutlichen das Potenzial des Klassenrats im Kontext von Demokratielernen. Sein Repertoire umfasst die soziale Partizipation und demokratische Mitbestimmung ebenso wie die Verantwortungsübernahme (vgl. Edelstein/Fauser 2001). Im heutigen Verständnis bezeichnet der Klassenrat Gespräche mit unterschiedlichen Akzentuierungen. Sie variieren in ihrer Ausrichtung, wie die synonym verwendeten Begrifflichkeiten zeigen: Schüler*innenrat, Konfliktkreis, Klassenversammlung, Schüler*innengericht usw. In der Literatur wird von einem Instrument, einer Methode, einem Gremium bzw. von einem Ritual gesprochen. Heinzel (2004, S. 19) ordnet sie den pädagogischen Kreisgesprächen zu, die „als Rituale zur Strukturierung des Klassenlebens und zur positiven Beeinflussung des Sozialverhaltens" dienen. Wolfgang Edelstein (2010, S. 75) konkretisiert:

> „Der Klassenrat stellt eine Praxis basisdemokratischer Selbstregulation her, welche die Prozesse diskursiver Entscheidungsfindung und Deliberation einübt, soziale Konflikte schlichten hilft, die Planung, Durchführung und Evaluierung gemeinsamer Projekte ermöglicht: also die demokratischen Kompetenzen und sozialmoralischen Ressourcen der Teilnehmer entwickelt".

Dennoch sind die Installation und Durchführung des Klassenrates kein Garant für eine Demokratie bejahende Haltung, noch nicht einmal für eine demokratische Performanz beim Vollzug. Die Grundintention des Klassenrats bringt Spannungsmomente mit sich, die auch die ‚Ideenstifter' nicht ausblenden konnten. Denn die Ambivalenz von Selbstverwaltung, Disziplinierungsäquivalenten und erwünschtem Verhalten zeigte sich damals wie heute. Bei allen zu befürwortenden Zielsetzungen kann nicht ausgeblendet werden, dass die Intention der Demokratiearbeit im staatlichen Schulsystem an Grenzen stößt, denn die Partizipationsmöglichkeiten von Schüler*innen bleiben limitiert und das Paradoxon Erziehung zur Autonomie durch Zwang blieb und bleibt bestehen. Dietrich Benner (1979, S. 71) beschreibt das zeitlose Problem folgendermaßen:

> „den zu Erziehenden zu etwas aufzufordern, was er noch nicht kann und ihn als jemand zu achten, der er noch nicht ist, sondern allererst vermittels Selbstständigkeit wird".

Die nicht aufzulösende Frage, wie man zur Selbstständigkeit, zur Mündigkeit und letztendlich zur demokratischen Mitgestaltung gelangen kann, indem man Zwängen und Reglementierungen ausgesetzt ist, zeigt sich hier besonders deutlich. Denn Schüler*innen können sich dem Vorhaben nur schwer verweigern. Freiheit meint aber eben auch, frei von Zwängen zu sein. Der Vorwurf einer ‚Scheinpartizipation' ist nicht gänzlich von der Hand zu weisen, wird im Klassenrat doch überwiegend Schüler*innenverhalten reglementiert und verhandelt, damit der institutionelle Betrieb wieder reibungslos ablaufen kann. Außerdem verfolgt die Ordnung, die im Klassenrat (wieder) hergestellt werden soll, doch immer die institutionelle Ordnung, und diese geht nicht zwingend mit der Peer-Ordnung Hand in Hand. Hierfür steht das zweite Eingangszitat des Schülers, der das deutlich wahrnimmt und kritisiert. Er spricht dem Klassenrat seine Unabhängigkeit ab und wertet ihn als Sprachrohr der Lehrkraft. In unserem heutigen Verständnis stehen sich Schüler*in und Peer zwar nicht länger als unvereinbare Gegenspieler gegenüber. Kalthoff und Kelle (2000, S. 708) sprechen von Code-Switching, das den Schüler*innen unterschiedliche Interaktionen abverlangt:

> „Im schulischen Alltag existieren, aus der Teilnehmerperspektive von Schülern, mindestens zwei verschiedene Interaktionscodes nebeneinander: der offene Code, den die Lehrperson verkörpert und interpretiert, und der Code der peer-culture, bei dem die Wächterfunktion von Lehrpersonen außer Kraft gesetzt ist. Es ist [...] als ob Schüler zwischen den zwei verschiedenen Codes hin- und herschalten können."

Dennoch können die Ordnungen als widersprüchlich erfahren werden. Auch die Handlungsoptionen der Schüler*innen sind kontingentiert und zielen auf schulische Unterstützungsprozesse. Eine wirkungsvolle Handlungsmächtigkeit nach außen besteht nicht. Die Institution legitimiert und konnotiert Handlungsmöglichkeiten. Heike de Boer hebt in ihrer Studie „Klassenrat als eine interaktive Praxis" die Macht der Institution Schule hervor, die den Klassenrat rahmt und bestimmt (vgl. de Boer 2006, S. 218). Sie verweist auf schulische Antinomien[11] und macht deutlich, dass im Konfliktlösungsvorgang Gefahren inhärent sind, Probleme zu reproduzieren, Schüler*innen zu typisieren und Konflikte festzuschreiben. So führte das vermeintlich demokratiefördernde Vorgehen eben auch zu Heteronomie und überangepasstem Verhalten (vgl. de Boer 2006, S. 214). Der Klassenrat verfehlt dann nicht nur seine Zielsetzung, er wird konterkariert. Die Antinomie Freiheit und Zwang lässt die angestrebte Partizipation der Schüler*innen als eine „inszenierte Mitbestimmung" (vgl. Budde 2010) erscheinen. Die Gefahr, Teilnehmer*innen für institutionelle Belange zu instrumentalisieren, ist ernst zu nehmen und kritisch zu bearbeiten.

Umso wichtiger wird es, die Entwicklung, Installation und Durchführung des Klassenrates kontinuierlich zu reflektieren bzw. zu fragen, inwiefern dieser tatsächlich Möglichkeiten bietet, Partizipationsprozesse in Gang zu setzen, die dann auch verfolgt und unterstützt werden.

Folgende Überlegungen können helfen, den Klassenrat fest im Schulalltag zu verankern und zu reflektieren:

1. **Schulorganisatorische Überlegungen**
   Bevor der Klassenrat in der Klasse eingeführt wird, ist es ratsam, sich mit dem Schulleitungsteam und den Fachlehrer*innen darüber zu verständigen. Denkbar ist es beispielsweise, dass der Klassenrat nicht nur in der eigenen Klasse, vielmehr in allen Klassen als fester Baustein verankert wird. Zur Unterstützung

11 Pädagogisches Handeln beinhaltet konstitutive Widersprüche, die nicht aufgelöst werden können. Helsper verdeutlicht, dass professionelles Verhalten, die Reflexion bzw. das Balancieren von Antinomien voraussetzt (vgl. Helsper 2012).

und Vorbereitung kann ein pädagogischer Tag initiiert werden, um eine Struktur zu erarbeiten, die an die Gegebenheiten der Einzelschule bzw. der Klassenstufe angepasst ist. Falls es organisatorisch zu leisten ist, kann der Klassenrat zentral in den Stundenplänen aufgenommen werden. So wird gewährleistet, dass dieser bei allen Klassen am gleichen Tag zur gleichen Uhrzeit durchgeführt werden kann. So können auch klassenübergreifende Angebote gemacht werden. Hilfreich ist das bei Themenstellungen, die nicht nur die eigene Klasse betreffen. Klassenübergreifende Angebote der Schulsozialarbeit können so gut organisiert werden. Gleichermaßen ist es ratsam, Eltern und Fachlehrer*innen über die Existenz des Klassenrats zu informieren.

2. **Die Zielsetzung des Klassenrates muss reflektiert und transparent gemacht werden**
   Bevor der Klassenrat im Unterrichtsgeschehen fest etabliert werden kann, wird das Vorhaben und die Zielsetzung mit der Klasse besprochen. Günstig ist zum Beispiel, Schüler*innen über die historischen Vorläufer zu informieren, um sie mit den Grundideen vertraut zu machen. Ein Schwerpunkt der Vorbereitung sollte darin liegen, das Zusammenleben in einer demokratischen Gesellschaft zu verdeutlichen, damit Aspekte der Demokratieerziehung gut nachvollziehbar sind. Schüler*innen müssen erkennen können, dass demokratische Gesellschaften plurale Meinungen ‚aushalten' müssen, wenn sie in einen angemessenen Dialog eingebunden sind. Die Klasse lernt das Forum in dieser Weise als basale Stufe zum Demokratielernen kennen, an die weitere Formationen wie beispielsweise die Schüler*innenvertretung, Schüler*innenvollversammlung etc. anschließen können. Dabei sollten Möglichkeiten aufgezeigt werden, wie Schüler*innen ihre Partizipationsprozesse sukzessive ausweiten können. Wichtig wird es, den Klassenrat nicht nur auf das Konfliktmanagement zu reduzieren, vielmehr sein Potenzial allumfassend zu nutzen. Alle Themen, die für die Klasse relevant sind, können im Klassenrat bearbeitet werden. Dazu gehören auch auftretende Konflikte. Darüber hinaus bietet er die Möglichkeit, Themenbereiche zu bearbeiten, die die Klassengemeinschaft stärken, Projekte zu besprechen, die favorisiert werden, oder Ereignisse, die die Schüler*innen tangieren, auch wenn die Relevanz für die Lehrkräfte nicht sofort ersichtlich ist.
3. **Der Klassenrat überfordert die Schüler*innen nicht**
   Bei der Einführung des Klassenrats ist darauf zu achten, dass die Schüler*innen nicht überfordert werden. Die Durchführung verlangt den Schüler*innen unterschiedliche komplexe Kompetenzen ab, die sorgsam unterstützt werden müssen, die aber keinesfalls gegeben sind. Insbesondere erwerben die Schüler*innen im Klassenrat Kommunikations-, Sozial- und Methodenkompetenzen, die zunächst zu erlernen sind oder erweitert werden. Die Kompetenzen sind dem Alters- und Entwicklungsstand anzupassen. Es ist darauf zu achten, die Schüler*innen dabei nicht zu überfordern. Der Klassenrat fordert den Schüler*innen, aber auch den

Lehrkräften, ein hohes Maß an unterschiedlichen Kompetenzen ab. Dazu gehören: frei und verständlich zu sprechen, aktiv zuzuhören, sich auf die Vorredner*innen zu beziehen, gegebenenfalls nachzufragen, die eigene Meinung zu äußern, ohne den anderen zu verletzen, Kritik anzunehmen, vereinbarte Gesprächsregeln einzuhalten, andere Meinungen auszuhalten, die eigenen Gefühle zu erkennen, zu reflektieren, aber dennoch zu verbalisieren u.v.m. An diesen Voraussetzungen wird deutlich, welch große Herausforderungen der Klassenrat mit sich bringt. Das Erlernen der Kompetenzen ist demnach nicht nur auf die Klassenratsstunden zu beschränken, sondern vielmehr als Unterrichtsprinzip zu verstehen, um die kontinuierliche Bearbeitung zu gewähren.

4. **Der Klassenrat benötigt eine entsprechende Vorbereitung**
   Auch wenn sich die Zielsetzungen des Klassenrats unterscheiden, ist der Ablauf an eine feste Struktur gebunden. Hilfreich ist es, die Anliegen, die im Klassenrat besprochen werden sollen, im Vorfeld schriftlich zu fixieren. Dabei können alle Schüler*innen in der Klasse Themen ankündigen. Bei unteren Klassenstufen bietet es sich an, die Themen in einem Buch zu fixieren oder sie auf eine Klassenratsliste aufzunehmen. Zu unterscheiden sind Themen, die namentlich von Schüler*innen eingebracht werden. So ist es möglich, dass die Schüler*innen eine kurze Einführung in das Thema geben. Schüler*innen können das Vorgehen im Vorfeld mit der Leitung des Klassenrats besprechen. Damit aber auch heikle Fragen bearbeitet werden können bzw. sich auch weniger selbstbewusste oder weniger kommunikative Schüler*innen einbringen können, bietet sich eine zusätzliche Möglichkeit an, Themen anonym vorzuschlagen. Die Kommunikationsregeln im Klassenrat werden im Vorfeld mit der Klasse entwickelt und festgelegt. Bei unteren Klassen können Rollenkarten helfen, sich an die jeweilige Aufgabe zu erinnern. Aufgaben können auf unterschiedliche Personen verteilt werden: Leitung, Protokollant*in, Zeitwächter*in, Regelwächter*in, Sprach- und Sprechwächter*in etc. Der oder die Schüler*innen, die den Klassenrat leiten, benötigen eine Einführung, welche Aufgaben mit der Leitung einhergehen (Leitung, Tagesordnung, Diskussionsleitung, Abstimmung etc.) und welches Verhalten zu vermeiden ist (Instrumentalisierung, Beeinflussung etc.). Schulsozialarbeiter*innen können diesen Prozess begleiten oder durchführen. Mit zunehmendem Alter und gewonnenen Erfahrungen werden die Ämter überflüssig und sie können sukzessive von der Leitung übernommen werden.
5. **Der Klassenrat benötigt eine klare Struktur**
   Hilfreich bei der Einführung des Klassenrats ist es, eine feste Struktur zu entwickeln, die sich etablieren kann. Folgende Fragen helfen der Strukturierung:
   Wie können Themen eingebracht werden?
   Welche Rituale eröffnen den Klassenrat?
   Welche Rituale helfen bei der Durchführung bzw. Beendigung?

Wie stelle ich sicher, dass alle Schüler*innen Blickkontakt haben?
Wie erfolgt der Gesprächsablauf des eingebrachten Themas?
Wie werden Beschlüsse überprüft?
Welche Hilfsinstanzen stehen bei Schwierigkeiten zur Verfügung?
Eine klare Struktur lässt sich gut in einem kontinuierlichen Geschehen etablieren. Insofern ist es günstig, den Klassenrat wöchentlich zu einer festgelegten Zeit durchzuführen.

6. **Der Klassenrat geht mit einem veränderten Rollenverständnis einher**
Die Rolle der Lehrkraft im Klassenrat sieht zentral die Aufgaben *anleiten, teilnehmen, begleiten* und *unterstützen* des Prozesses vor. Bei den unteren Klassenstufen ist eine stärkere Strukturierung der Lehrkraft notwendig, die dann allmählich abgebaut werden kann. Die Verantwortung für den Klassenrat wird sukzessive an die Schüler*innen übergeben. Auch die Lehrkraft hat sich an den Ablauf und die Kommunikationsregeln zu halten. Äußerungen der Lehrkraft können die Meinungen der Schüler*innen bewusst oder unbewusst beeinflussen, da die Lehrer*innen die institutionelle Ordnung vertreten und Schüler*innen sich davon leiten lassen. Eine professionelle Begleitung vonseiten der Lehrkraft besteht darin, ein gutes Sensorium zu entwickeln, wann Unterstützung den Ablauf fördert und wann sie Schüler*innen beeinflusst, manipuliert oder instrumentalisiert. Trotz der veränderten Rolle im Klassenrat ist der Schutzauftrag der Lehrer*innen nie außer Kraft gesetzt. Entgleisungen, Beschämungen, Mobbing sind rechtzeitig wahrzunehmen bzw. im Vorfeld zu verhindern.

Die Fülle an Praxismaterialen für die Einführung und Durchführung des Klassenrates zeigt: Der Klassenrat ist im Schulalltag angekommen und Lehrer*innen messen diesem positive Aspekte bei. Empirische Studien zur Performanz finden sich indes nur vereinzelt. Angela Bauer nimmt das Spannungsfeld von Schule und Peerkultur in den Blick. Sie beschließt ihre Studie mit dem Verweis auf gängige Irrtümer des Klassenrats. Sie zeigt dabei klare Grenzen des Klassenrats auf. Seine Intention, gleichberechtigte Kommunikationsprozesse zu sichern, wird in den Alltagspraktiken überschätzt. Wie sie in ihrer Studie zeigt, basieren Aushandlungen im Klassenrat nicht auf rein symmetrischen Beziehungen zwischen den Schüler*innen. Auch die Beziehungsebene zwischen Lehrer*in und Schüler*in wird überschätzt, denn eine Symmetrie zwischen Lehrkraft und Schüler*innen ist nicht gegeben. Ein weiteres zu bearbeitendes Feld bleibt der Zusammenhang zwischen den Möglichkeiten der Konfliktbewältigung innerhalb der Klasse und den Anerkennungsbeziehungen (vgl. Bauer 2013, S. 282).

Der Klassenrat bleibt ein moralisch höchst anspruchsvolles Format, dessen demokratische Ausrichtung kontinuierlich reflektiert werden muss. Insbesondere die Regeln und Normen bei den Praktiken sind hinsichtlich eines ‚heimlichen

Lehrplanes‘ zu reflektieren und kritisch zu hinterfragen, damit die Intention zum Demokratielernen nicht nur als Lippenbekenntnis verstanden wird. Ein Ansatz hierfür könnte Angela Bauers Vorschlag sein, sich auf Seiten der Lehrenden über die Prozesse im Klassenrat auszutauschen (2013, S. 285). Auf Helspers Überlegungen zur Professionalisierung rekurrierend, schlägt sie vor, einen Lehrer*innenrat einzurichten, in welchem die Erfahrungen der Lehrkräfte in einen „reflexiven professionellen Bildungsprozess“ (Helsper 2002, S. 96) eingebunden werden. Das wiederum würde aber auch eine Unterstützung von außen erfordern, damit an ‚blinden Flecken‘ gearbeitet werden kann.

### Arbeitsaufgaben

1. Vergleichen Sie die beiden Eingangszitate der Schüler*innen, die sich zum Klassenrat äußern. Diskutieren Sie, wie Schüler*innen zu solchen unterschiedlichen Wahrnehmungen kommen können.
2. Welche Erfahrungen konnten Sie bislang in Ihren Praktika mit dem Klassenrat sammeln? Nennen Sie Beispiele für inhärente Spannungsfelder.

### Literaturverzeichnis

Bauer, A. (2013): „Erzählt doch mal vom Klassenrat!“ Selbstorganisation im Spannungsfeld von Schule und Peerkultur. Halle an der Saale.

Becker-Mrotzek, M./Vogt, R. (2009): Unterrichtskommunikation. Linguistische Analysemethoden und Forschungsergebnisse. Tübingen.

Behrens, U./Eriksson, B. (2011): Sprachliches Lernen zwischen Mündlichkeit und Schriftlichkeit. Bern.

Benner, D. (1979): Die praxeologisch-erfahrungswissenschaftliche Position im Positivismusstreit. In: Büttemeyer, W./Möller, B. (Hrsg.): Der Positivismusstreit in der deutschen Erziehungswissenschaft. München, S. 45–69.

Bildungsbericht (2022): Bildung in Deutschland 2022. Ein indikatorengestützter Bericht mit einer Analyse zu Bildung in einer digitalisierten Welt. https://www.bildungsbericht.de

Böhme, J./Kramer,R.-T. (2001): Partizipation in der Schule. Theoretische Perspektiven und empirische Analysen. Wiesbaden.

Budde, J. (2010): Inszenierte Mitbestimmung?! Soziale und demokratische Kompetenzen im schulischen Alltag. In: Zeitschrift für Pädagogik 56 (2010)3, S. 384–401.

Brandt, B. (2004): Kinder als Lernende. Partizipationsspielräume im Klassenzimmer. Frankfurt am Main.

Brandt, B. (2015): Partizipation in Unterrichtsgesprächen. In: De Boer, H. (2015) (Hrsg.): Gespräche über Lernen – Lernen im Gespräch. Wiesbaden, S. 37–60.
Danner, H. (2006): Methoden geisteswissenschaftlicher Pädagogik. 5. überarb. Auflage. München.
De Boer, H. (2006): Klassenrat als interaktive Praxis. Auseinandersetzung – Kooperation – Imagepflege. Wiesbaden.
Dewey, J. (1915/1993): Demokratie und Erziehung. Eine Einleitung in die philosophische Pädagogik. Neuausgabe mit dem Nachwort von J. Oelkers. Weinheim und Basel.
Dilthey, W. (1957/1990): Gesammelte Schriften. Band 5. Die geistige Welt: Einleitung in die Philosophie des Lebens. Stuttgart.
Dreikurs, R./Cassel, P./Rückriem, N. (Hrsg.) (1995): Disziplin ohne Tränen. Ehrenwirt.
Edelstein, W. (2010): Ressourcen für die Demokratie. Die Funktionen des Klassenrats in einer demokratischen Schulkultur. In: Aufenanger, S./Hamburger, F./ Ludwig, L./Tippelt, R. (Hrsg.): Bildung in der Demokratie. Beiträge zum 22. Kongress der Deutschen Gesellschaft für Erziehungswissenschaft. Opladen u.a. Budrich, S. 65–19.
Edelstein, W./Fauser, P. (2001): Demokratie lernen und leben. Gutachten zum Programm der Bund-Länder-Kommission. Materialien zur Bildungsplanung und zur Forschungsförderung. Bonn.
Edelstein, W./Fauser, P. (2005): Demokratie leben und lernen. Vorgetragen beim 10. Gespräch über Bildung „Demokratie lernen durch Handeln“ der Heinrich-Böll-Stiftung.
Ehlich, K. (2005): Anforderungen an Verfahren der regelmäßigen Sprachstandsfeststellung als Grundlage für die frühe und individuelle Förderung von Kindern mit und ohne Migrationshintergrund. Bonn und Berlin.
Freinet, C. (1979): Die moderne französische Schule. 2. Auflage. Paderborn.
Gadamer, H.-G. (1965): Wahrheit und Methode. Grundzüge einer philosophischen Hermeneutik. 2. Auflage. Tübingen.
Gadamer, H.-G. (2013): Die Vielfalt der Sprachen und das Verstehen der Welt. https://www.deutsche-digitale-bibliothek.de.
Gogolin, I. (1994): Der monolinguale Habitus der multilingualen Schule. Münster.
Gordon, T. (1985): Lehrer-Schüler-Konferenz. Wie man Konflikte löst. Reinbek bei Hamburg.
Gudjons, H. (2008): Pädagogisches Grundwissen. 10. Auflage. Bad Heilbrunn.
Heinzel, F. (2001): Kinder im Kreis. Kreisgespräche in der Grundschule als Sozialisationssituation und Kindheitsraum. Habilitationsschrift. Halle.
Heinzel, F. (2004): Kreisgespräche – Versammlungen, die herausfordern. In: Bosse, D. (Hrsg.): Unterricht, der Schülerinnen und Schüler herausfordert. Bad Heilbrunn, S. 101–121.

Heinzel, F. (2016): Der Morgenkreis. Klassenöffentlicher Unterricht zwischen schulischen und peerkulturellen Herausforderungen. Leverkusen.

Helsper, W. (2002). Lehrerprofessionalität als antinomische Handlungsstruktur. In: Kraul, M./ Marotzki, W./Schweppe, C. (Hrsg.): Biographie und Profession. Bad Heilbrunn, S. 64–102.

Helsper, W. (2012): Antinomien im Lehrerhandeln. Professionelle Antinomien – vermeidbare Verstrickung oder pädagogische Notwendigkeit? In: Lernende Schule, 15 60, S. 30–34.

Jeuk, S. (2015): Deutsch als Zweitsprache in der Schule. Grundlagen – Diagnosen – Förderung. 3. überarbeitete und erweiterte Auflage. Stuttgart.

Kalthoff, H./Kelle, H. (2000): Pragmatik schulischer Ordnung. Zur Bedeutung von Regeln im Schulalltag. In: Zeitschrift für Pädagogik, Jg. 46, Heft 5, S. 691–710.

Kelle, H. (2005): Kinder und Erwachsene. Die Differenzierung von Generationen als kulturelle Praxis. In: Hengst, H./ Zeiher, H. (Hrsg.): Kindheit soziologisch. Wiesbaden, S. 83–108.

Kinder- und Jugendhilfegesetz § 8 SGB VIII. In: Bundesministerium für Familie, Senioren, Frauen und Jugend: Kinder- und Jugendhilfegesetz. Achtes Buch Sozialgesetzbuch. Berlin 2020.

KMK (2006): Erklärung der Kultusministerkonferenz vom 3.3.2006 zur Umsetzung des Übereinkommens der Vereinten Nationen über die Rechte des Kindes.

Lüders, M. (2003): Unterricht als Sprachspiel. Eine systematische und empirische Studie zum Unterrichtsbegriff und zur Unterrichtssprache. Bad Heilbrunn.

Markowitz, Jürgen (1986): Verhalten im Systemkontext: zum Begriff des sozialen Epigramms, diskutiert am Beispiel des Deutschunterrichts. Frankfurt am Main.

Ministerium für Kultus, Jugend und Sport (2016). http://www.bildungsplaene-bw.de.

Mori, M. (2010): Die „Dramaturgie“ im Klassenzimmer. Das Ritual des Morgentreffens und Montagskreises in der japanischen und deutschen Grundschule. Eine qualitative Untersuchung. Münster.

Opitz, I. (1935): Schulneulinge in der Kreis-Situation des Jena-Plans. Ein Beitrag zur Pädagogischen Tatsachenforschung. Weimar.

Puljevitsch, Z. (1937): Das Verhalten der Schulneulinge in den pädagogischen Situationen des Gruppenunterrichts und des freien Arbeitens (und der Vergleich mit dem Verhalten in der Kreissituation) im Jena-Plan. Inaugural-Dissertation zur Erlangung der Doktorwürde. Weimar.

Purmann, E. (2001): Der Morgenkreis in der Eingangsstufe. Dargestellt am Beispiel der Schule Vollmarshausen. Dissertation. Kassel.

Rasch, R. (2009): Textaufgaben in der Grundschule. mathematica didactica 32.

Reich, K. (1978): Erziehung und Erkenntnis. Stuttgart.

Röbe, E./Aicher-Jakob, M./Seifert, A. (2019): Lehrer werden – Lehrer sein – Lehrer bleiben. Lehrerberuf zwischen Schulalltag und Professionalisierung. Paderborn.

Röhner, C. (1998): Der Morgenkreis und sein Protokoll. In: Röhner, C./Skischus, G./Thies, W. (Hrsg.): Was versuchen Versuchsschulen? Baltmannsweiler, S. 42–51.

Rorty R. (1992): Kontingenz, Ironie und Solidarität. Frankfurt am Main.

Roth, G. (1995): Das Gehirn und seine Wirklichkeit. Kognitive Neurobiologie und ihre philosophischen Konsequenzen. Frankfurt am Main.

Rumpf, H. (1991): Abschied vom Stundenhalten. In: Combe, A./Helsper, W. (Hrsg.): Pädagogische Professionalität. Frankfurt am Main, S. 472–500.

Schader, B. (2012): Sprachenvielfalt als Chance: Handbuch für den Unterricht in mehrsprachigen Klassen. Zürich.

Scholz, G. (2009): Woher weiß das Kind, was es sagen soll? Über die Beziehung zwischen Generation und Institution. In: de Boer, H./Deckert-Peaceman, H. (Hrsg.): Kinder in der Schule. Zwischen Gleichaltrigenkultur und schulischer Ordnung. Wiesbaden.

Schümer, G. (2004): Zur doppelten Benachteiligung von Schülern aus unterprivilegierten Gesellschaftsschichten im deutschen Schulwesen. In Schümer, G./ Tillmann, K.-J./Weiß, M. (Hrsg.): Die Institution Schule und die Lebenswelt der Schüler, Wiesbaden, S. 73–114.

Selimi, N. (2018): Bildungssprache Deutsch und ihre Didaktik. Eine kompakte Einführung in Theorie und Praxis. Hohengehren.

Stölting, W. (1974): Zur Zweisprachigkeit ausländischer Kinder – Probleme und Aufgaben. In: Müller, H. (Hrsg.): Ausländerkinder in deutschen Schulen. Stuttgart.

Terhart, E. (1999): Konstruktivismus und Unterricht. Gibt es einen neuen Ansatz in der Allgemeinen Didaktik? In: Zeitschrift für Pädagogik 45, S. 629–647.

Thies, W./Röhner, C. (2000): Erziehungsziel Geschlechterdemokratie. Interaktionsstudie über Reformansätze im Unterricht. Weinheim.

UN-Kinderrechtskonvention Artikel 12, Berücksichtigung des Kinderwillens. https://www.unicef.de/informieren/ueber-uns/fuer-kinderrechte/un-kinderrechtskonvention.

Vock, M./ Gronostaj, A. (2017): Umgang mit Heterogenität in Schule und Unterricht, Bonn.

Von Hentig, H. (2004): Bildung. Ein Essay. Weinheim.

Wagenschein, M. (1968/1991): Verstehen lehren. Weinheim und Basel.

Willmann, M. (2023): Mikro-Scaffolding in Vorbereitungsklassen. Gesprächsanalytische Untersuchung interaktiver Verfahren im Schnittfeld von Sprache, Fach und Lehrwerk. Göttingen.

Wulf, C. (2005): Zur Genese des Sozialen. Mimesis. Performativität. Ritual. Bielefeld.

## Abbildungsverzeichnis

# 4. Kinderfragen und ihr Platz im Unterricht

## 4.1 Fragen im Unterricht

Klassenöffentlicher Unterricht besteht häufig aus einer spezifischen Choreografie von Fragen der Lehrkraft und Antworten der Schüler*innen. Diese Form der Lehrer*in-Schüler*inneninteraktion im Unterricht besteht aus Fragen und Antworten in einem vorgegebenen institutionellen Setting, das schnell als Unterricht identifizierbar ist. Nach der Frage der Lehrkraft erfolgt ein ‚Drannehmen der Kinder' nach deren oder ohne deren Meldung und ohne ihre Einwilligung dazu, dass sie antworten möchten. An der folgenden beispielhaften Darstellung, die aus der längsschnittlichen Studie PERLE (Persönlichkeits- und Lernentwicklung von Grundschulkindern)[12] stammt, wird exemplarisch deutlich, dass die spezifische Unterrichtsgestaltung auf Fragen aufbaut und die Unterrichtsqualität mit der Qualität der Fragen zu tun hat:

> „Was denkt ihr denn, warum müssen wir denn jetzt noch überhaupt Lesen lernen? Ist das denn so wichtig? Wir haben doch Eltern, die uns was vorlesen können. Da müssen wir uns doch nicht noch so viel Stress machen. Was glaubst du?" (Hess/Lipowsky 2019, S. 46).

Lehrer*innen stellen im Unterricht dabei Fragen, die anschließend von Schüler*innen oder aber auch von ihnen selbst beantwortet werden. Im Kontext Schule gibt es dabei grundsätzlich sowohl im Unterricht als auch außerhalb des Unterrichts viele Möglichkeiten, Fragen zu stellen und Fragen zu beantworten.

Wie Ergebnisse der internationalen Unterrichtsforschung, beispielsweise die Metastudie von John Hattie (2014), belegen, stellt das Unterrichtsgespräch (vgl. Kap. 2), bei dem die Lehrer*innen Fragen an die Kinder stellen, auch gegenwärtig immer noch die methodische Normalform des Unterrichts dar. Die Fragen im institutionell gestalteten Kontext des Unterrichts sind dabei, wie die Überblicksforschung von Hattie zeigt, im Unterricht asymmetrisch und ungleich verteilt. Neben den 60–70% Fragen der Lehrkraft werden nur zu 20–30% Fragen seitens der Schüler*innen gestellt (vgl. Hattie 2014, S. 81). Hattie verweist in seiner Studie zudem darauf, dass es grundsätzlich auf die Lehrkraft und deren Haltung und Engagement im Hinblick auf gelingende Unterrichtsprozesse ankomme. Gerade die professionelle Haltung der Lehrperson ist im Hinblick auf die Unterrichtsplanung und -gestaltung wichtig, um eine Fragekultur im Unterricht zu entwi-

12 Bei der Studie PERLE wurden in den Fächern Deutsch, Mathematik und Kunst Videografien durchgeführt und diese anschließend umfassend analysiert.

ckeln und zu praktizieren, die von der Lehrer*innenfrage zur Schüler*innenfrage führt. Die Haltung der Lehrkraft zu verändern, ist schwierig, denn

> „eine professionelle Haltung ist ein hoch individualisiertes (d.h. individuelles, idiosynkratisches) Muster von Einstellungen, Werten, Überzeugungen, das durch einen authentischen Selbstbezug und objektive Selbstkompetenzen zustande kommt, die wie ein innerer Kompass die Stabilität, Nachhaltigkeit und Kontextsensibilität des Urteilens und Handelns ermöglicht“ (Schwer/Solzbacher 2014, S. 107).

Es kann mit Blick auf die Beschreibung und Analyse einer Fragekultur respektive Kultur des Fragens im Unterricht generell unterschieden werden, ob stärker die Lehrer*innenrolle oder die Rolle der Schüler*innen fokussiert wird. Fragen der Schüler*innen können innerhalb und außerhalb des von der Lehrkraft geplanten didaktischen Settings gestellt werden. Zum Beispiel in Form von organisatorischen Fragen („Wann dürfen wir mit dem Versuch/der Aufgabe anfangen?“), als persönliche Frage oder Nachfrage zu den Unterrichtsgegenständen im Unterricht („Woher haben Sie die Muscheln/das Foto?“) oder als Sachfrage oder philosophische Frage. Diese können außerhalb des didaktischen Unterrichtssettings liegen und hier etwa aus einem Staunen über plötzlich aufgetauchte bzw. entdeckte Phänomene (wie Schneekristalle am Fenster, ein Schmetterling im Klassenraum u.a.) im Unterricht entstanden sein (vgl. Ritz-Fröhlich 1992). Zur Fragekultur im Unterricht gehört ebenfalls die Antwortkultur, die Feedback- und Rückmeldekultur sowie die Fehlerkultur. Es geht also um unterschiedliche Perspektiven darauf, wie viel Raum den Antworten gegeben wird, welche Rückmeldung auf das Fragen und Antworten, auf dic Suchbewegungen beim Fragen erfolgen und ob Fehler gemacht werden dürfen bzw. ob Fragen bewertungsfrei gestellt werden können, ohne eine vorschnelle Klassifizierung in falsche/dumme/unwichtige Fragen im Unterricht.

Fragen der Schüler*innen können auf Neugierde oder Irritationen verweisen. Schüler*innenfragen können sich dabei auf einen vorgegebenen Unterrichtsinhalt beziehen, also direkt oder indirekt von der Lehrkraft hervorgerufen worden sein, oder von den Schüler*innen und ihrer Perspektive selbst ausgehen. In der aktuellen Unterrichts- und empirischen Bildungsforschung wird auch zum engen Zusammenhang zwischen Motivation und Emotion geforscht, v.a. im Hinblick auf einzelne Unterrichtsfächer wie Kunst oder Mathematik (vgl. Schukajlow/Rakoczy/Pekrun 2023). In den letzten Jahren wird ausgehend von der Lehr-Lern-Forschung sowohl in der Unterrichtsforschung als auch in der fachdidaktischen Forschung im Kontext der Professionalisierung und der Professionalisierungsprozesse von (angehenden) Fachlehrer*innen nicht nur zu Schüler*innenfragen, sondern insbesondere zu Fragen der Lehrer*innen im Hinblick auf deren Wirkung auf die Schüler*innen geforscht (Laux 2006; Lipowsky/Bleck 2019). Es geht also um anregende Fragen im Unterricht und das Fragen initiieren durch die Lehrer*innen. Lehrer*innenfragen tauchen als Fragen in verschiedenen Aufgabenformaten auf (als mündliche oder schriftliche Fragen, als Fragen auf Arbeitsblättern); sie beziehen sich auf die kognitive Aktivierung der Schüler*innen. Diese bezieht sich darauf, dass Schüler*innen Neues lernen, Neugierde und Interesse am Lernen neuer Inhalte haben und sich aktiv mit den Lernaufgaben auseinandersetzen können. Kognitive Aktivierung wird im Bereich der empirischen Unterrichtsforschung (z.B. Klieme 2006; Klieme/Rakoczy 2008) als ein wichtiger Teilbereich „guten Unterrichts“ neben Klassenführung und Lernklima gesehen, wenngleich die Ergebnisse der quantitativen Studien darauf verweisen, dass im Unterricht häufig Reproduktionsfragen gestellt werden, die nur wenig kognitiv aktivierend sind.

### 4.1.1 Von der Lehrer*innenfrage zur Kinderfrage

Bezieht man sich in einer differenzierten Art und Weise auf die Fragekultur(en) im Unterricht, vor allem mit dem Fokus auf Partizipation als Teilhabe und Teilnahme, so steht stärker das Fragen der Kinder, in ihrer Rolle als Schüler*innen, im Mittelpunkt sowie das freie Fragen der Kinder unabhängig von konkret gestalteten und bewusst hervorgerufenen didaktischen (Frage)Settings. Für die Grundschule und die Didaktik der Primarstufe liegen dezidierte Arbeiten vor, die sich mit dem Thema Kinderfragen beschäftigen. Gertrud Ritz-Fröhlich (1992) hat sich bereits in den 1990er Jahren ausführlich mit unterschiedlichen Fragearten der Kinder im Unterricht beschäftigt, zu denen maßgeblich organisatorische Fragen, persönliche Fragen sowie Sach- und Sinnfragen gehören. Das gemeinsame Staunen, Fragen und Verstehen-wollen kann als ein Philosophieren mit Kindern im Unterricht verstanden werden (vgl. Friedrich/de Galgóczy-Mécher/Klein 2013). Das Thema Kinderfrage im Bereich der Grundschulpädagogik und -didaktik, insbesondere in der Sachunterrichtsdidaktik, bezieht sich auf Schüler*innenvorstellungen und die Kinderperspektiven im Unterricht, hier insbesondere auch im inklusiven Unterricht[13]. Wenn man nicht nur in der Grundschul- und Sonderpädagogik und ihren korrespondierenden Didaktiken, sondern in allen Schulformen die Schüler*innenorientierung und Schüler*innenpartizipation sowie Förderung der Kinderperspektive im Unterricht stärken will, ist es naheliegend für Lehrer*innen, die Kinder selbst danach zu fragen, welche Fragen sie haben und welche Themen sie einbringen möchten. Es handelt sich dabei um einen hohen pädagogisch-didaktischen Anspruch und ein Spannungsfeld, das schwer auflösbar ist. Kritisiert wird zum einen, dass das Fragen stellen als „geistige(s) Werkzeug, das

13 Für diesen Bereich liegen dezidierte Studien wie die von Ernst/Schroeder/Velten (2022) und Miller/Schroeder (2022) vor.

Menschen zur Verfügung steht, nicht in der Schule gelehrt wird" (Postman 2001, S. 202) und statt einer fragenden Haltung, um zu Erkenntnis zu gelangen, in der Schule eher eine „Erziehung zur Fraglosigkeit" (Popp 1989, S. 30) dominiert. Kritisiert wird zudem, dass Schüler*innenfragen zwar zur Idee der Partizipation der Schüler*innen in Schule und Unterricht gehörten, indes aber Lehrer*innen systemimmanent insgesamt ein zwiespältiges Verhältnis zur Schüler*innenpartizipation und zu Schüler*innenfragen haben. Lehrer*innen agieren zum einen grundsätzlich im schulischen und unterrichtlichen Kontext in Spannungsfeldern oder professionellen Antinomien. Zu den Antinomien gehören etwa die der Nähe und Distanz (vgl. Helsper 2012). Zum anderen ist ihr professionelles Handeln im Unterricht professionstheoretisch bzw. strukturtheoretisch betrachtet generell nur bedingt planbar oder vorhersehbar. Damit kann die Befürchtung einhergehen, die ohnehin vorhandene Ungewissheit des eigenen Handelns durch den Einbezug und die Reaktion auf grundsätzlich erwünschte Schüler*innenfragen noch weiter zu verstärken (vgl. Helsper 2004; Helsper/Lingkost 2004).

### 4.1.2 Schulische (Ein)Sozialisation ins Antworten

Gerade in der Grundschule tritt die skizzierte Ambivalenz besonders deutlich auf: Es besteht der Anspruch auf einen kindorientierten Unterricht, zu der die Kinderfragen gehören, während gleichzeitig empirisch belegt werden kann, dass Grundschulkinder nach dem Schulanfang mit der Zeit immer weniger Fragen stellen und damit auch der Grundschulunterricht „zwischen Sozialisation zur Fraglosigkeit und Bildungsanspruch" (Pallesen/Hörnlein 2018) stattfindet. Ältere, aber auch neuere Veröffentlichungen wie die von Rumpf/Winter (2018) weisen in kritischer Weise darauf hin, dass sich das „kommunikative Grundschema" des Unterrichts weiterhin auf das Fragen der Lehrer*innen und das Antworten der Schüler*innen bezieht. Kinder erfahren mit Schulbeginn tendenziell eine Einsozialisation in die Rolle der Antwortgebenden im Unterricht, in der Schule werden aus den fragenden Kindern die antwortenden. Empirisch bleibt weiter zu erforschen, „warum Schüler*innen keine Fragen stellen" (ebd.) oder zumindest weniger Fragen stellen als möglich wären. Auch Kolenda (2015) kritisiert die Diskrepanz zwischen der „pädagogisch-normativen" Forderung nach einem partizipativen und sinnverstehenden Bildungsprozess auf Seiten der Schüler*innen, zu der das gemeinsame Fragen und Befragen des Unterrichtsgegenstandes gehört. Die Fragen der Schüler*innen werden, wie die Übersicht neuerer Studien deutlich macht, weiterhin selten zum Bezugspunkt des Unterrichtsgesprächs: „Selten wird im Unterrichtsgespräch laut gedacht, werden Denkanstöße gegeben, gemeinsam Lösungswege geplant oder diese hinterfragt" (Kolenda 2015, S. 147). Kolenda führt als Grund die zunehmende Produkt- und Ergebnisfixierung im Unterricht an, zu der auch die Lernstandserhebungen und die Vergleichsarbeiten[14] gehören. Es geht bei der formulierten Kompetenzorientierung neuer Bildungspläne, die die alte Generation der Lehrpläne mit Beginn des 21. Jahrhunderts ersetzten, stärker um (Lern)Produkte und (Lern)Ergebnisse als um partizipative und kooperative (Lern)Prozesse. Lernkulturen können sich dabei signifikant unterscheiden:

> „Eine auf den Weg fokussierte Lernkultur kann verstehens- und lernfördernde Charakteristika wie Kreativität, Mitdenken, Eigensinn, Gemeinsinn, Entwicklung und Bildung von Neuem ermöglichen, jene auf Bestleistung und damit auf das Ergebnis fixierte reduziert oder verhindert diese sinnkonstituierenden Momente und Prozesse sogar" (Kolenda 2015, S. 147).

Als Ursachen für die weiterhin bestehende Dominanz der Lehrer*innenfragen im Gegensatz zu den Schüler*innenfragen im Unterricht sind somit die curricularen Vorgaben in den Bildungsplänen anzuführen, die die früheren Lehrpläne um die Idee der Kompetenzorientierung und Standardisierung ergänzt haben. Die Förderung überprüfbarer fachlicher Kompetenzen ist dominant, zulasten der weniger prüfbaren Kompetenzen wie den sozialen, personalen und teilweise auch den methodischen Kompetenzen. Diese sind im Vergleich zu den fachlichen Kompetenzen weniger gut operationalisierbar. Als Begründung der Dominanz ist auch die historische Tradierung des Lehrer*innen-Schüler*innen-Gesprächs als zentrales Element des Unterrichts zu nennen, mit der starken Orientierung hin auf die Fragen der Lehrkraft im Gegensatz zu den häufig nicht als passend eingeordneten Fragen der Schüler*innen. Es herrscht eine klare kommunikative Rollenverteilung: Die Lehrkraft fragt in eine bestimmte Richtung, die Schüler*innen antworten und die Lehrkraft bewertet oder kategorisiert die Antworten und nimmt dann ggf. weitere Schüler*innen dran, bis die richtige Antwort oder das passende Ergebnis gefunden wurde. Auch wenn sich die einzelnen Lehrer*innen dabei unterscheiden in ihrer jeweiligen Art des Sprechens, des Unterrichtens und des Fragens im Unterricht, so gibt es doch jeweils einen typischen Schüler*innenhabitus sowie einen (typischen) Lehrer*innenhabitus, zu der jeweils eine spezifische Form des Fragens gehört. Die Akteur*innen der Institution Schule sind ihrem jeweiligen Habitus verhaftet. Mit Bezug auf den Habitus-Begriff von Pierre Bourdieu (vgl. z.B. Bourdieu 2010) kann formuliert werden: „In ihrer habituellen Konfiguration sind die Akteure strukturiert und als derart strukturierte generieren sie Praktiken und Haltungen" (Helsper/Kramer/Thiersch 2014, S. 8). Die unterrichtlichen Sprachspiele werden also maßgeblich durch das Fragenstellen der Lehrer*in initiiert und geleitet, wie es in der Unterrichtstheorie bei Manfred Lüders (2003) mit Bezug auf den Philosophen Ludwig

14 Vergleichsarbeiten finden bereits in der Grundschule statt, beispielsweise die VERA-Vergleichsarbeiten in der Klassenstufe 3, die in allen Bundesländern durchgeführt werden.

Wittgenstein heißt. Neben der Beschreibung von Sprachspielen, wie der Frage- und Antwortinteraktion im typisierenden Unterricht, wird in interdisziplinären Studien und Studien der empirischen Bildungsforschung einem ganz anderen unterrichtstheoretischen Paradigma folgend, dazu gearbeitet, wie fragenförderliche Mechanismen verbessert und unterstützt werden können, um mehr Schüler*innenfragen zu generieren und die Dominanz der Lehrer*innenfragen zu verändern. Diese Themen einer Unterrichtsentwicklung und Unterrichtsveränderung hin zu mehr und anspruchsvolleren Schüler*innenfragen werden seit über 50 Jahren, sowohl in Bereichen der Unterrichtsforschung als auch in der Lehrerbildung und Professionalisierungsdebatte,[15] bearbeitet. Ein Forschungsdesiderat (z.B. Neber 1999, Nickel/Fenner 1974, Pearson/West 1991) ist zudem, ob und welche genderspezifischen Unterschiede sich in den unterrichtlichen Sprachspielen festmachen lassen. Gefragt wird nach der Rolle der Sprache bei einem geschlechtsbezogenen Unterricht und einer Mädchenpädagogik/Jungenpädagogik (z.B. Budde 2013): Unterscheidet sich die Lehrer*innensprache im Hinblick auf das Fragen stellen durch männliche und weibliche Lehrkräfte? Wird unterschiedlich auf Fragen von männlichen und weiblichen Schüler*innen reagiert bzw. stellen diese andere Fragen? Häufig wird im Unterricht das Geschlecht der Schüler*innen in Bezug auf eine Frageordnung sichtbar gemacht, vor allem in der Grundschule und in der Unterstufe der Sekundarstufe I („Jetzt darf mal ein Mädchen/ein Junge eine Frage stellen." „Die Frage der Woche stammt jetzt von einem Mädchen/einem Jungen.").

Auch wenn in der Forschung seit Jahrzehnten zur Thematik der Lehrer*innen- und Schüler*innenfragen im Unterricht gearbeitet wird, zeigt sich in der (inter) nationalen Unterrichtsforschung und -theorie kein einheitliches Bild. In einer empirischen Studie mit 274 Oberstufenschüler*innen und deren zehn Lehrer*innen haben Niegemann/Stadler 2001 in Süddeutschland in ihrer Forschung zum Thema „Fragen im Unterricht" aufgezeigt, dass diese vier verschiedenen Qualitätsniveaus zugeordnet werden können: von Reproduktionsfragen bis hin zu sehr anspruchsvollen Fragen mit hoher Transferleistung. Neuere Studien bestätigen die Ergebnisse älterer Studien aus dem anglo-amerikanischen Bereich, die ebenfalls ein niedriges kognitives Niveau bei Schüler*innenfragen konstatierten: „Trotz höherer Fragenfrequenz als in den älteren Studien sind Dosierung und vor allem Qualität der Fragen auch in den hier untersuchten Klassen optimierbar" (Niegemann/Stadler 2001, S. 189). In der Überblicksstudie Rosenshine/Meister/Chapman (1996) verweisen Niegemann/Stadler (2001) darauf, dass qualitativ gutes Fragen unterrichtlich eingeübt werden kann und dabei der jeweiligen Unterstützung durch die Lehrkraft eine große Bedeutung zukommt. Hier können spezielle unterrichtliche

15 Hierzu arbeiten z.B. Kremer/Perlberg (1976) und Lindner (2011), auch um einen Beitrag für die Unterrichtsentwicklung zu leisten.

Methoden oder spezifische Trainings, die aus der pädagogischen Psychologie und Lehr-Lern-Forschung stammen (vgl. z.B. Davey/McBride 1986), angeführt werden. Anknüpfend an die Lernpsychologie oder pädagogische Psychologie können die Fragen der Kinder in ihrer diagnostischen Aussage für die Unterrichtsplanung nutzbar gemacht und im Hinblick auf ihre Wirkung auf die Schüler*innen erforscht werden. Untersucht wird in der pädagogischen Psychologie auch, wie die empirisch belegten „Fragehemmungen bei Schülerinnen und Schülern" (Fuhrer 1994, S. 103) minimiert werden könnten. Ein weiterer Ansatz, das Fragen zu fördern, ist das Philosophieren mit Kindern und Jugendlichen (vgl. Kap. 5).

### Arbeitsaufgaben

1. Suchen Sie Beispiele für typische Lehrer*innenfragen im Unterricht. Welche Situationen fallen Ihnen ein?
2. Diskutieren Sie die These der schulischen Einsozialisation in Fraglosigkeit. Wie positionieren Sie sich dazu vor dem Hintergrund Ihrer Stufendidaktik oder Fachdidaktik(en).

## 4.2 Entwicklungen und Diskurse zu Kinderfragen

Unterschiedliche Disziplinen und Professionen beschäftigen sich seit Jahrzehnten mit Kinderfragen. Hier sind neben der Psychologie und der Erziehungswissenschaft die Philosophie und die Sprachwissenschaft sowie die unterschiedlichen Fachdidaktiken zu nennen. Aus sprachphilosophischer und linguistischer Sicht sind Fragen Sprachhandlungen, die eine Wirkung haben. Eine Kinder- oder Schüler*innenfrage kann als eine „sprachliche Handlung" im Unterricht gedeutet werden bzw. als eine Frage, die im Unterricht auftaucht, beispielsweise in einem spezifischen Fachunterricht wie dem Mathematik- oder dem Religionsunterricht (vgl. z.B. Weber 2011). Der hier verwandte Terminus einer Sprachhandlung ist im Hinblick auf das Fragen der Kinder und Kinderfragen im Unterricht in zweierlei Richtungen interessant. Im Kontext der Sprachförderung wird in der Fachdidaktik des Unterrichtsfaches Deutsch, aber auch als übergreifende Aufgabe der Sprachförderung in allen Fächern, darauf hingewiesen, dass in mündlichen Gesprächsformen im Unterricht kontinuierlich darauf geachtet werden soll, dass beim Sprachhandeln alle Kinder, auch die Deutsch als Zweitsprache/Fremdsprache sprechen (dürfen) und gehört werden. Zudem sollen sie eine Unterstützung in ihrem Fragen und Antworten erfahren. Der Terminus des Sprachhandelns bezieht sich in einer generellen Weise auf mündliche Situationen im Unterricht. Vor allem das FörMig Projekt (Förderung von Kindern und Jugendlichen mit

Migrationshintergrund) hat in den letzten Jahren in unterschiedlichen Teilprojekten dazu gearbeitet, wie eine durchgängige Sprachbildung vom Kindergarten bis zur Sekundarstufe aussehen kann. Diese lässt sich in ganz unterschiedlichen Bildungsbereichen und Fächern einsetzen, um der Lebensrealität mehrsprachiger Kinder und Jugendlicher (z.B. Gogolin 2010) gerecht zu werden und eine durchgängige Sprachbildung (vgl. Salem/Neumann/Michel/Dobutowitsch 2013) in pädagogischen Institutionen zu ermöglichen. Sprachhandeln kann wie folgt charakterisiert werden:

> „Unter dem Oberbegriff ‚Sprachhandeln' geht es hier (...) vor allem um die kommunikativen Anforderungen beim Sprachlernen und dabei um die Frage, wie die Entwicklung der Kinder unterstützt werden kann" (Carls/Jacob/Pieler 2006, S. 1).

Im Fokus stehen sowohl die Entwicklung von sprachlichen Kompetenzen allgemein als auch die Förderung von grammatisch richtigen Wortbildungen sowie Satzbildungen unter Einbezug der Fähigkeiten in der Erstsprache der Kinder (vgl. ebd.). In Bezug auf Kinderfragen im Unterricht geht es damit für die Lehrkräfte um die Aufgabe, die Kinder beim Fragen (können) zu unterstützen.

In den Diskursen zu Kinderfragen, tauchen beide Bezeichnungen – Kinderfragen und Schüler*innenfragen – gleichberechtigt in der Fachliteratur auf und werden entweder synonym verwandt oder analytisch voneinander abgegrenzt. Was das Wesen einer Kinderfrage oder Frage des oder eines Kindes ausmacht, kann mit Bezug auf unterschiedliche Theorien und wissenschaftliche Ausgangsparadigmen verschieden gesehen werden:

- Können Kinder in der Schule Kinderfragen äußern oder sind ihre Fragen nicht stets schulisch ‚überformte' Fragen und damit Schüler*innenfragen, also Fragen, die sie in ihrer jeweiligen Rolle als Schüler*innen in der pädagogischen Institution Schule und eben nicht als Kinder artikulieren?
- Wann und warum verändert sich das freie und unbefangene Fragen der Kinder in ein schulisches oder schulisch-überformtes Fragen?

Studien zur Kindheitsforschung in der Schule wie die von Heinzel (z.B. 2005; 2022) setzen sich mit dem Spannungsfeld Kindheit und Grundschule auseinander, fragen nach den spezifischen Interaktionen der Kinder oder kindlicher Interaktionen in der Grundschule und im Unterricht, die sich auf Unterrichtsgegenstände, aber auch auf peerkulturelle Aktivitäten beziehen und sich auch überlagern können.

Gerade die Grundschulpädagogik wird zudem seit ihrer Gründung vor über hundert Jahren von der Leitidee geprägt, eine Schule *der* Kinder bzw. *für* die Kinder, eine *kindgerechte* Schule, eine Kinderschule zu sein. Theoretische Begründungslinien gibt es vielfältige: Erziehungswissenschaftliche Studien, aber auch anthropologische und psychologische. Diese verweisen teilweise mit Rückgriff auf reformpädagogische Begründungslinien mit Bezug auf ein ko-konstruktivistisches Verständnis von Lernen auf die hohe Bedeutung des Fragens für die kindliche Entwicklung und für die Phase der Kindheit (z.B. Duncker/Lieber/Neuß/Uhlig 2010). Das Fragen stellen der Kinder steht in einer solchen Argumentation für eine spezifische kinderkulturelle Artikulation und bezieht sich direkt auf kindliche Lern- und Bildungsprozesse. Kindliche Bildungsprozesse haben mit Fragen zu tun:

> „Bildungsprozesse beginnen mit Fragen, die ernst genommen werden müssen, beginnen mit Zweifeln, Neugier, Einfällen, denen Raum gegeben werden muss, damit Kinder Zweifeln und Einfällen nachgehen, mit ihnen experimentieren und nach Lösungen suchen können" (Krappmann 2006, S. 6).

Kinderfragen wird ein hohes Bildungspotenzial zugeschreiben. Sie ermöglichen es, im Unterricht an die Erfahrungsräume der Schüler*innen anzuknüpfen und lebensweltlich bedeutsame Themen als Fragen in diesen zu integrieren. Fachunterricht wie beispielsweise der Sachunterricht in der Grundschule intendiert, an die Fragen der Kinder anzuschließen und methodisch und fachlich relevante Fragen für deren Gegenwarts- und Zukunftsbezug (vgl. Klafki 2005) zu beantworten. Nicht nur in der (Fach)Didaktik, sondern auch darüber hinaus, wird von „Kinder(n) als Forscher in eigener und gemeinsamer Sache" (Hüpping/Büker 2019) insbesondere im Hinblick auf kinderrechtsbasierte didaktische Ansätze (vgl. ebd.) mit einem Schwerpunkt auf Partizipation ausgegangen.

### 4.2.1 Das fragende Kind

Thematisch gehört das Feld der Kinderfragen zu den normativen Diskursen über kindliche Lern- und Bildungsprozesse sowie zu curricularen und bildungspolitischen Ansätzen, Kinder zu fördern, z.B. durch Bildungsprogramme im Kontext von Medien und schulischer wie außerschulischer Medienerziehung bzw. -bildung. Die Auseinandersetzung mit und didaktische Nutzung von Kinderfragen durch Medien geht hierbei bis in die 1970er Jahre zurück, in die Zeit der ersten medialen Bildungsprogramme durch das Medium Fernsehen. Neben Schul- und Unterrichtsfilmen, die es bereits bei dem Reformpädagogen Adolf Reichwein gab, sowie Hörfunkprogrammen, gibt es nun mit Formaten wie der Sesamstraße oder der Sendung mit der Maus auch filmische Angebote außerhalb des Formates des klassischen Lehrfilmes. Wer, wie, was, wieso, weshalb, warum sind zum einen wichtige Fragewörter, zum anderen sind diese sechs Wörter der Beginn des Liedes zur Kindersendung Sesamstraße, die vor über 50 Jahren zunächst als Serie in den USA startete, bevor sie ihren deutschen Ableger bekam und zu den bekanntesten medialen Bildungsformaten wurde. Die Sesamstraße, die sich mit ihren Beiträgen an Kinder ab dem Vorschulalter wendet, ist neben der zeitgleich im Fernsehen ausgestrahlten „Rappelkiste" schon bald zu einer wichtigen Kinderfernsehserie geworden. Die Inhalte der pädagogischen Idee der Bildungsprogramme oder (Vor) Schulprogramme für Kinder der 70er und 80er Jahre ähneln der später in Deutschland eingeführten Sendung mit der Maus mit ihren „Lach- und Sachgeschichten". In diesen klassischen Kindersendungen, in den letzten Jahren auch im Format von Podcasts und digitalen Beiträgen für Kinder (z.B. Lucy fragt oder Wunderwigwam als Radioformate), wird vom Bild des fragenden und wissbegierigen Kindes ausgegangen. Kinderfragen und Fragen, die für Kinder interessant sein könnten, werden in kindgerechten Sachbeiträgen geklärt bzw. methodisch-didaktisch aufbereitet.

Fragen und Forschen, Fragen und Denken gehört hierbei eng zusammen. Forschungsergebnisse v.a. aus dem angloamerikanischen Raum verweisen darauf, dass Kinder, die bereits in der frühen Kindheit viele Fragen stellen und explorativ ihre Umgebung erkunden, in der späteren Kindheit über höhere Lesekompetenzen verfügen (können) als Kinder mit einem weniger ausgeprägten Frage- und Explorationsverhalten. Zum Zusammenhang zwischen Neugierde, Interesse und Lernen ist dabei in den letzten Jahren sowohl national als auch international wissenschaftlich und populärwissenschaftlich intensiv gearbeitet worden.[16] Vor allem geschieht dies in den Bereichen der Kindheitspädagogik, der Erziehungswissenschaft und der Psychologie mit ihren Subdisziplinen der Motivationspsychologie, der Lernpsychologie und der Entwicklungspsychologie. In der Entwicklungspsychologie sind bis heute die frühen entwicklungspsychologischen Arbeiten von Lawrence Kohlberg zur moralischen Entwicklung der Kinder sowie die des Jean Piaget zum Spielen und zum Fragen bzw. zu den Fragen der Kinder respektive ihrer altersgemäßen Fragekompetenz prägend. Hinter beiden entwicklungspsychologischen Ansätzen stehen, was kritisch angemerkt werden kann, ähnlich schematische Vorstellungen von einer gestuften und einer hierarchisierten Entwicklung, wie sich Kinder in ihrem kindlichen Denken, Lernen und Fragen entwickeln (sollten).

### 4.2.2 (Reform)Pädagogische Perspektiven auf Kinderfragen

Sowohl die anglo-amerikanische als auch die deutschsprachige Forschung zu Kinderfragen und Unterrichtsfragekultur verweisen darauf, dass sich die „grammar of schooling" (Tyack/Tobin 1994) nur schwer verändert. Eine statische und wenig an realen Kindern orientierte Schul- und Unterrichtskultur wird bereits seit

16 Hier sind z.B. Titel und Konzepte wie „Forschergeist in Windeln", das „Haus der kleinen Forscher" zu nennen.

über 100 Jahren in reformpädagogischer Tradition geäußert. Als Vertreter der Epoche der Reformpädagogik gingen Johannes Kretschmann und Berthold Otto maßgeblich von den „Fragen der Kinder“ im Hinblick auf das Interesse der Kinder aus. Beide prägten den Gesamtunterricht, der insbesondere für die 1919/1920 neu begründete Schulform der Grundschule eine große Rolle spielte. Zudem kann der Pädagoge Otto Haase genannt werden, der ebenfalls die damalige Reformpädagogik (mit)prägte und zu Reformpädagog*innen wie Leonard Nelson Kontakt hatte, der bereits zu Beginn des 20. Jahrhunderts das Philosophieren mit Kindern (vgl. Kap. 5) prägte.

In der Erziehungswissenschaft und hier vor allem in der Grundschulpädagogik der Gegenwart werden Kinderfragen aus einer anthropologischen und bildungstheoretisch-geisteswissenschaftlichen Perspektive als Ausdruck von Neugierde und Interesse, als Ausgangspunkt für Bildungsprozesse gesehen (vgl. Duncker/Nießeler 2005; May-Kramer/Must/Seifert 2023). Aus einer solchen Perspektive können freie Fragen der Kinder als eine direkte „Lebensäußerung“ – zu ihrer Lebenswelt – gesehen werden. Unter freien Fragen der Kinder können Fragen verstanden werden, die sich nicht in unmittelbarer Weise auf den Unterrichtsgegenstand beziehen, vielmehr verweisen sie allgemeiner auf das Interesse und die individuellen Bedürfnisse des jeweiligen Kindes (vgl. Seifert 2010). Duncker (2005, S. 13) sieht in den Kinderfragen „Formen des Denkens und Nachdenkens“ und „Angebote zum Gespräch und Dialog“, womit gleichzeitig auch auf das „dialogische Prinzip“ im Kontext des Beantwortens von Kinderfragen hingewiesen wird. Die Thematisierung von Kinderfragen im Hinblick auf Methodik und Didaktik im Unterricht selbst ist kein neues Phänomen, sondern über hundert Jahre alt (z.B. Otto 1908, Krambeer 1909). Der wichtigste der Genannten ist hierbei Berthold Otto, der zu Beginn des 20. Jahrhunderts enttäuscht von der damaligen „Staatschule“ als „Drill- und Zwangsanstalt“ und ausgehend von seiner von ihm gegründeten Hauslehrerschule den so genannten Gesamtunterricht erprobte und den Schüler*innen einer altersgemischten Lerngruppe, bestehend aus Kindern und Jugendlichen, drei bis vier Stunden pro Woche Zeit im Unterricht einräumte, um ihre Fragen zu stellen. Er erkannte bereits um die Jahrhundertwende vom 19. auf das 20. Jahrhundert die „erkenntnisfördernde Wirkung“ von Kinderfragen und vertrat die damals sehr unkonventionelle Meinung, dass Kinder ein „uneingeschränktes Fragerecht“ haben und alle Lernprozesse im Unterricht von ihren Fragen ausgehen sollten (vgl. Otto 1908). Bereits vor der reformpädagogischen Epoche lagen erste Veröffentlichungen[17] aus der Spracherwerbforschung und der

17 Veröffentlichungen wie die vom englischen Psychologen James Sully, der sich bereits Ende des 19. Jahrhunderts im englischen Sprachraum mit der Forschung zur Kindersprache beschäftigte. Für den deutschsprachigen Raum ist die Veröffentlichung von Wilhelm Preyer (1882/1884) mit dem Titel „Die Seele des Kindes“ sowie der kurz danach veröffentlichte Aufsatz von Gustav Lindner mit dem Titel „Zum Studium der Kindersprache“ (Lindner 1885) zu nennen.

Psychologie vor, die die hohe Bedeutung von Kinderfragen thematisierten. Es besteht insofern eine beinahe 150-jährige wissenschaftliche Auseinandersetzung mit dem Sujet der Kinderfrage.

Kinderfragen in einer bildungsorientierten Weise zu betrachten, ist in der Didaktik nicht nur in reformpädagogischer Tradition, sondern darüber hinausgehend und daran anschließend im Hinblick auf Themen wie „Umgang mit Vielfalt" und „inklusiven Unterricht" zu einem wichtigen Topos der Didaktik geworden. Die Vielfalt der Fragen entspricht der Vielfalt der Kinder und kindlichen Interessen und Zugangsweisen:

> „Fragen von Kindern können als Ausdruck ihrer Interessen und Themen verstanden werden und geben ihnen Gestalt. Das Aufgreifen von Kinderfragen im Unterricht kann einerseits fruchtbare Lernsituationen für das einzelne Kind sowie für die gesamte Lerngruppe ergeben. Inklusive Settings wecken andererseits die Erwartung an den individuellen Voraussetzungen der Kinder anzusetzen und bieten sich daher gleichermaßen an, die Perspektiven von Kindern stärker zu berücksichtigen" (Klektau 2018, S. 55).

### Arbeitsaufgaben

1. Kinder stellen Fragen und das Fragenstellen selbst gehört zur Kindheit. Welche Kinderfragen fallen Ihnen ein?
2. Haben sich Ihrer Ansicht nach die Fragen oder das Fragen der Kinder durch gesellschaftliche Veränderungsprozesse der letzten Jahre (Stichwort Mediatisierung) verändert?
3. Diskutieren Sie Gründe dafür, warum und wie sich das freie Fragen der Kinder mit dem Eintritt in die Schule ändern könnte.

## 4.3 Kinderfragen und Unterrichtsplanung

Kinderfragen können an unterschiedlichen Stellen in den Unterricht einbezogen werden. Bezogen auf die Planung, Analyse und Durchführung des jeweiligen Unterrichts sind dabei beide Perspektiven relevant: Die gestellten Fragen der Kinder, aber auch *das* Fragen der Kinder durch die Lehrkraft. Im Hinblick auf die Unterrichtsplanung kann davon ausgegangen werden, dass Kinderfragen einen vorgegebenen Unterrichtsgegenstand oder die Auswahl an möglichen Vertiefungsthemen zu einem Unterrichtsgegenstand strukturieren können. Der zu planende und durchzuführende Unterricht kann an den Fragen der Kinder auch in direkter Weise ansetzen. Fragen der Kinder können in einem Fragekästchen (vgl. Seifert 2010; 2016) oder als Kinderfrage der Woche aufgegriffen werden und einen neuen Unterrichtsgegenstand generieren. Beispielhaft können freie Kinderfragen, die dem Sachunterricht zugeordnet werden können, von Grundschüler*innen angeführt werden:

> „Warum kann man hüpfen? Warum gibt es Läuse? Warum gibt es Luft? Gibt es andere Lebewesen auf der Welt oder außerhalb? Kann man über 1000 Jahre alt werden? Was passiert bei den Wolken, dass es gewittert? Warum dreht sich die Erde? Wie machen Eisbären Babys? Was fressen Enten in der freien Wildbahn? Wie sehe ich aus, wenn ich eine Oma bin? Wie viele Tierarten gibt es? Wie viele Hunde gibt es auf der Welt? Warum sammeln Bienen Honig? Gibt es schwangere Bienen? Warum werden die Blätter im Herbst bunt? Können Pflanzen fühlen? Woher kommen die Farben? Warum sehen alle anders aus? Wieso ist die Banane krumm? Warum ist das Wasser nass? Warum essen Affen Bananen? Warum gibt es Allergien? Wieso sind Schnecken so langsam? Warum haben Marienkäfer schwarze Punkte? Wieso gibt es Wölfe? Was war das erste Lebewesen? Wie können wir die Umwelt schützen? Wie wachsen die Haare? Seit wann gibt es die 4 Jahreszeiten?“ (Kinderfragen aus einem Seminar 2019).

Aus freien Kinderfragen wie diesen oder aus Fragen an einen vorgegebenen Unterrichtsgegenstand können Lern- und Bildungsprozesse im Kontext einer gemeinsamen Erkenntnisgewinnung im und durch Unterricht entstehen. Neben der Grundschulpädagogik findet v.a. in der Kindheitspädagogik bzw. Früh- und Elementarpädagogik eine Orientierung am „wissbegierigen Kind“ (Fried 2008) statt, das sich anknüpfend an konstruktivistische und ko-konstruktivistische Lerntheorien fragend und explorierend ausdrückt. Didaktische Angebote wie

Abb. 9: Theaterpädagogisches Projekt ‚Schule spielen‘. Eigenes Bild.

Forscher*innen- und Lernwerkstätten, Schulgärten, außerschulische Lernorte, aber auch spiel- und theaterpädagogische Projekte knüpfen auf der methodisch-didaktischen Ebene an die Fragen der Kinder an und können dabei neue Fragen und Bearbeitungsformen der Fragen evozieren.

Auch wenn bildungstheoretisch davon ausgegangen werden kann, dass Kinder Fragen an die Welt stellen und sich und die sie umgebende Welt verstehen wollen, so ist doch das für den Unterricht angemessene Fragenstellen kein ontogenetischer Prozess, sondern ein didaktisierter. Sandra Deibl (2015) vertritt die These, dass Kinder selbst im Sachunterricht methodisch angeleitet erst wieder lernen müssten, Fragen zu stellen, da sich Kindheit in den letzten Jahren und Jahrzehnten verändert habe und die Kinder das Staunen über Phänomene durch neuer(e) elektronische bzw. digitalisierte Spiele verlernt bzw. im Gegensatz zu früheren Generationen nicht mehr gelernt hätten. Gleichzeitig fordert sie in Bezug auf den Unterricht und die Unterrichtsplanung dazu auf, sich als Lehrer*in an die Fragen der Schüler*innen heranzutrauen und diese als Ausgangspunkt der Sachunterrichtsplanung zu setzen. Die Argumentation bezieht sich maßgeblich auf das Motiv der veränderten Kindheit, das v.a. in der Grundschulpädagogik als Begründungsmotiv für einen veränderten bzw. zu verändernden Unterricht seit den 1980er Jahren eine Rezeption erfährt. Der naturwissenschaftliche Unterricht sowohl im Sachunterricht als auch im Fachunterricht der Sekundarstufe setzt sich in seinen fachdidaktischen Diskursen ferner damit auseinander, wie im jeweiligen Fachunterricht an den mitgebrachten Vorstellungen der Kinder angesetzt werden kann und wie diese durch den Unterricht zu einer Veränderung der alten (falschen) Konzepte als Prä-Konzepte, zu einem „Concecptual Change“ führen (können). Das Fragenstellen im Unterricht dient der Vorbereitung und Einführung einer Thematik oder einer Unterrichtsphase, bei der fragend an das Vorwissen der Kinder angeknüpft oder an vorhergegangene Unterrichtseinheiten angeschlossen werden soll. Fragen der Lehrer*innen können sein:

- „Was wisst ihr alles über die Römer?“
- „Was wisst ihr noch über das Überwintern der Tiere/den Aufbau der Wirbeltiere?
- „Welche geometrischen Formen kennt ihr schon vom letzten Schuljahr?“
- „Kennt Ihr noch die Namen der Frühblüher?“

Zudem werden im Unterricht und im Anschluss an eine Unterrichtsreihe Fragen zur Wissensüberprüfung und zur Leistungsfeststellung gestellt. Ausgehend von der Prämisse, dass Fragen konstituierend für die Gesprächsstruktur im Unterricht sind, ist es bei der Planung und Durchführung des Unterrichts in Bezug auf die Integration von Kinderfragen relevant zu fragen:

- Werden die Fragen laufend oder nur zu Beginn des Unterrichts eingesetzt?
- Welche Fragen der Kinder werden nach welchen Kriterien ausgewählt (alle Fragen der Kinder oder nur bestimmte Fragen)?
- Inwieweit können die Fragen der Kinder den Unterricht oder das Unterrichtsgespräch strukturieren?
- Inwieweit wird auf neu aufkommende Fragen der Kinder im laufenden Unterricht hingewiesen und auf diese spontan eingegangen?
- Wodurch kann im Unterricht das Fragen der Kinder methodisch unterstützt und gefördert werden?

!

Aktuelle Studien zur Wirkung von Kinderfragen im Grundschulunterricht wie die von Vera Brinkmann (2019) untersuchen die Kompetenzentwicklung bei den Schüler*innen in einem an Fragen orientierten Unterricht und belegen exemplarisch am Sachunterricht aufgezeigt deren positive Wirkung. Kinderfragen sind ein wichtiges Sujet der neueren Unterrichtsforschung und Unterrichtsentwicklung gerade bei Themen wie Heterogenität und Inklusion im Unterricht. Beispielsweise wurde im Forschungsprojekt der Universität Bielefeld FriSa (Fragen im inklusionsorientierten Sachunterricht) das fachliche Lernen entlang von Fragen der Schüler*innen im Kontext inklusiven Sachunterrichts erforscht (vgl. Ernst/Hummel/Miller/Schroeder/Stets/Velten 2021). Der Zusammenhang zwischen Inklusion im Sachunterricht und dem Einbezug von Kinderfragen bzw. die Fragen der Kinder an den jeweiligen Lerngegenstand wird nicht erst in jüngster Zeit bearbeitet; er wurde bereits mit der Umsetzung der UN-Behindertenrechtskonvention und der Modifizierung der Schulgesetze zunehmend bedeutsam. So haben Miller/Brinkmann (2011) bereits vor über zehn Jahren im Hinblick auf einen inklusiven Sachunterricht gefordert, von Schüler*innenfragen auszugehen, um mit den „heterogenen Lernvoraussetzungen“ vor allem im „Sachunterricht für alle Kinder“ umzugehen.

### 4.3.1 Methoden und Ansätze der unterrichtlichen Thematisierung von Kinderfragen

Kinderfragen können im schulischen und unterrichtlichen Kontext methodisch auf unterschiedliche Weise bearbeitet werden. Sie können methodisch in fragend-entwickelnden Unterrichtsgesprächen in einem großen Sitzkreis thematisiert werden, etwa in einer ritualisierten Weise jeweils zu Beginn einer Unterrichtsstunde in einem zeitlich-begrenzten Umfang. Beispielsweise könnten immer die ersten 20 Minuten in einer Sachunterrichtsstunde für die Primarstufe oder in einer Politik-, Religions- oder Ethikstunde mit Kinderfragen gestaltet werden. Hier besteht, wie beim Morgenkreis oder dem philosophischen Kreisgespräch, die Gefahr, dass die sprachlich kompetenteren Schüler*innen stärker mit ihren Fragen partizipieren und das Gespräch dominieren. Damit alle Kinder zu Wort kommen, können Gesprächskreise auch geteilt werden und parallel stattfinden. Während bei verschiedenen Formen des offenen Unterrichts wie der Freiarbeit, der Stationenarbeit oder dem Lernzirkel mit unterschiedlichen binnendifferenzierten Angeboten auf die Leistungsunterschiede der Kinder eingegangen werden kann, wird dies im gemeinsamen Gesprächskreis schon weitaus schwieriger. Aber auch hier kann ein der Differenzierung im Unterricht dienendes Material- und Methodenangebot im fachlichen und überfachlichen Bereich eingesetzt werden. Kreisgespräche (vgl. Kap. 3) eignen sich dennoch insbesondere für die Bearbeitung offener Fragen, auf die es keine eindeutige oder einperspektivische Antwort aus einer Fachwissenschaft oder Fachdidaktik heraus gibt. Kinderfragen wie „Wie stellen wir uns Engel vor?", „Sterben Engel auch?", „Was ist tot sein?" oder „Gibt es überall einen Bösen?" sind nicht allein Fragen für den konfessionell gebundenen Religionsunterricht oder Ethikunterricht, sondern können auch fachübergreifend in einem Projekt oder in verschiedenen Kreisgesprächen aus unterschiedlichen fachlichen Perspektiven aufgegriffen werden. Auch wenn das Thema nicht aus dem Schulbuch oder dem Curriculum stammt, lassen sich diese Fragen dennoch curricular in den unterschiedlichen Kompetenzbereichen der Bildungspläne anbinden und verorten. Zudem werden in der jeweiligen Bearbeitung der Kinderfrage ebenfalls neben fachlichen Kompetenzen unterschiedliche methodische, soziale und personale Kompetenzen gefördert. Deutlich wird mit Blick auf die beispielhaft genannten Kinderfragen, dass sowohl die Fragen der Kinder als auch ihre Bildungsinteressen generell nicht unbedingt den schulischen Fachlogiken und vorgegebenen Fachstrukturen folgen. Wird von Kinderfragen im Unterricht ausgegangen, wird zwar zunächst die Struktur der Fächer verlassen, es lassen sich aber viele Kinderfragen an Unterrichtsfächer anbinden und entsprechen in einer komplexen fachübergreifenden Thematisierung z.B. auch dem fachdidaktischen Anspruch einer Vielperspektivität im Sachunterricht (vgl. Köhnlein/Marquardt-Mau/Schreier 1999).

Kinderfragen können grundsätzlich bei verschiedenen unterrichtlichen Gesprächsformen (vgl. Heinzel 2017) in allen Unterrichtsfächern und an allen Schulformen ihren Einsatz finden. So kann etwa die Kinderfrage „Wieso gibt es verschiedene Sprachen?" in einem gemeinsamen Erarbeitungsgespräch im Unterricht vielperspektivisch mit Bezug auf unterschiedliche fachdidaktische Perspektiven thematisiert und immer wieder neu aufgegriffen werden.

**Kinder und ihre Fragen:**

- „Warum haben Zebras Streifen?"
- „Können Pflanzen Schmerzen haben?"
- „Was ist eigentlich Glück?"
- „Was ist Freundschaft?"
- „Warum gibt es Krieg?"
- „Was ist der 7. Himmel?"
- „Wer hat die Welt erschaffen?"
- „Was ist unendlich?"

Die Kinderfrage „Warum haben Zebras Streifen?" kann z.B. in einem Sachgespräch geklärt werden. Ähnlich auch die Kinderfrage danach, ob Pflanzen Schmerzen haben, wenn man sie beispielsweise schneidet oder ausreißt. So kann in einem philosophischen Gespräch über den Unterschied zwischen Mensch und Tier- und Pflanzenwelt oder in einer stärker naturwissenschaftlich-biologischen Betrachtung des Sachverhaltes über diese Frage gesprochen werden. Abhängig davon, welche Bedeutung oder unterrichtliche Intention Kinderfragen im und für den Unterricht von der Lehrkraft beigemessen werden, erfahren sie eine unterschiedliche Thematisierung und Bearbeitung in diesem. Kinderfragen können einerseits den Ausgangspunkt der Entscheidung für einen gewählten Unterrichtsgegenstand darstellen, seiner Ausgestaltung und Strukturierung dienen sowie als ein Diagnoseinstrument im Unterricht z.B. in Bezug auf die vorhandenen Präkonzepte der Kinder eingesetzt werden. Andererseits können sie einen Anlass für ein Kreisgespräch bieten, einen lebensweltlichen Bezug zum (außerschulischen) Leben der Kinder herstellen und damit einen Zugang zur Perspektive der Kinder bieten und als kinderkulturelle Ausdrucksform und Möglichkeit des Philosophierens mit Kindern gesehen werden. Aus einer einzigen Kinderfrage kann jeweils ein kürzeres oder längeres Unterrichtsgespräch, eine Unterrichtsstunde oder ein Unterrichtsprojekt entstehen. Philosophieren mit Kindern (vgl. Kap. 5) bedeutet, dass es nicht um richtig oder falsch geht, sondern in alle Richtungen und unterschiedlich gedacht werden kann. Es können in der Auseinandersetzung mit den für alle Menschen relevanten Fragen, wie jenen nach dem glücklichen oder gelingenden Leben, nach dem Wesen von Glück, nach der Bedeutung von und Umgang mit Krankheit, Alter und Tod, ähnlich wie bei Fragen nach Krieg- und Fluchterfahrungen, institutionen- und generationenübergreifende Projekte initiiert werden. Diese bezögen sich nicht nur auf rein unterrichtliche Praktiken wie z.B. Textbearbeitung, Arbeit mit Originalquellen, Unterrichtsgespräche und integrierten nicht nur ästhetische Praktiken in der Schule wie Malen und Plastizieren im Kunstunterricht und Formen des darstellenden Spiels, sondern machten auch

Besuche außerschulischer Einrichtungen wie Altenheimen oder Friedhöfen möglich, um vor Ort Erfahrungen und Begegnungen zu haben, die anschließend sowohl verbal als auch nonverbal bearbeitet und vertieft werden könnten. Hier könnten die Kinderfragen dazu dienen, in einem generationenvermittelnden Gespräch und dem Ansatz einer generationenvermittelnden Grundschule folgend (vgl. Heinzel 2011) alte Menschen nach ihren Kindheitserfahrungen zu fragen oder danach, was aus ihrer Sicht zu einem gelingenden Leben beiträgt. Beim zeithistorischen Lernen mit Grundschulkindern forschen Alexa Hempel und Detlef Pech (2016) dazu, welche Fragen Kinder im Interview mit Zeitzeug*innen zur deutschen Teilung stellen. Kinder haben, wie Studien zeigen, insbesondere ein großes Interesse daran, die eigene Familiengeschichte zu beforschen und die Großeltern als Zeitzeug*innen zu befragen (vgl. auch Becher/Diederich 2016).

Gerade die Projektarbeit als eine Form des offenen Unterrichts bietet sich für die unterrichtliche forschende Bearbeitung und Thematisierung von Kinderfragen an. Auf der Theorieebene kann an John Deweys Idee der „denkenden Erfahrung" angeknüpft werden, die einem handlungs- und projektorientierten Unterricht zugrunde liegt. John Dewey, der der internationalen Reformpädagogik oder progressive education zugeordnet werden kann, setzte sich als Pädagoge und Philosoph bei einer erkenntnistheoretischen und erkenntnisphilosophischen Ausrichtung mit der Idee der „denkenden Erfahrung" auseinander. Erfahrungen, die Kinder zum Denken anregen, können innerhalb von Schule und Unterricht, aber auch außerhalb gemacht werden. Hier schließen weitere (fachdidaktische) Methoden und Prinzipien an, wie etwa das erfahrungsorientierte Lernen, das entdeckende Lernen und das außerschulische Lernen (vgl. z.B. Flügel/Gröger/Schneider/Wiesemann 2018). Lernen und Fragen (stellen) gehört sowohl in Bezug auf den schulischen als auch den außerschulischen Unterricht zusammen (vgl. Niegemann 2004). Neben den deutschen Begriffen der außerschulischen Lernorte und des außerschulischen Lernens, des Draußen Lernens sowie älteren Formulierungen wie der Erkundung oder der Exkursion, wird nunmehr auch im deutschsprachigen Raum der anglo-amerikanische Begriff Outdoor education verwandt, wenngleich es auch Unterschiede und Abgrenzungen der Begriffe voneinander gibt. Gerade beim außerschulischen Unterricht finden offene Lernsituationen und vielfache Formen einer unterrichtlichen Öffnung statt. Es geht hier weniger darum, draußen Unterricht zu inszenieren als danach zu fragen, welche weiteren Möglichkeiten und Zugänge sich vor Ort als Mehrwert ergeben können.

Beim so genannten offenen Unterricht (vgl. Peschel 2005) können unterschiedliche Dimensionen des Unterrichts geöffnet werden, wozu die methodische und die inhaltliche Öffnung sowie die soziale Öffnung gehören, die eine hohe Mitgestaltung der Schüler*innen am Unterricht ermöglicht. Das Stufenmodell von Falko Peschel, dessen Dissertationsstudie sich auf den offenen Unterricht bezieht, ist als wichtige Referenz für das konzeptionelle Verständnis von offenem Unterricht

Abb. 10: Grundschüler*in im außerschulischen Lernort Wald. Eigenes Bild.

oder verschiedenen Niveaus einer Öffnung im Unterricht zu nennen. Kinderfragen repräsentieren eine inhaltliche und eine methodische Öffnung des Unterrichts, sie dienen als partizipativer Zugang und stellen eine wichtige methodisch-didaktische Perspektive dar, sich als Lehrer*in im Hinblick auf die Unterrichtsplanung und Unterrichtsdurchführung bei der Bearbeitung bzw. Thematisierung der Unterrichtsgegenstände an den Fragen der Kinder zu orientieren. Kinderfragen können methodisch initiiert durch Ansätze wie das Fragebüchlein, die Frage der Woche oder eine Woche der Fragen, einen Fragekasten als Briefkasten oder eine Fragenbox, in die freie Fragen geworfen werden können, generiert und gesammelt werden, um später strukturiert und im Unterricht und in (außerschulischen) Projekten bearbeitet zu werden (vgl. May-Kramer/Must/Seifert 2023).

### 4.3.2 Didaktik der (Kinder)Fragen – didaktische Konzeptionen

Kinderfragen eignen sich für ein exemplarisches Lehren und Lernen im Unterricht (vgl. Klafki 1985/2007, S. 141f.), ob in Form von Fragen, die anthropologische Themen wie Krankheit, Tod berühren (vgl. Biesinger/Kohler-Spiegel/Hiller 2017) oder ob es sich um Fragen aus dem technisch-naturwissenschaftlichen Bereich handelt. Kinderfragen können sich dafür eignen, im Unterrichtsgespräch einen induktiven Weg einzuschlagen, um Schritt für Schritt zu bearbeiten, inwiefern das Einzelne und Besondere für etwas Allgemeineres steht. Die Kinderfrage „Warum haben Zebras Streifen?" führt dann beispielsweise über die Frage, welchen Vorteil die Streifen für die Zebras bringen (Verwirrung, Irritation, Ablenkung stärkerer Tiere, die das Zebra anfallen könnten) zu der Frage nach dem Nutzen von Farben, Bemalungen, Verkleidungen generell. Das kann eine Fortführung der Thematik hin zu Fragen nach Bemalungen und Riten in archaischen Kulturen oder zur Brauchtumspflege im Karneval und deren Verkleidungspersiflage mit sich bringen. Kinderfragen haben dabei wie „Schlüsselfragen" eine wichtige didaktische Funktion für die Unterrichtsplanung gerade in der bildungstheoretischen Didaktiktradition. Es geht Klafki (vgl. 2005) bei der Auswahl des Themas und der didaktischen Reduktion um den Gegenwartsbezug, die Zukunftsrelevanz und die Frage nach der Exemplarität darum, Kinder auf eine zu gestaltende Gegenwart und Zukunft vorzubereiten und Lernprozesse mit diesem Fokus didaktisch zu initiieren und zu gestalten.

Die anthropologischen Ausgangsvoraussetzungen der Kinder stellen selbst für die Unterrichtsplanung eine wichtige Prämisse dar. Als ein Beispiel für die Unterrichtsplanung kann die Kinderfrage „Warum sind Tiger wild?" genannt werden. Was bringen die Kinder an Vorwissen über Tiger, über Wildkatzen etc., an Vorerfahrungen z.B. auch aus dem außerschulischen Lernen wie der „Zooschule", Tierfilmen, Tierbüchern mit? Worin besteht ihr Interesse am Thema? Den anthropologischen Bedingungen des Unterrichts, die in der Überlegung und auch in der schriftlichen Darstellung des Unterrichts am Anfang stehen und sich sowohl auf die individuellen als auch auf die sozialen Bedingungen in der Lerngruppe beziehen, kommen hierbei eine wichtige Funktion für die Unterrichtsplanung zu. Anthropologische Bedingungen können wie folgt definiert werden:

> „Die Voraussetzungen, die durch die am Unterricht beteiligten Personen gegeben sind und die die konkrete Planung und Umsetzung von Unterricht beeinflussen, bezeichnen wir als anthropologische Bedingungen (Anthropologie = griech. Wissenschaft vom Menschen)" (Esslinger-Hinz/Unseld/Reinhard-Hauck/Röbe/Fischer/Kust/Däschler-Seiler 2007, S. 66).

In der Unterrichtsplanung kann an dieser Stelle gerade auch auf die Bildungstheoretische Didaktik (vgl. z.B. Klafki 1985/2007) Bezug genommen werden. Mit Referenz auf Wolfgang Klafki und dessen didaktischen Fragen nach dem Gegenwartsbezug, dem Zukunftsbezug und dem exemplarischen Lernen kann aufgezeigt werden, dass etwa die erwähnte Kinderfrage „Warum sind die Tiger wild?" in exemplarischer Weise als Beispiel für die Wildkatzen Löwe, Tiger, Puma allgemein dienen kann oder als Ausgangspunkt einer Unterrichtsreihe, die sich mit einem Gegenwarts- und Zukunftsbezug mit den sich verändernden Bedingungen des Lebens in der Wildnis und den Wildtieren (z.B. auch im Zoo) beschäftigt. Kritik wird in den letzten Jahren in Folge der spürbaren Veränderungen in der

Natur durch die Eingriffe des Menschen im Zeitalter des Anthroprozäns[18] deutlich formuliert und steht in einem Zusammenhang mit der Kultur der Fragen. Für den Philosophen und Schulkritiker Andreas Weber (vgl. 2017) findet indes im Unterricht und in der Schule, selbst wenn diese Forscherwerkstätten, Schulgärten und außerschulische Lernorte anbieten, lediglich eine „Pädagogik des Toten" statt. Seinen Gedanken folgend verhindere Unterricht eher Lebendigkeit, zu der die Weiterentwicklung des Fühlens genauso wie schöpferische Fähigkeiten gehören. Weber (2017) formuliert in seiner Kritik, dass gerade die Schule ihren Bildungsauftrag verfehle, Kinder zu feinfühligen Menschen auszubilden sowie Verantwortung für sich, für andere und für die sie umgebende Welt zu übernehmen.

Kinderfragen eignen sich in besonderer Weise für einen fächerverbindenden Unterricht und ein mehrperspektivisches Vorgehen im Unterricht (vgl. Götz 1997), da sie sich nicht an den „Grenzen der Fächer" orientieren. Didaktische Konzeptionen zu einem fächerübergreifenden Unterricht oder einem fächerverbindenden Lernen liegen beginnend mit der Reformpädagogik seit über hundert Jahren vor und werden sowohl in der Primarstufe als auch in der Sekundarstufe (z.B. Duncker/Popp 1998) seit über 40 Jahren in unterschiedlichen Formen und Modellen in allen Schulformen eingesetzt, wenngleich mit unterschiedlichen Schwerpunkten und Akzentuierungen. Zudem ist es in der Grund- und Förderschule aufgrund des Klassenlehrer*innenprinzips organisatorisch einfacher, fächerübergreifenden Unterricht in seinen verschiedenen Unterformen umzusetzen.

Einerseits gibt es seit den 1970er Jahren, partiell auch bereits im reformpädagogischen Kontext davor, immer wieder didaktische Bemühungen, den Unterricht ganz auf die Fragen der Kinder abzustimmen. Dies geschieht gerade auch im Kontext einer Forderung nach und Förderung von mehr Autonomie und Freiheit, einer Forderung, die den „Schulen ohne Zwang", „Freien Alternativschulen" oder „Democratic Schools" entspricht. Es geht hier um die Idee einer größtmöglichen Partizipation der Schüler*innen in Bezug auf die Unterrichtsgestaltung und -durchführung und um die Idee, eine eigene Didaktik der Kinderfragen zu entwickeln. Andererseits wird zumindest für den Bereich der Regelschule schnell deutlich, dass es keinen Unterricht geben kann, der nur vom Kind und seinen Fragen ausgehen wird. Die Ursachen dafür sind u.a. im staatlichen Auftrag von Schule und Unterricht begründet. Doch auch wenn der Unterricht nicht grundsätzlich „vom Kinde aus" gestaltet werden kann, heißt dies nicht, dass Fragen nach der Kindorientierung, nach einer „Schule für Kinder" und danach, wie Kinder Bildungsangeboten kindgerechter begegnen und diese mitgestalten können, nicht gestellt werden müssen, auch wenn die reformpädagogisch-geprägte didaktische

18 Dieser Begriff verweist darauf, dass sich die Erde durch von Menschen verursachte Wirkungen verändert hat und verändert.

Leitidee der Kindorientierung in Schule und Unterricht schnell an ihre Grenzen kommt.

Ein wichtiges didaktisches Konzept, das gerade in den naturwissenschaftlichen Fächern und im Sachunterricht konzeptionell aufgegriffen wird, ist das des Reformpädagogen Martin Wagenschein, das von ihm selbst mit den Adjektiven sokratisch, genetisch und exemplarisch beschrieben wird. Beim genetisch-sokratisch-exemplarischen Lernen als methodischer Konzeption im (Sach)Unterricht, bezieht sich gerade das zweite Adjektiv „sokratisch" auf die Art und Weise, wie das Unterrichtsgespräch zu gestalten ist und charakterisiert dieses mit Bezug auf den antiken Philosophen Sokrates als „sokratisches Gespräch" (vgl. Kap. 2). So werden im Sachunterricht etwa von den Kindern und deren kindlichen bzw. vorwissenschaftlichen Fragen und Perspektiven aus Phänomene beschrieben und charakterisiert, um dann durch die Lehrkraft und deren Fragen und Anregungen aus in einer vertiefenden Weise wissenschaftsorientiert bearbeitet zu werden. Im sokratischen Gespräch oder sokratischen Dialog können im Unterrichtsgespräch (vgl. Leisen 2007) dabei im mathematisch-naturwissenschaftlichen Unterricht neben naturwissenschaftlichen Phänomenen philosophische Fragen („Was ist der 7. Himmel?", „Wer hat die Welt erschaffen?", „Was ist unendlich?") thematisiert werden. Philosophische Fragen sind keine didaktischen Fragen. Sie haben keine geschlossene Frage-Antwort-Struktur. Im Unterricht sind strukturiertere Frage-Antwort-Interaktionen eher die Regel. Mit Bezug auf die Beispielfragen könnten im fragenden Gespräch neben Schöpfungsmythen auch naturwissenschaftliche Erklärungen ihren Platz finden. Bei aller Betonung, dass Kinderfragen wichtig sind für die Unterrichtsplanung und -durchführung, bleibt es doch schwierig, dass gerade das „Fragen können" im Unterricht davon abhängt, über welches Vorwissen zum Thema eine Schüler*in verfügt, um bei einem größeren (Vor)Wissen umso spezifischere oder komplexere Fragen stellen zu können (vgl. Zimmermann 2011, S. 161). Die Kompetenzen des Fragens sind abhängig von sprachlichen Kompetenzen. Im Weiteren ist das (sprachliche) Vermögen, Fragen an den Unterrichtsgegenstand stellen zu können, abhängig von sozio-ökonomischen Variablen wie dem bildungssprachlichen Sprach- und Kommunikationsniveau und dem (anregungsreichen) Freizeitverhalten in der Familie (vgl. Boegner/Miller 2008). Im Hinblick auf die unterschiedlichen kognitiven Ausgangsvoraussetzungen innerhalb einer Klasse, Fragen zu formulieren, bedarf es von Seiten der Lehrkräfte im Unterricht einer differenzsensiblen Wahrnehmung dafür, was eine Kinderfrage ist und wie unterschiedlich sich diese äußern kann, um im Unterricht in unterstützender Weise darauf einzugehen. Zudem bedarf es einer reflexiven methodischen Bearbeitung von Kinderfragen, die die Dimensionen der Heterogenität und Differenz(herstellung) kontinuierlich mitberücksichtigt, um mehr Partizipationsmöglichkeiten zu schaffen.

## Arbeitsaufgaben

1. Erarbeiten Sie Beispiele für die Arbeit mit Schüler*innen Ihrer Schulform bzw. Ihrer Fächer.
2. Welche methodisch-didaktischen Zugänge eignen sich, um im Unterricht (das) Fragen der Schüler*innen zu fördern?

## Literatur

Becher, A./Diederich, J. (2016): „Erzähl mir von früher!" – Kinder befragen Zeitzeugen. In: Grundschulzeitschrift. Geschichte erleben und verstehen: „Als Oma und Opa Kinder waren", S. 295–296.

Biesinger, A./Kohler-Spiegel, H./Hiller, S. (2017): Gibt es ein Leben nach dem Tod? Kinderfragen – Forscherinnen und Forscher antworten. München.

Boegner, V./Miller, S. (2008): Kinderfragen als Ausgangspunkt des Sachunterrichts – Bausteine für eine theoretische Fundierung. In: Giest, H./Wiesemann, J. (Hrsg.): Kind und Wissenschaft. Welches Wissenschaftsverständnis hat der Sachunterricht. Bad Heilbrunn, S. 145–157.

Bourdieu, P. (2010): Das Elend der Welt. Köln/Weimar/Wien.

Brinkmann, V. (2019): Fragen stellen an die Welt. Eine Untersuchung zur Kompetenzentwicklung in einem an den Schülerfragen orientierten Sachunterricht. Hohengehren.

Budde, J. (2013): Geschlechtsbezogene Jungenpädagogik als Beitrag zur Demokratiepädagogik? Theoretische und empirische Überlegungen. In: Berkessel, H./Beutel, W./Faulstich-Wieland, H./Veith, H. (Hrsg.): Neue Lernkultur – Genderdemokratie. Schwalbach am Taunus, S. 125–141.

Carls, G./Jacob, U./Pieler, M./Senatsverwaltung für Bildung, Wissenschaft und Forschung Berlin (Hrsg.) (2006): Sprachhandeln. http://foermig-berlin.de

Davey, B./McBride, S. (1986): The effects of question-generation training on reading comprehension. In: Journal of Educational Psychology, 78, S. 256–262.

Deibl, S. (2015): Keine Angst vor Kinderfragen im Sachunterricht! Kinderfragen als Ausgangspunkt und Planungsgerüst. In: Grundschulmagazin, 83, H. 6, S. 11–13.

Duncker, L./Lieber, G./Neuß, N./Uhlig, B. (2010) (Hrsg.): Bildung in der Kindheit. Seelze.

Duncker, L./Nießeler, A. (Hrsg.) (2005): Philosophieren im Sachunterricht. Imagination und Denken im Grundschulalter. Münster.

Duncker, L. (2005): Vom Ursprung des Philosophierens – Kinderfragen in anthropologischer Sicht. In: Duncker, L./Nießeler, A. (Hrsg.): Philosophieren im Sachunterricht. Imagination und Denken im Grundschulalter. Münster, S. 13–28.

Duncker, L./Popp, W. (1998) (Hrsg.): Fächerübergreifender Unterricht in der Sekundarstufe I und II. Bad Heilbrunn.

Ernst, J./Schroeder, R./Velten, K. (2022): Schüler:innenfragen als Reflexionsstelle für fachliches Lernen im Sachunterricht? In: Gläser, E./Poschmann, J./Büker, P./Miller, S. (Hrsg.): Reflexion und Reflexivität im Kontext Grundschule. Perspektiven für Forschung, Lehrer:innenbildung und Praxis. Bad Heilbrunn, S. 224–230.

Ernst, J./Hummel, R./Miller, S./Schroeder, R./Stets, M./Velten, K. (2021). Fragen im inklusionsorientierten Sachunterricht (FriSa) – erste Ergebnisse der quantitativen Teilstudie. In: Böhme, N./Dreer, B./Hahn, H./Heinecke, S./Mannhaupt, G./Tänzer, S. (Hrsg.): Mythen, Widersprüche und Gewissheiten der Grundschulforschung. Eine wissenschaftliche Bestandsaufnahme nach 100 Jahren Grundschule. Wiesbaden, S. 320–327.

Esslinger-Hinz, I./Unseld, G./Reinhard-Hauck, P./Röbe, E./Fischer, H.-J./Kust, T./Däschler-Seiler, S. (2007): Guter Unterricht als Planungsaufgabe. Bad Heilbrunn.

Flügel, A./Gröger, M./Schneider, D./Wiesemann, J. (Hrsg.) (2018): Außerschulische Lernorte von Kindern. Reflexionen – Konzeptionen – Perspektiven. Siegen.

Fried, L. (Hrsg.) (2008): Das wissbegierige Kind. Neue Perspektiven in der Früh- und Elementarpädagogik. Weinheim und München.

Friedrich, G./de Galgóczy-Mécher, V./Klein, C. (2013). Mit Kindern philosophieren: gemeinsam staunen – fragen – verstehen. Weinheim.

Fuhrer, U. (1994): Fragehemmungen bei Schülerinnen und Schülern: eine attributionstheoretische Erklärung. Zeitschrift für Pädagogische Psychologie, 8, H. 2, S. 103–109.

Gogolin, I. (2010): Mehrsprachigkeit. In: Zeitschrift für Erziehungswissenschaft (ZfE) 13(4), S. 529–547.

Götz, M. (1997): Die Fragen der Schüler und die Grenzen der Fächer. In: Duncker, L./Popp, W. (Hrsg.): Über Fächergrenzen hinaus. Chancen und Schwierigkeiten fächerübergreifenden Lehrens und Lernens. Heinsberg, S. 196–205.

Hattie, J. (2014): Lernen sichtbar machen für Lehrpersonen. Baltmannsweiler.

Heinzel, F. (2005): Kindheit irritiert Schule – Über Passungsversuche in einem Spannungsfeld. In: Breidenstein, G./Prengel, A. (Hrsg.): Schulforschung und Kindheitsforschung – ein Gegensatz? Wiesbaden, S. 37–54.

Heinzel, F. (Hrsg.) (2011): Generationenvermittlung in der Grundschule. Ende der Kindgemäßheit? Bad Heilbrunn.

Heinzel, F. (2017): Gespräche. In: von Reeken, D. (Hrsg.): Handbuch Methoden im Sachunterricht. Baltmannsweiler, S. 73–80.

Heinzel, F. (2022): Interaktion und Beziehung von Schüler*innen. In: Bennewitz, H./Thiersch, S. (Hrsg): Handbuch der Forschung zu Schülerinnen und Schülern. Münster, S. 110–119.

Helsper, W. (2012): Antinomien im Lehrerhandeln. Professionelle Antinomien – vermeidbare Verstrickung oder pädagogische Notwendigkeit In: Lernende Schule, 15 (2012) 60, S. 30–34.

Helsper, W. (2004): Pädagogische Professionalität als Gegenstand des erziehungswissenschaftlichen Diskurses. In: Zeitschrift für Pädagogik, Heft 3. Wiesbaden, S. 303–309.

Helsper, W./Kramer, R./Thiersch, S. (2014) (Hrsg.): Schülerhabitus. Wiesbaden.

Helsper, W./Lingkost, A. (2004): Schülerpartizipation in den Antinomien modernisierter Schulkultur. In: Helsper, W./Kamp, M./Stelmaszyk, B. (Hrsg.): Schule und Jugendforschung zum 20. Jahrhundert. Studien zur Jugendforschung. Wiesbaden, S. 198–229.

Hempel, A./Pech, D. (2016): Kinder erforschen Geschichte. Zeitzeug/-inneninterviews zur deutschen Teilung. Zeitschrift für interpretative Schul- und Unterrichtsforschung 5/1, S. 148–161.

Hess, M./Denn, A./Lipowsky, F. (2019): Dokumentation der Erhebungsinstrumente des Projekts „Persönlichkeits- und Lernentwicklung von Grundschulkindern“ (PERLE). Frankfurt/Main.

Hüpping, B./Büker, P. (2019): Kinder als Forscher in eigener und gemeinsamer Sache – ein Weg zur Partizipation? Ein kinderrechtebasierter didaktischer Ansatz und dessen Relevanz aus der Perspektive von Grundschulkindern. In: Pädagogischer Blick, H.3, S. 159–173.

Klafki, W. (2005): Allgemeinbildung in der Grundschule als Bildungsauftrag des Sachunterrichts. In: www.widerstreits-sachunterricht.de/Ausgabe Nr. 4, März 2005, S. 1–17.

Klafki, W. (1985/2007): Neuen Studien zur Bildungstheorie und Didaktik. Weinheim.

Klektau, C. (2018): Fragen von Kindern im Spiegel inklusionssensiblen Unterrichts. In: Rumpf, D./Winter, St. (Hrsg.): Kinderperspektiven im Unterricht. Wiesbaden, S. 55–64.

Klieme, E. (2006): Empirische Unterrichtsforschung: aktuelle Entwicklungen, theoretische Grundlagen und fachspezifische Befunde. In: Zeitschrift für Pädagogik 52/6, S. 765–775.

Klieme, E./Rakoczy, K. (2008): Empirische Unterrichtsforschung und Fachdidaktik. In: Zeitschrift für Pädagogik 54/2, S. 222–238.

Köhnlein, W./Marquardt-Mau, B./Schreier, H. (Hrsg.) (1999): Vielperspektivisches Denken im Sachunterricht. Bad Heilbrunn.

Kolenda, S. (2015): Dialogformate, Differenzerfahrung und die Chance der Frage für einen sinnkonstituierenden Unterricht In: Gebhard, U. (Hrsg.): Sinn im Dialog. Zur Möglichkeit sinnkonstituierender Lernprozesse im Fachunterricht. Wiesbaden, S. 147–158.

Krambeer, K. (1909): Das Fragen der Schüler als Forderung einer Pädagogik der Tat. Deutsche Blätter für erziehenden Unterricht, 36.

Krappmann, L. (2006): Lernen vor der Schule, Lernen in der Schule – Kontinuität und Wandel. In: Scholz, G. (Hrsg.): Bildungsarbeit mit Kindern: Lernen ja – Verschulung nein! Mühlheim an der Ruhr, S. 57–70.

Kremer, L./Perlberg, A. (1976): Der Einsatz von Microteaching-Techniken, um Lehrerstudenten darin auszubilden, wie man Schülerfragen anregt. In: Zifreund, W. (Hrsg.): Training des Lehrverhaltens und Interaktionsanalyse. Weinheim/Basel, S. 394–406.

Laux, H. (2006): Schulerfolg und Lebenserfolg. Nachhaltiges Lernen durch Willensförderung. Baltmannsweiler.

Leisen, J. (2007): Unterrichtsgespräch: Vom fragend-entwickelnden Unterricht, dem sokratischen Dialog und Schülergesprächen. In: Mikelskis-Seifert, S./Rabe, T. (Hrsg.): Physik Methodik. Handbuch für die Sekundarstufe I und II. Berlin, S. 115–132.

Lindner, G. (1885): Zum Studium der Kindersprache. In: Kosmos. Zeitschrift für die gesamte Entwicklungslehre. H. 1, 1885.

Lindner, M. (2011): Gute Frage! Lehrerfragen als pädagogische Schlüsselkompetenz. Marburg.

Lipowsky, F./Bleck, V. (2019). Was wissen wir über guten Unterricht? – Ein Update. In U. Steffens & R. Messner (Hrsg.), Unterrichtsqualität: Konzepte und Bilanzen gelingenden Lehrens und Lernens. Grundlagen der Qualität von Schule. Münster, S. 219–249.

Lüders, M. (2003): Unterricht als Sprachspiel. Eine systematische und empirische Studie zum Unterrichtsbegriff und zur Unterrichtssprache. Bad Heilbrunn.

May-Kramer, S./Must, Th./Seifert, A. (2023): Fragen als Zugang zur Welterschließung. Philosophieren mit Kindern im Unterricht und in der Lehrer*innenbildung. In: Schumann, S. (Hrsg.): Erschließen und Verstehen. Die Bedeutung der Erschließung für Bildungsprozesse. Münster, S. 369–390.

Miller, S./Schroeder, R. (2022): Schüler*innenorientierung. In: Baumgart, I./Lange, D. (Hrsg.): Young citizens. Handbuch politische Bildung in der Grundschule. Bonn: Bundeszentrale für politische Bildung (2022), S. 110–116

Miller, S./Brinkmann, V. (2011): Von Schülerfragen ausgehen und mit heterogenen Lernvoraussetzungen umgehen in einem Sachunterricht für alle Kinder. In: Giest, H./Kaiser, A./Schomaker, C. (Hrsg.): Sachunterricht – auf dem Weg zur Inklusion. Bad Heilbrunn, S. 67–77.

Neber, H. (1999): Fragetraining und Wissenserwerb im Geschichtsunterricht. Trainingsformen, Testformate und geschlechterspezifische Differenzen. In: Hannover, B./Kittler, U./Metz-Göckel, H. (Hrsg.): Sozialkognitive Aspekte der Pädagogischen Psychologie. Band 1. Essen, S. 98–113.

Nickel, H./Fenner, H. J. (1974): Direkte und indirekte Lenkung im Unterricht in Abhängigkeit von fachspezifischen und methodisch-didaktischen Variablen sowie Alter und Geschlecht des Lehrers. In: Zeitschrift für Entwicklungspsychologie und Pädagogische Psychologie, 6, H. 3, S. 178–191.

Niegemann, H. M. (2004). Lernen und Fragen: Bilanz und Perspektiven der Forschung. Unterrichtswissenschaft, Jg. 33, H. 4, S. 345–356.

Niegemann, H./Stadler, S. (2001): Hat noch jemand eine Frage? Systematische Unterrichtsbeobachtung zu Häufigkeit und kognitivem Niveau von Fragen im Unterricht. Unterrichtswissenschaft 29 (2001) 2, S. 171–192.

Otto, B. (1908): Kindesmundart. Berlin.

Pallesen, H./Hörnlein, M. (2018): Warum Schüler*innen keine Fragen stellen. Unterricht zwischen Sozialisation zur Fraglosigkeit und Bildungsanspruch. In: Rumpf, D./Winter, St. (Hrsg.): Kinderperspektiven im Unterricht. Wiesbaden, S. 11–22.

Pearson, J. C./West, R. (1991): An initial investigation of the effects of gender on student questions in the classroom: Developing a descriptive base. In: Communication Education, 40, S. 22–32.

Peschel, F. (2005): Offener Unterricht. Hohengehren.

Popp, W. (1989): Wie gehen wir mit den Fragen der Kinder um? Erziehung zur Fraglosigkeit als ungewollte Nebenwirkung. In: Grundschule, 21, H. 3, S. 30–33.

Postman, N. (2001): Die zweite Aufklärung. Berlin.

Preyer, W. (1882/1884): Die Seele des Kindes. Die Seele des Kindes: Beobachtungen über die geistige Entwicklung des Menschen in den ersten Lebensjahren. Leipzig.

Ritz-Fröhlich, G. (1992): Kinderfragen im Unterricht. Bad Heilbrunn.

Rosenshine, B./Meister, C./Chapmann, S. (1996): Teaching students to generate questions. Review of Educational Research, 66, no. 2, S. 181–221.

Rumpf, D./Winter, S. (Hrsg.) (2018): Kinderperspektiven im Unterricht. Wiesbaden.

Salem, T./Neumann, U./Michel, U./Dobutowitsch, F. (Hrsg.) (2013): Netzwerke für durchgängige Sprachbildung. Münster.

Schukajlow, S., Rakoczy, K./Pekrun, R. (2023). Special Issue on Emotions and Motivation in Mathematics Education and Educational Psychology. ZDM Mathematics Education, 55(2).

Schwer, C./Solzbacher, C. (Hrsg.) (2014): Professionelle pädagogische Haltung: Historische, theoretische und empirische Zugänge zu einem viel strapazierten Begriff. Bad Heilbrunn.

Seifert, A. (2016): Das Projekt Fragekästchen. Kreisgespräche in einer zweiten Klasse. Online Fallarchiv Universität Kassel. http://www.fallarchiv.uni-kassel.de

Seifert, A. (2010): Metaphysische Kinderfragen im Kreisgespräch der Grundschule. In: Kraus, A: (Hrsg.): Körperlichkeit in der Schule. Oberhausen, S.75–108.

Tyack, D./Tobin, W. (1994): The "Grammar" of Schooling: Why Has It Been So Hard to Change? American Educational Research Journal, 31(3), S. 453–479.

Weber, A. (2017): Sein und Teilen. Eine Praxis schöpferischer Existenz. Bielefeld.

Weber, P. (2011): Schüler fragen – Zur Beschreibung einer sprachlichen Handlung im Religionsunterricht. In: Lindner, H./Zimmermann, M. (Hrsg.): Schülerfragen im (Religions-)Unterricht. Ein notwendiger Bildungsauftrag heute?! Neukirchen-Vluyn, S. 89–109.

Zimmermann, M. (2011): Schülerfragenorientierte (Religions-)Didaktik – eine ernüchternde Bilanz. In: Lindner, H./Zimmermann, M. (Hrsg.): Schülerfragen im (Religions-)Unterricht. Ein notwendiger Bildungsauftrag heute?! Neukirchen-Vluyn, S. 157–181.

## Abbildungsverzeichnis

# 5. Philosophieren mit Kindern und Jugendlichen

## 5.1 Begründung und Ziele

Philosophieren mit Kindern, so der Fachterminus, der auch das Philosophieren mit älteren Kindern und Jugendlichen einschließt, korrespondiert in seinen freieren Formen mit einem stärkeren konstruktivistischen bzw. ko-konstruktivistischen Lernverständnis, das sich nicht an den engen Fachgrenzen der schulischen Fächer orientiert. Philosophieren mit Kindern und Jugendlichen kann als methodisch-geleitetes Nachdenkgespräch oder als „Nachdenken mit Kindern" (Schreier 1999) beschrieben werden. Es ist zudem eine Methode, die sich an den anthropologischen Ausgangsvoraussetzungen der Zielgruppe der Kinder orientiert und sich auf Philosophie oder Philosophiedidaktik bezieht. Bei der Umsetzung werden strukturierte oder weniger strukturierte Gesprächsformen eingesetzt. Was das Philosophieren mit Kindern spezifisch ausmacht, darüber besteht in der Wissenschaft keine Eindeutigkeit, vielmehr handelt es sich um einen vielschichtigen und komplexen Oberbegriff, der verschiedene Zugänge und Perspektiven umfasst und sich stärker an der Idee einer Gesprächsmethode oder an der Disziplin der Philosophie orientieren kann. Philosophieren mit Kindern im Unterricht findet häufig als ein Dialog statt, an dem mehrere Schüler*innen entweder untereinander oder gemeinsam mit der Lehrkraft beteiligt sind. Philosophieren mit Kindern bedeutet somit eine gemeinsame „Sinnkonstitution im Gespräch" (Michalik 2015, S. 179), eine Möglichkeit, „mit Kindern über Medien und über Menschen und (andere) Tiere" (May-Krämer/Michalik/Nießeler 2018) ins Gespräch zu kommen. Ein philosophisches Gespräch im Unterricht stellt kein Unterrichtsgespräch im eigentlichen Sinne dar, wie sie in Kompendien zur Unterrichtsmethodik von Hilbert Meyer (1987) charakterisiert werden, der Unterrichtsgespräche in darbietende, erarbeitende und entdecken-lassende einteilt. Auch wenn es erarbeitende und entdecken-lassende philosophische Unterrichtsgespräche gibt, so geht es doch je nach Position nicht darum, (lern) zielführende Gespräche über philosophische Inhalte zu führen, sondern es geht um die Ermöglichung (philosophischer) Lern- und Selbstbildungsprozesse. Im Hinblick auf die schulische und unterrichtliche Umsetzung eines Philosophierens mit Kindern findet in Bezug auf die Unterrichtsplanung und -gestaltung damit wahlweise eine stärkere Orientierung an kinderphilosophischen und philosophiedidaktischen Ansätzen oder an der handlungsleitenden Vorstellung statt, dass es sich um eine eigene Methode mit möglichst wenig fachwissenschaftlicher und fachdidaktischer Philosophie handelt.

Das Thema Philosophieren mit Kindern im Unterricht wird zum einen in Theorie und didaktischer Forschung im Hinblick auf die intentionale methodisch-didaktische Gestaltung des Unterrichts bearbeitet, die sich u.a. der Kompetenzerweiterung durch ein Philosophieren mit Kindern im Unterricht widmen. Zum anderen kann auf der Forschungsebene zu Kindern und zu Kindheit das Philosophieren auch als wichtiger Zugang zur Perspektive der Kinder (vgl. z.B. Billmann-Mahecha 1994, S. 155; Gansen 2005, S. 173ff.) einen Einsatz finden.

Neben einer Begründung, die auf einer prozessorientierten Kompetenzentwicklung aufbaut, die sich an sprachlichen wie an sozialen, personalen und methodischen Kompetenzen der Kinder orientiert, gibt es eine anthropologische Begründung dafür, warum gerade mit Kindern im Grundschulalter philosophiert werden soll. Autor*innen wie Ludwig Duncker (z.B. 2005; 2018) verweisen beim Philosophieren mit Kindern darauf, eine ästhetische Erfahrung anzubahnen und ein Staunen zu ermöglichen. Das Staunen und das (Hinter)Fragen stellt den Ursprung des Philosophierens selbst dar. Bildungstheoretische Begründungen wie diese knüpfen einerseits an ältere Diskurse einer geisteswissenschaftlich geprägten Erziehungswissenschaft an, andererseits an neuere der Neurowissenschaften und der Soziologie. Der Soziologe Hartmut Rosa benutzt etwa den Terminus der „Weltbeziehung durch Anverwandlung“, um darauf zu verweisen, dass sich die Lernenden eine Sache so zu eigen machen, dass sie von dieser existenziell berührt oder tendenziell von dieser verändert werden (vgl. Rosa/Endres 2016, S. 16).

> **!** **Was ist eigentlich gemeint?**
>
> Die theoretische und methodische Auseinandersetzung mit dem Philosophieren mit Kindern, die wiederum begrifflich vom Philosophieren für Kinder und der Kinderphilosophie in den Fachdiskursen abgegrenzt wird, stellt dabei ein eigenes Feld in den Fachdidaktiken (z.B. für die Sachunterrichtsdidaktik May-Krämer/Michalik/Nießeler 2023) und in der deutschsprachigen und in der internationalen Lehrkräfteausbildung dar, hier vor allem auch im anglo-amerikanischen und skandinavischen Raum (z.B. Anderson 2017). In der Literatur wird unterschieden zwischen *Philosophie* und *Philosophieren mit* Kindern und insbesondere im Hinblick auf ein Philosophieren *für* Kinder, über Kinder, *mit* Kindern oder *der* Kinder (z.B. Brüning 2015; Gansen 2010).

Es geht indes beim Philosophieren mit Kindern nicht darum, lediglich Philosophie mit jüngeren Menschen zu betreiben und das Gesprächsverhalten an ein jüngeres Gegenüber anzupassen. Philosophieren mit Kindern und Jugendlichen ist eine Möglichkeit, sich mit deren Fragen und grundsätzlich mit Fragen des Menschen, des Menschlichen und seiner Umwelt auseinanderzusetzen. Bereits Immanuel Kant (1724–1804) setzte sich in der Aufklärung theoretisch damit auseinander, wie Schüler*innen oder Kinder philosophieren lernen sollten, nämlich über eine „ethische Didaktik“ und nicht über die Philosophie an sich, um angeleitet das Philosophieren und damit kritisches Urteilen erlernen zu können (vgl. zur Vertiefung Meyer 2010). Philosophieren mit Kindern kann in der Disziplin der Philosophie dem Bereich der praktischen Philosophie zugerechnet werden und kann grundsätzlich innerhalb und außerhalb von pädagogischen Institutionen wie der Schule stattfinden (vgl. Ebers/Melchers 2006). Philosophische Dialoge zwischen Älteren/Lehrer*innen und Jüngeren/Schüler*innen gibt es seit Sokrates. Dem sokratischen Gespräch liegt der Ansatz der Mäeutik (Hebammenkunst) zugrunde: Im Dialog stellt der Wissende Fragen, um die Deutungs- und Urteilskompetenzen des Gegenübers sukzessive zu fördern und das Wissen in einem aktiven dialogischen Akt in die Welt zu bringen. Methoden eines freieren und kreativeren Philosophierens mit Kindern und Jugendlichen gehen aber weit über die dialogischen Formate hinaus und können nach Kristina Calvert (2008; 2011) nicht nur Gespräche sein, sondern auch lyrische Texte und Hypertexte, Begriffsmoleküle, Bilder und szenische Interpretationen. Erweiternd können auch andere Medien und Zugänge wie Märchen und Filme (z.B. die Brüder Löwenherz) oder Lieder (z.B. mein Freund der Baum ist tot) oder Bilderbücher und Kinder- und Jugendbücher (z.B. Frosch und Kröte, Das kleine Wir, Ente, Tod und Tulpe, Papa hat Krebs, Das Tagebuch der Anne Frank oder Eine wie Alaska) zum Anlass und Bezugspunkt philosophischer Gespräche im Unterricht werden. Lernen kann „im Raum von Phantasie und Erfahrung“ (Combe 2015, S. 51) stattfinden.

Gegenwärtig kommt in einzelnen Bundesländern das Philosophieren mit Kindern oder das Philosophieren in der Schule als ein reguläres Unterrichtsfach vor. Seit 2011 ist das Philosophieren mit Kindern etwa in Schleswig-Holstein und in Hamburg[19] ein eigenes Unterrichtsfach. Außerdem wird in einzelnen Bundesländern, wie in Mecklenburg-Vorpommern bereits seit 1989, Philosophie als Ersatzfach für Religion angeboten. Auch in anderen Bundesländern wie Baden-Württemberg, Nordrhein-Westfalen oder Hessen ist es möglich, in der Oberstufe Philosophie als Fach im gesellschaftswissenschaftlichen Fächerkanon zu wählen. In der Schweiz wird derzeit ebenfalls ab der ersten Klasse das ethische Lernen und damit einhergehend das Philosophieren mit Kindern curricular verankert.

Die Grundsatzfrage, *wie viel* und *welche* Philosophie zum Philosophieren mit Kindern gehört, wird in der Fachdidaktik und Erziehungswissenschaft jeweils unterschiedlich thematisiert und bearbeitet.[20] In den verschiedenen Fachdidaktiken der einzelnen Schulformen gibt es im Hinblick auf das Philosophieren mit Kindern eigene fachdidaktische Thematisierungen, gerade in Bezug auf den Umgang mit Kinderfragen, z.B. im Hinblick auf Sinnfragen und religiöse Themen im Kontext

19 In Hamburg gibt es an der Universität innerhalb der Lehrkräfteausbildung ebenfalls ein eigenes Modul zum Philosophieren mit Kindern, das curricular mit drei Seminaren in der Studien- und Prüfungsordnung verankert ist.

20 Vgl. z.B. De Boer 2015; May-Krämer/Michalik/Nießeler 2023; Michalik 2015.

der einzelnen Religionsdidaktiken (z.B. Freudenberger-Lötz 2007) sowie im Hinblick auf das Unterrichtsfach Ethik. Eine wichtige Thematisierung findet zudem im Hinblick auf das Fach Sachunterricht, das es nur in der Grundschule gibt, statt. In der Folge gibt es nicht eine einheitliche methodisch-didaktische Auseinandersetzung zum Philosophieren mit Kindern, sondern bezogen auf die jeweiligen Fachdidaktiken und Unterrichtsfächer verschiedene. So begründet etwa der Philosoph und Fachdidaktiker für Philosophiedidaktik Johannes Rohbeck (z.B. 2015) „Methoden des Philosophierens mit Kindern" damit, didaktisch einen gemeinsamen Denkraum zu gestalten, um zu einer geleiteten Hypothesenbildung und Überprüfung anzuregen, um dem Denken eine Richtung zu geben, methodisch durch gemeinsame Gedankenexperimente. In „Was wäre, wenn"-Gesprächen werden Begriffe gemeinsam untersucht, indem z.B. Cluster gebildet werden („Was gehört alles zu Glück, zu Freundschaft, zu Freiheit?"), ohne jedoch hier eine reine Vermittlungsdidaktik von philosophischen Inhalten zu betreiben und das Fach Philosophie mit der Fachdidaktik Philosophie gleichzusetzen (vgl. Rohbeck 2015). Philosophieren wird häufig mit der Begrifflichkeit „Liebe zur Weisheit" übersetzt, dies gilt dabei zunächst unabhängig vom Alter. Beim Philosophieren kann zwischen einer „exoterischen" und der „esoterischen Perspektive" unterschieden werden. Die erste Perspektive geht davon aus, dass jeder Mensch philosophieren kann und die Inhalte (auch in populärwissenschaftlicher Weise) allen zugänglich sind. Die „esoterische Perspektive" widmet sich stärker der spezifischen Auseinandersetzung und einem fundierten prozessorientierten Nachdenken über Glück, Tod und existentiellen Fragestellungen.[21] Ebers/Melchers (2006) verweisen in ihrem Buch „Praktisches Philosophieren mit Kindern – Konzepte, Methoden, Beispiele" darauf, dass die Philosophie zwar insgesamt zum Menschsein gehöre, aber insbesondere Kinder durch ihr kindliches Fragen eine besondere Nähe zur Philosophie aufweisen:

> „Philosophieren mit Kindern ist nichts den Kindern von außen Aufgedrängtes. Kinder leben in ursprünglicher Nähe zur Philosophie. Oder anders formuliert: Jeder Philosoph ist auch kindlich" (Ebers/Melchers 2006, S. 105).

Neben den klassischen eher philosophienahen Fächern wie Religion/Ethik, Deutsch oder Kunst gibt es auch in anderen Fächern die Möglichkeit, philosophische Sinn- und Reflexionsgespräche zu führen und dabei das „Bildungspotential ethischer Fragen" z.B. „für eine selbstreflexive Biologielehrerbildung" (Dittmer 2015) nutzbar zu machen. Ein Philosophieren mit Kindern im Unterricht bezieht sich sowohl auf die Schüler*innen als auch auf die Lehrer*innen und ihre eigenen

21 Philosophie als Philosophieren ist stets mehr als ein Wissen über Philosophiegeschichte und wichtige Denker, in Bezug auf Kinder in der modifizierten und abgeschwächten Form als „Kinderphilosophie" im Gegensatz zur „Seniorenphilosophie", sondern es ist mit Bezug auf Kant „Liebe" und „Streben nach Weisheit", um ein Ergründen und Begründen und das (Weiter)entwickeln einer „philosophischen Haltung" (Ebers/Melchers 2006, S. 104ff.).

Einstellungen, Haltungen und Orientierungen. Philosophieren mit Kindern stellt nicht eine singuläre Methode dar, sondern berührt übergreifend Fragen nach der Beziehungsgestaltung zwischen Lehrer*innen und Schüler*innen und der Offenheit für Lern- und Bildungsprozesse, die nur partiell planbar sind. Ausgehend von der theoretischen Verortung und dem eigenen Grundverständnis eines Philosophierens mit Kindern werden seitens der Lehrer*innen auf der Handlungsebene unterschiedliche Methoden für das Philosophieren (z.B. Koring 2003) mit Kindern für relevant erachtet und diese auch in der Aus- und Fortbildung im Rahmen der eigenen Professionalisierungsprozesse unterschiedlich nachgefragt. Petra Bleisch und Sophia Bietenhard haben sich in ihrer Forschung mit Lehrer*innen beschäftigt, die das Fach Religion unterrichten, und danach gefragt, inwieweit deren Unterrichtshandlungen, didaktische Aspekte und berufsbiografische Bezüge beim Philosophieren mit Kindern miteinander korrespondieren. Bezugnehmend auf diese Forschung hängt es deutlich von der jeweiligen Lehrperson bzw. ihren handlungsleitenden Überzeugungen ab, ob und wie sie ein freies Gespräch mit Schüler*innen, das an „die Erzählung einer Geschichte oder Fragen der Schüler_innen anknüpft" (Bleisch/Bietenhard 2018, S. 31), als eine wichtige Methode des eigenen Unterrichts erachtet und einsetzt. Bedeutsam ist v.a., dass die Lehrer*in beim Philosophieren mit Kindern eine andere Rolle einnimmt als beim sonstigen Fachunterricht. Studien zeigten, dass sich bei der Lehrkraft beim Philosophieren mit Kindern die Sprache und die Interaktionshaltung verändern, was innerhalb der Unterrichts- und Lehrer*innenbildungsforschung thematisiert wird. Auch wenn einzelne Lehrer*innen regelmäßige Zeiten für das Philosophieren mit Kindern vorsehen, bleibt dies im Schul- und Unterrichtsalltag die Ausnahme. Das Philosophieren mit Kindern erfährt in der Schule häufig durch eine ökonomische Denkweise, die primär eine stringent strukturierte Stoffvermittlung und Outputorientierung favorisiert, seine Grenzen. Das Philosophieren mit Kindern hingegen ist auf eine Entschleunigung sowie auf Prozesse der Resonanz (vgl. Rosa/Endres 2016) hin angelegt und kann der Resilienzförderung der Kinder dienen.

## 5.2 Zwischen Reformpädagogik und Philosophie – zwischen Fachunterricht und Unterrichtsprinzip

Innerhalb der Fachdiskurse (z.B. Duncker/Uhlig 2018; Michalik 2015) gibt es unterschiedliche Vorstellungen. So kann von einem stärkeren oder schwächeren Bezug auf die Philosophie(didaktik), vom Philosophieren als einem fächerübergreifenden oder fachbezogenen Unterrichtsprinzip sowie einer Unterrichtsmethode und einer pädagogischen Haltung ausgegangen werden. Philosophieren lässt sich dabei als ein Einüben ins Denken und Nachdenken und darüber hinaus als eine „denkende Erfahrung" beschreiben.

Philosophieren mit Kindern mit der Geschichte der Philosophie und aus einer fachdidaktischen Perspektive zu begründen, die sich auf das Fach Philosophie als Ausgangspunkt bezieht, und damit den Blickwinkel einer Philosophiedidaktik mit der Zielgruppe der Kinder einzunehmen, greift zu kurz. Es geht beim Philosophieren mit Kindern nicht (allein) um die Disziplin der Philosophie oder Philosophiedidaktik an sich. Vielmehr geht es aus einer anthropologischen Perspektive übergreifend um die Frage, warum Kinder philosophieren wollen und mit welchen (Sinn)Fragen Kinder und Jugendliche beschäftigt sind. Philosophieren mit Kindern kann als ein dialogisches Gespräch mit Kindern über philosophische Themen und als gemeinsame „Nachdenkgespräche“, die sich beispielsweise in der Grundschule im Fach Sachunterricht beim vielperspektivischen Sachunterricht verorten lassen, charakterisiert werden. „Philosophisches Nachdenken mit Kindern im Grundschulalter“ bezieht sich darauf, die Welt ‚frag-würdig‘ zu machen (vgl. Hering 2004). Das Philosophieren mit Kindern, das in der Grundschule häufig in Kreisgesprächen stattfindet, kann sowohl als ein fächerübergreifendes Prinzip als auch als eine stufendidaktische Methode eingeordnet werden, die in einer reformpädagogischen Tradition stehen und an bildungstheoretische Überlegungen anschließen. Eine solche Argumentation der Grundschulpädagogik und -didaktik geht zurück auf die pädagogische Epoche der Reformpädagogik und deren Schulversuche und Schulgründungen (z.B. Waldorfschulen, Landerziehungsheime). Im Rahmen verschiedener reformpädagogischer Konzeptionen wurden (philosophische) Gespräche z.B. bei Minna Specht und Leonhard Nelson (Landerziehungsheimbewegung) und Peter Petersen (Kleiner Jenaplan) mit Schüler*innen für relevant erachtet. Hier ist insbesondere Berthold Otto (vgl. Kap. 2 und 4) anzuführen, der vom „natürlichen Erkenntnistrieb der Kinder“ und der „erkenntnisfördernden Wirkung“ (Otto 1908) von Kinderfragen ausging, die von ihm und Johannes Kretschmann in ihren Schulen im Rahmen altersübergreifender Tischgespräche und im Kontext eines Gesamtunterrichts, der sich nicht an Fachgrenzen orientiert, bearbeitet wurden. Weiterhin ist hier die „sokratische Methode“ im Unterrichtsgespräch und der „Weg des Selbstdenkens“ von Martin Wagenschein (z.B. 2003) zu nennen, der als Didaktiker und Naturwissenschaftler u.a. als Lehrer an der (reformpädagogischen) Odenwaldschule gearbeitet hat und den exemplarisch-genetisch-sokratischen Sachunterricht prägte. Auch der Reformpädagoge Fritz Gansberg setzte sich mit den „wunderlichen Fragen der Kinder“ auseinander und kann als „Vordenker der Kinderphilosophie“ (Enders 2003) gesehen werden. Das reformpädagogische Motiv einer Orientierung am Kind ist insbesondere prägend für die Theoriediskussionen in der Grundschuldidaktik und Sachunterrichtsdidaktik beim Philosophieren mit Kindern.

Auch wenn es in Deutschland bereits zu Beginn des 20. Jahrhunderts mit der Reformpädagogik eine pädagogische Hinwendung zum Kind respektive ein Interesse am kindlichen Ausdruck und dem kindlichen (philosophischen) Fragen gab, fand der spezifische Ansatz eines Philosophierens mit Kindern erst wieder über die US-amerikanische Auseinandersetzung in den 1970er/1980ern seinen Einzug in Deutschland. In den 1970er Jahren haben sich die amerikanischen Philosophen Gareth Matthews und Matthew Lipman beide mit dem Philosophieren mit Kindern beschäftigt und unterschiedliche methodische Vorgehensweisen für das Philosophieren mit Kindern entwickelt. Über die Rezeption ihrer Werke v.a. auch über Eckehard Martens (vgl. z.B. Martens 1999), der über viele Jahrzehnte als Professor für Didaktik der Philosophie und Alten Sprachen an der Universität Hamburg lehrte, wurde in der Folge der Ansatz nach Deutschland gebracht. Die beiden Philosophieprofessoren Matthews und Lipman stehen sich dabei mit ihren Ansätzen diametral gegenüber. Zumindest wird dies in der einschlägigen Rezeption mit stärkerem Blick auf die Unterschiede als auf die Gemeinsamkeiten hin so dargestellt, wenn zwischen einer Philosophie oder einem Philosophieren *für* Kinder und einem Philosophieren *mit* Kindern differenziert wird. Gareth Matthews Ansatz (z.B. 1989; 1991), der im Vergleich zu Lipmans (z.B. 2003) als ein offener charakterisiert werden kann, steht hierbei für die Richtung des Philosophierens *mit* Kindern, im Englischen als Philosophy with Children (kurz: PWC) bezeichnet. Auf der methodischen Ebene des Philosophierens mit Kindern, das im Unterricht primär in der Form philosophischer Gespräche mit Kindern stattfindet, kann in direkter Weise an den Fragen der Kinder angesetzt werden. Oder es ergeben sich Gespräche im Anschluss an geeignete Geschichten, die in der Regel ergebnisoffen sind, das heißt, offen im Hinblick auf ihren Ausgang, und damit zum gemeinsamen Nachdenken einladen wollen. Matthews regt ebenfalls dazu an, die Kinder selbst eigene Geschichten schreiben zu lassen. Kinderfragen und Geschichten werden damit beide als wichtige Impulse für das Entstehen philosophischer Gespräche mit Kindern angesehen, die im Sinne Matthews als symmetrische Gespräche ‚auf Augenhöhe' stattfinden sollen. Das dahinterliegende Kindbild ist handlungsleitend für die Gestaltung philosophischer Gespräche mit Kindern: Matthews sieht die Kinder als mit natürlichen Fähigkeiten des Nachfragens ausgestattet und als intrinsisch motiviert mit einer großen Offenheit für gemeinsame sinnsuchende Gespräche. Damit einhergehend verändert sich die Lehrer*innenrolle beim Philosophieren mit Kindern. Die Lehrkraft nimmt sich in der eigenen Rolle zurück und wirkt stärker moderierend.

Matthew Lipman, Zeitgenosse von Gareth Matthews und Schüler von John Dewey (siehe Kap. 4), vertritt indes den gegensätzlichen Ansatz dazu als Philosophy *for* children, im Englischen häufig abgekürzt als P4C und ins Deutsche übersetzt als ein Philosophieren *für* Kinder (z.B. Lipman 2003). Lipman, der Anfang der 1970er Jahre ein eigenes Institut in New Jersey gründete, war es zudem bereits Ende der 1960er Jahre gelungen, das Philosophieren als ein eigenes Fach zu etablieren und institutionell zu verankern. Im Mittelpunkt des P4C von Lipman steht ein philosophischer Lerngang bzw. ein an festgelegten Strukturen orientiertes Sprechen über

Sinnfragen, das lehrgangszentriert und lehrer*innenzentriert ist und eine asymmetrische Gesprächsform zwischen der Gesprächsleitung und den Kindern beinhaltet. Sein Ansatz wird damit in Abgrenzung zu Matthews als ein stärker instruktionalistischer angesehen. Philosophieren *für* Kinder wird bei Lipman vermehrt in einer kompetenzorientierten Ausrichtung, auch wenn diese Terminologie damals nicht gewählt wurde, als zu erlernende und sukzessiv weiter zu entwickelnde Fähigkeit angesehen. Es geht eher um eine extrinsische als um eine intrinsische Motivation des Kindes. Lipman selbst verfasste auf der methodisch-didaktischen Ebene geeignete Geschichten für seine Lehrgänge, um die Fähigkeiten des Philosophierens bei Kindern methodisch geleitet auszubilden. Bei ihm werden aber auch Kinderfragen von der Lehrkraft didaktisch aufbereitet und genutzt. Dabei werden vorab klare Lernziele definiert. Lipman verfasste zudem ein grundlegendes Curriculum für das Philosophieren für Kinder, damit es nicht zu beliebig und zu offen wird. Dazu erstellte er geeignete Materialien, die dialogisch aufgebaut sind und sich auf philosophische Themen beziehen. Angestrebt wird letztlich das Einüben in die formale Logik, in kognitiv ausgerichtete Begründungs- und Argumentationstechniken.

! **Community of Inquiry**

Das philosophische Gespräch in der Klasse mit der Methode des „Community of Philosophical Inquiry" lässt sich damit als eine strukturierte Form des philosophischen Gesprächs verstehen, dessen gemeinsamer Erkenntnisprozess in der Form des Befragens als Erkunden und Erforschen („Inquiry") von der Lehrkraft geleitet wird. Jeder Gesprächsbeitrag wird nach Aufforderung der Lehrkraft dann beispielsweise mit einem feststehenden Satzanfang eingeleitet wie: „Ich bin einverstanden mit.../nicht einverstanden mit...". Dabei wird strukturiert nach Beispielen und Erläuterungen gefragt. Dieser Ansatz wird in den letzten Jahren auch im Kontext des inklusiven Unterrichts (inter)national thematisiert, da er auf das hohe Potenzial des Philosophierens mit Kindern als „joint meaning making" verweist. „Joint meaning making" bedeutet, dass Kinder beim gemeinsamen Philosophieren in einem ko-konstruktivistischen Lernverständnis gemeinsam Bedeutung herstellen (z.B. De Boer 2018; Brass/De Boer 2018). Die Offenheit, die bei Lipman als fehlend erachtet wird, wird bei Matthews Ansatz als zu groß erachtet. Er erfährt in der wissenschaftlichen Rezeption partiell eine negative Kritik und wird als zu beliebig charakterisiert, während an Lipman die Kritik der Verschulung geäußert wird. Für Lipman stehen Lernziele am Anfang bzw. am Ende der philosophischen Gespräche, die das Denken als „Community of Inquiry" schulen sollen in einer vertrauensvollen und doch stark didaktisierten Atmosphäre. Der hier von Lipman benutzte Terminus „Community of Inquiry" (COL) geht ebenfalls auf den reformpädagogischen Vertreter John Dewey zurück.

Beide Ansätze, der von Matthews und der von Lipman, werden seit den 1970er und 1980er Jahren, vor allem auch im anglo-amerikanischen Sprachraum, weiter tradiert und modifiziert. Im Falle von Matthew Lipman beispielsweise über seinen Schüler Thomas Jackson von der University of Hawaii und über die Zusammenarbeit mit Ann Margaret Sharp in den USA im Hinblick auf die Weiterentwicklung der Methoden der „philosophical inquiry" (vgl. Oyler 2016). Während dem Begründer Lipman nachgesagt wird, dass seine Didaktik zu instruktionistisch sei, sieht sein Schüler Thomas Jackson im gemeinsamen Philosophieren eher eine Gesprächsform, die sich mit dem Adjektiv „gentle" (sanftmütig, leise, sachte) beschreiben lässt im Gegensatz zu „instructional", also befehlsmäßig (vgl. z.B. Jackson/Taketo/Emel/Reed-Sandoval/Biswas/Weidtmann/Heiser/Saal 2017).

Dass das Philosophieren mit Kindern im regulären Unterricht und als extracurriculare Aktivität wichtig ist, wird neben vielen einschlägigen didaktischen Veröffentlichungen[22] sowie auf der bildungspolitischen Ebene thematisiert. Seit über 20 Jahren erkennt die United Nations Educational, Scientific and Cultural Organization (z.B. UNESCO 1998; 2018) das Philosophieren mit Kindern als bedeutend an, was deren Wichtigkeit national und international unterstreicht. Es geht beim Philosophieren mit Kindern zwar mit Bezug auf den genannten Lipman u.a. (z.B. 1988; 2003) um die Idee der Vermittlung, um eine „Denkschulung", bei der „Denkfertigkeiten wie logische Schlussfiguren, Beweisverläufe, Begriffsanalyse, Verallgemeinerungen, Ableitungen vom Allgemeinen zum Besonderen und umgekehrt etc." (Ebers/Melchers 2006, S. 51) geschult werden. Es geht aber auch um ein ideengeschichtliches Anknüpfen an die Idee der Philosophie als Lebenskunst (vgl. z.B. Ernst 2016). Philosophie als Lebenskunst steht in der seit der Antike bestehenden philosophischen Linie, die bei Aristoteles, Platon und Epikur beginnt und nach der Bedeutung der Philosophie für das gute und gelingende Leben fragt und bei dieser Suchbewegung der Philosophie und der philosophischen Haltung eine zentrale Rolle zuweist. Mit Kindern und Jugendlichen können beispielweise Sprichwörter („Ende gut, alles gut") oder das Kölsche Grundgesetz und andere tradierte Lebensweisheiten auf ihren philosophischen Gehalt hin befragt werden oder Auszüge aus Schriften wie Platons Laches (vgl. Ausgabe 1975) gelesen werden.

**KÖLSCHES ‚GRUNDGESETZ':**

Et es wie et es.
Et kütt wie et kütt.
Et hätt noch immer jot jejange.
Wat fott es es fott.

22 Insbesondere sind hier die Arbeiten von Duncker/Nießeler 2005; Hößle/Michalik 2005; Kümin/Mathis/Schellenberg 2023; Martens/Schreier 1994; May-Krämer/Michalik/Nießeler 2023 zu nennen.

## 5.3 Methodische Ansätze im Kontext einer demokratiegemäßen Pädagogik

Wenngleich es in der Reformpädagogik viele Vertreter*innen gab, die sich in ihren Konzeptionen (auch) philosophisch ausrichteten, so ist in Deutschland doch erst in den 1970er Jahren ausgehend von US-amerikanischen Vertretern die Idee des Philosophierens mit Kindern systematisch aufgegriffen worden. Sie wird in den letzten Jahrzehnten seit den 1990er und 2000er Jahren vermehrt wissenschaftlich und bildungspolitisch aufgegriffen, was sich deutlich an der Implementierung der Thematik in die Bildungspläne auf Bundesländerebene und an Pilotversuchen einzelner Schulen (z.B. mit der Einführung des Unterrichtsfaches Glück) ablesen lässt. Dies korrespondiert mit dem allgemeinen gesellschaftlichen Trend einer Sinnsuche, der zeitlosen Frage nach dem gelingenden Leben – im Englischen auch „purpose“ als Suche nach dem tieferen (Lebens)Sinn, dem Finden der eigenen Aufgabe benannt – dem Wunsch nach Achtsamkeit und Bewusstheit (awareness) und den immer komplexer werdenden Anforderungen eines individuellen und kollektiven Lebens in einer zukunftsoffenen und ungewissen Gesellschaft. Diese (Zukunfts)Offenheit im Hinblick auf neue und veränderte Lebens-, Wohn- und Arbeitsformen, die sich nicht nur in Bezug auf die Digitalisierung, sondern auch gerade in Folge der kollektiven Pandemieerfahrung durch die Corona-Krise zeigt, weder zu negieren noch zu dramatisieren, vielmehr als Gestaltungsaufgabe zu sehen, braucht im schulischen Kontext gerade auf der Ebene der Methodik und Didaktik entsprechende kreative Formen und (Denk)Räume im Unterricht.

Das Philosophieren mit Kindern im Unterricht kann neben einer bildungstheoretischen Begründung, die sich zudem an den gesellschaftlichen „Schlüsselproblemen“ (vgl. auch Klafki 1985/2007) orientiert, auch mit der Vielfalt der Lebenswelten begründet werden. Frey (2017) sieht hier das Potenzial,

> „die sehr heterogenen Kinderwelten aufzugreifen. Kinder – mit ihren Vorstellungen von der Welt, dem Ich und dem Zwischendrin – müssen die Möglichkeit erhalten, ihre Sicht auf die Dinge mitteilen und mit anderen darüber in einen Dialog treten zu können. Mit der richtigen Unterstützung werden ihre Argumente immer logischer strukturiert, sie lernen ihren eigenen Standpunkt präzise und fair zu vertreten und dem Gegenüber ebenfalls Gehör zu schenken“ (S. 253).

Zur Demokratie als Gesellschaftsform gehört maßgeblich, die eigene Position und Haltung diskursiv auszudrücken. Demokratie ist damit die politische Form, bei der Fragen gestellt werden und Antworten nicht einfach gegeben werden (vgl. Schalenberg 2020). Philosophieren mit Kindern übt somit demokratisches Denken und Handeln methodisch ein. Es kann, wie internationale Ergebnisse im Kontext einer Forschung zu demokratiegemäßer Pädagogik und zum sozialen Lernen zeigen, zu einer Abnahme rassistischer Stereotype und zu einer größeren Offenheit gegenüber Anderen und Fremden beitragen und kann damit als eine

Methode der aktiven Demokratie verstanden werden (vgl. Conrad/Mathis/Cassidy 2018).

Die Geschichte des philosophischen Gespräches und des Philosophierens ist zwar einerseits eine lange, da sie auf antike Vertreter wie Aristoteles und Sokrates zurückgeht, im Hinblick auf die Idee der Demokratie andererseits eine kurze: War damals die Philosophie nur für höhere Bildungsschichten bestimmt und damit für Auserwählte, richtet sich spätestens seit den 70er Jahren des 20. Jahrhunderts die Idee des Philosophierens und der philosophischen Gespräche ‚an alle'. Die Wege und Ansätze im Hinblick auf Schule und Unterricht sind indes sehr verschieden, auf der theoretischen, bildungspolitischen und curricularen Ebene. Nicht nur im Hinblick auf Schule und Unterricht, sondern auch im Bereich der Frühpädagogik bzw. Kindheitspädagogik im vorschulischen Bereich wird der Ansatz des Philosophierens mit Kindern als wichtig erachtet und in den Bildungsplänen des Elementarbereichs thematisiert. Ebenfalls gibt es an der Theorie-Praxis-Schnittstelle sowie in Bezug auf den Übergang vom Elementar- zum Primarbereich beim Philosophieren mit Kindern eine ausgewiesene Auseinandersetzung mit theoretischen Grundlagen, Methoden und Anregungen für die schulische Praxis (vgl. Brüning 2010) und den „Anfangsunterricht" in der Grundschule in Klasse 1 und 2, der methodisch u.a. an (philosophische) Kreisgespräche aus dem Kindergarten anknüpft. Insbesondere Kinderfragen (Warum ist der Himmel blau? Warum hat man einen Namen?) eignen sich als Ausgangspunkt eines philosophischen Kreisgespräches in der Schule (vgl. Seifert 2023a) und für den Einsatz in didaktischen Veranstaltungen der Lehrer*innenbildung, insbesondere im Kontext schulpraktischer Studien an der Schnittstelle von Theorie, Praxis und Empirie (z.B. May-Krämer/Must/Seifert 2023).

Gerade im Sachunterricht, der sich als inklusiv versteht im Hinblick auf die Berücksichtigung verschiedener Heterogenitätsdimensionen wie Armut, Geschlecht, Beeinträchtigung/Behinderung (vgl. Kap. 7), eignet sich das Philosophieren mit Kindern und Jugendlichen beispielsweise im Hinblick auf Präventionsarbeit von Rechtspopulismus (vgl. Seifert 2023b). Es geht fachbezogen zum einen um ein intentionales „politisches Philosophieren mit Kindern" (Seifert 2022), zum anderen um ein Demokratie lernen im Hinblick darauf, die eigene Meinung auszudrücken und andere Meinungen anzuhören und gemeinsam Bedeutungen zu konstruieren. Es fokussiert die für die Demokratie als Gesellschaftsform notwendige Voraussetzung der Partizipation durch Kommunikation und Offenheit für andere Meinungen. Philosophieren mit Kindern eignet sich nach Martens (1999) dazu, durch Techniken und Methoden der Begriffsbildung Dialogkompetenzen, Deutungskompetenzen und Urteilskompetenzen zu entwickeln (vgl. Martens 1999, S. 59f.). Das Philosophieren mit Kindern im schulischen Kontext dient dazu, sich verbal und nonverbal ausdrücken zu können und demokratisch zu partizipieren, indem Meinungen, Haltungen etc. sichtbar werden und ausgetauscht werden können sowie Gedanken, Lösungen und Ideen auch im Hinblick auf offene, kritische und komplexe (Lebens)Fragen gemeinsam konstruiert und bearbeitet werden können. Relevante Fragen der Gegenwart und Zukunft beziehen sich auch auf Grundbegriffe der Philosophie wie Gerechtigkeit, Glück oder Frieden.

Die vielfältigen Methoden für das Philosophieren mit Kindern können mit Eckehard Martens und nach Brüning (2013; 2014) unterteilt werden in:

- phänomenologische mit dem Schwerpunkt auf Beobachten, Fühlen, Wahrnehmen,
- hermeneutische mit dem Schwerpunkt der Texterschließung, des Verstehens und der Deutung,
- analytische mit dem Schwerpunkt auf Begriffsklärung und Argumentation,
- dialektische mit dem Anknüpfen an lebensweltliche Themen und dem Ansatz der sokratischen Gesprächsmethode,
- spekulative Denkmethoden z.B. Gedankenspiele/-experimente.

Martens (z.B. 2009) verweist in seinen Arbeiten darauf, dass die Methoden sich ergänzen, aufeinander aufbauen und variiert werden können und benutzt das Bild einer „Methodenschlange der Erkenntnis“. Doch selbst bei einer Hinwendung zu mehr kreativen und ganzheitlicheren Methoden beim Philosophieren mit Kindern, bleiben die Spannungsfelder unterrichtlichen Handelns gerade auch in der Grundschule mit ihrem Anspruch, eine ‚Schule für alle‘ und eine ‚Kinderschule‘ zu sein, erhalten. „Das Dilemma der Leistungsbewertung in der inklusiven Grundschule“ (Seifert/Müller-Zastrau 2014) ist nur eines, wenn auch eines der wichtigen, im Kontext des Philosophierens mit Kindern. Philosophieren mit Kindern in der Schule findet stets in Spannungsfeldern statt, deutlich aufzeigbar v.a. im Hinblick auf das didaktische Arrangement. Das Stellen und Beantworten von Lehrer*innen-Fragen und Schüler*innen-Fragen findet bei allem Anspruch auf eine konstruktive und wertschätzende Gesprächskultur in der Sozialform Kreis, die auf ein egalitäres Verhältnis der Sprechenden abzielt, stets innerhalb eines inhärenten Machtverhältnisses zwischen Lehrer*in und Schüler*innen und eines klaren raum-zeitlichen Kontextes statt. Zudem findet sich explizit und implizit eine Unterscheidung von (schulisch erwünschten) Schüler*innenfragen und -antworten und (spontanen, ungeplanten, irritierenden) Kinderfragen und -antworten („die Frage/die Antwort passt nicht“, „das ist keine gute Frage“), die integriert und bearbeitet oder umgekehrt nicht bearbeitet werden (vgl. Kap. 2).

Die Rolle der Lehrkraft kann beim Philosophieren mit Kindern in den verschiedenen Gesprächsformen im Lenkungsgrad und im Hinblick auf die Teilnahme am Gespräch deutlich variieren. Philosophieren mit Kindern findet in den Schulen neben anderen Gesprächsformen wie dem Zwiegespräch und Gesprächen in

Kleingruppen ohne Lehrkraft meist im Kreisgespräch als einer wichtigen stufendidaktischen Methode in der Primarstufe (vgl. Seifert 2010) statt. Gerade die sokratische Methode beim Philosophieren mit Kindern findet häufig einen Einsatz. Ein sokratisches Gespräch (vgl. Kap. 2) kann zu einer bestimmten philosophischen Frage oder Thematik durchgeführt werden und im Anschluss an oder mit Bezug auf ein bestimmtes Medium wie ein Bild, ein Gedicht, eine Geschichte, ein Bilderbuch oder eine erstellte Collage, die hier als Gesprächsanlass für das philosophisches Gespräch dienen können. Methodisch gibt es beim Philosophieren mit Kindern im Unterricht unterschiedliche Methoden, zu denen offenere und geschlossene gehören, die letztlich auch von der jeweiligen Vorstellung des Philosophierens mit Kindern abhängen. Geschlossen ist ein Philosophieren mit Kindern, das sich stärker daran orientiert, den Schüler*innen Erkenntnisse und Einsichten zu vermitteln, z.B. als Orientierungswissen durch Kategorisierungen oder Strukturierungen des Wissens (vgl. Ebers/Melchers 2006, S. 114f.). Offener ist ein Philosophieren, das die Erkenntnisse mit anderen entwickeln und weiterentwickeln möchte.

Das Philosophieren mit Kindern intendiert ebenfalls die Schulung von Empathie, das Einüben einer Perspektivübernahme, das sich Eindenken-Können in Andere und das kreative ‚Um-die-Ecke-Denken'. Hier eignen sich für die Arbeit mit jüngeren und älteren Schüler*innen insbesondere Techniken wie das Gedankenexperiment (z.B. Freese 1995).

### Gedankenexperimente „Was wäre, wenn...

... es keine Computer mehr gäbe?"
... ein bedingungsloses Grundeinkommen für alle vorhanden wäre?"
... wenn Roboter unterrichten würden?"
... wenn alle 150 Jahre alt werden würden?"
... wenn es immer Sommer wäre?"
... wenn eine extremistische Partei an der Regierung wäre?"

Praktisches Philosophieren mit Kindern lässt sich methodisch als „staunend fragen", als „kritisch denken" und als „Dialoge führen" (vgl. Ebers/Melchers 2006, S. 102–122) umsetzen. Daneben gibt es weitere handlungsorientierte und ästhetische Ansätze, die mit unterschiedlichen Stimuli und stärkerem Bezug auf das ästhetische Lernen in kreativer Weise mit Kindern philosophieren, z.B. als philosophisches Theater oder theatrales Philosophieren. Formen des theatralen Philosophierens (vgl. z.B. Gefert 2010) beziehen sich auf den körperlichen Ausdruck und können gerade auch im inklusiven Unterricht mit und ohne weitere Medien eingesetzt werden: Benjamin Benthaus (2018, S. 307) unterscheidet mit Bezug auf die Einteilung von Brüning (2003) bei der Auffächerung einsetzbarer Medien zwischen

a) symbolisch-verbalen Medien, zu denen diskursive Medien wie (Ganz)Schiften, Romane, Texte, Essays und Dialoge zählen sowie präsentative Medien wie Märchen, Gedichte, Gleichnisse, Fabeln, Parabeln, Aphorismen und
b) visuellen Medien. Zu diesen gehören als gegenständliche Medien Filme, Fotos und Gemälde sowie als ungegenständliche Medien Begriffsnetze sowie Cluster und Skizzen zur Strukturierung.

Zu den Methoden und zu methodischen Anregungen ist in den letzten 20 Jahren sowohl mit Bezug auf das Philosophieren in der Grundschule als auch auf das Philosophieren in der Sekundarstufe (z.B. Brüning 2010; 2015) intensiv gearbeitet worden. Philosophieren mit Kindern findet im Unterricht indes zumeist im Gespräch statt. Ein philosophisches Gespräch kann an fertigen Unterrichtsideen, an Fragen aus Lehrwerken und didaktischen Quellen oder an den freien Fragen und (selbst-hergestellten) Objekten der Kinder ansetzen. Das Philosophieren mit Kindern im Kreis ähnelt methodisch den Gruppendiskussionen mit Kindern (vgl. Heinzel 2012). Die konkreten Gesprächsstrukturen in einem philosophischen Kreisgespräch variieren: Philosophieren kann mit einer größeren Steuerung bzw. Intervention der Lehrkraft darauf abzielen, dass unterschiedliche Lesarten eines Begriffes einander gegenübergestellt werden, um diese analytisch aufeinander zu beziehen:

### Nachdenken über Begriffe

Was ist Frieden? Ist Frieden das Gegenteil von Krieg?
Was ist Gesundheit? Ist Gesundheit das Gegenteil von Krankheit?
Was ist fremd? Ist es das Gegenteil von vertraut?
Was ist Heimweh? Wo befindet sich Heimat? Ist dies an geografische Orte gekoppelt?

Im Gegensatz dazu könnte es aber auch zu einem Aneinanderreihen oder Nebeneinanderstellen der Beiträge zu einer spezifischen Thematik kommen, mit wenig Moderation oder Kommentierung durch die Lehrkraft oder gar einem Verzicht auf Moderation.

Bei bzw. vor der Umsetzung des philosophischen Gesprächs im Unterricht ist mit den Schüler*innen zudem gemeinsam zu klären, welche Gesprächsregeln gelten und welche Strukturierung des Gesprächs in Bezug auf die Eröffnung, die Gesprächsdurchführung und die Beendigung des Gespräches es geben wird. Es gilt festzulegen, wer, wann, wie spricht und wie das Gespräch abgerundet wird, beispielsweise, ob die zentralen Punkte des philosophischen Gespräches noch einmal abschließend zusammengefasst werden als Fazit oder als Ausblick auf die weitere Arbeit.

Philosophieren mit Kindern lässt sich als ein philosophisches Kreisgespräch im Plenumsunterricht in rein mündlicher Weise oder mit anderen Methoden und Sozialformen umsetzen. Beispielsweise in philosophischen Zwiegesprächen im Tandem, als philosophische Schüler*innengespräche in Kleingruppen, in der Beschäftigung mit unterschiedlichen Materialien wie Bildern, Filmen, Gedichten, Geschichten und mit musik-, tanz- und theaterpädagogischen Methoden in Form von Einzel-, Partner*innen- oder Gruppenarbeit. Es handelt sich sowohl um einen didaktischen Ausgangspunkt als auch Bezugspunkt für den philosophischen Prozess. Die gewählte Methode ist dabei stets abhängig von der Zielgruppe und dem philosophischen Gegenstand oder Thema. Gerade wenn eine Frage einen persönlichen oder existentiellen Bezug aufweist oder aufweisen kann, eignet sich ein Zwiegespräch zwischen zwei Kindern oder einer selbst gewählten Kleingruppe, um sich persönlich äußern zu können. Schwierig ist im unterrichtlichen Kontext grundsätzlich das Bewerten, denn die Allokationsfunktion von Schule steht der Idee eines offenen Philosophierens entgegen. Offen ist die Frage danach, wie und was beim Philosophieren mit Kindern im Kontext der Leistungsbeurteilung bewertet werden kann. Bewertet man kommunikative Fähigkeiten als sprachliche Kompetenz, bewertet man als Lehrkraft stets auch die soziale Herkunft und die Bildungssprache. Leistungsstarke Schüler*innen bzw. Schüler*innen, die sich bildungssprachlich besser artikulieren können, haben (erneut) einen Vorteil. Bezieht sich das Philosophieren mit Kindern nicht ausschließlich auf kognitiv-aktivierende Methoden, sondern als ein ästhetisches Lernen respektive eine ästhetische Bildung (vgl. Duncker 2018) im Sinne eines phänomenologischen Philosophierens auf die Perspektive der Leiblichkeit, so können beim Philosophieren mit Kindern im Kontext des gemeinsamen oder inklusiven Unterrichts prinzipiell alle Kinder partizipieren (z.B. Kümin/Mathis/Schellenberg 2023). Das gemeinsame Bearbeiten von Fragen im philosophischen Gespräch kann zudem interkulturelle Kompetenzen fördern, indem andere (sprachliche) Erfahrungen einbezogen, thematisiert und gedeutet werden können (Was sagst Du zu Liebe/Freiheit/Frieden?).

### Arbeitsaufgaben

1. Beim Philosophieren mit Kindern in der Schule werden der Leistungsgedanke und die Lernzielorientierung zunächst ausgeblendet und die Lehrkraft moderiert nur, greift aber nicht direktiv ein. Es geht um ein offenes Gespräch, das dialogisch-narrativ angelegt ist. Diskutieren Sie mögliche Schwierigkeiten.

2. Wo sehen Sie Vorteile, wo Nachteile bei einzelnen Ansätzen, wie dem Ansatz des Philosophierens mit Kindern nach Gareth Matthews, bei dem die intrinsische Motivation der Kinder und das Anknüpfen an die Fragen der Kinder im Mittelpunkt des Dialoges mit den Kindern stehen können?

## Literaturverzeichnis


Anderson, B. (2017): Philosophy for Children. Theories and praxis in teacher education. New York.

Benthaus, B. (2018): Dialektisches Denken von Kindern. Theoretische und empirische Studien zu philosophischer Bildung im Grundschulalter. Baden-Baden.

Billmann-Mahecha, E. (1994): Argumente für eine verstehende Kinderpsychologie aus kulturpsycholologischer Perspektive. In: Martens, E./Schreier, H. (Hrsg.) (1994): Philosophieren mit Schulkindern. Heinsberg, S. 150–158.

Bleisch, P./Bietenhard, S. (2018): Biographie, Überzeugungen, Unterrichtskonzepte: Lehrpersonen erläutern ihre Zugänge zu Religionsthemen. In: ZFRK/RDSR 6 (2018), S. 28–50.

Brass, B./de Boer, H. (2018): Community of Inquiry: Research-Based Learning for Inclusive Practice. In: International Journal of Bias, Identity and Diversities in Education, Vol. 3, Issue 2, S. 45–59.

Brüning, B. (2015): Philosophieren mit Kindern – Eine Einführung in Theorie und Praxis. Münster.

Brüning, B. (2014): Didaktisch-methodische Grundbausteine für den Philosophieunterricht in der Primarstufe und die Konzeption von Unterrichtsmaterialien. In: Goebels, A./Nisters, T. (Hrsg.): Philosophie- ein Kinderspiel? Zugänge zur Philosophie in der Primarstufe. Köln, S. 34–50.

Brüning, B. (2013): Philosophieren in der Grundschule. Berlin.

Brüning, B. (2010): Philosophieren in der Grundschule – Grundlagen, Methoden, Anregungen für die Jahrgänge 1 bis 4. Berlin.

Brüning, B. (2003): Philosophieren in der Sekundarstufe. Methoden und Medien. Weinheim.

Calvert, K. (2011): Philosophieren mit Kindern – Gelingensbedingungen eines Unterrichtsprinzips. Staunen als Beginn des Philosophierens – kreatives Philosophieren -Praxisanleitung von Gareth B. Matthews. In: Hidalgo, O. (Hrsg.): Gedanken teilen: philosophieren in Schulen und Kindertagesstätten: interdisziplinäre Voraussetzungen – methodische Praxis – Implementionen und Effekte. Berlin, S. 142–153.

Calvert, K (2008): Kreatives Philosophieren mit Kindern. Angst und Mut. Seelze.

Combe, A. (2015): Dialog und Verstehen im Unterricht. Lernen im Raum von Phantasie und Erfahrung. In: Gebhard, U. (Hrsg.): Sinn im Dialog. Zur Möglichkeit sinnkonstituierender Lernprozesse im Fachunterricht. Wiesbaden, S. 51–66.

Conrad, S.-J./Mathis, Ch./Cassidy, C. (2018): Philosophieren mit Kindern ist aktive Demokratie. In: Ziegler, B./Waldis, M. (2018): Politische Bildung in der Demokratie. Interdisziplinäre Perspektiven. Wiesbaden, S.137–154.

de Boer, H. (2018): ‚joint meaning making' im Forschungsdiskurs zu philosophischen Gesprächen mit Kindern. In: de Boer, H./ Michalik, K. (Hrsg.): Philosophieren mit Kindern – Forschungszugänge und -perspektiven. Opladen/Berlin/Toronto, S. 33–46.

de Boer, H. (2015): Philosophieren als Unterrichtsprinzip – philosophische Gespräche mit Kindern. In: de Boer, H./Bonanati, M. (Hrsg.): Gespräche über Lernen – Lernen im Gespräch. Wiesbaden, S. 233–249.

Dittmer, A. (2015): Intuitiver Sinn und philosophische Reflexion. Das Bildungspotential ethischer Fragen für eine selbstreflexive Biologielehrerbildung. In: Gebhard, U. (Hrsg.): Sinn im Dialog. Zur Möglichkeit sinnkonstituierender Lernprozesse im Fachunterricht. Wiesbaden, S. 85–102.

Duncker, L. (2018): Wege zur ästhetischen Bildung. München.

Duncker, L. (2005): Vom Ursprung des Philosophierens – Kinderfragen in anthropologischer Sicht. In: Duncker, L./Nießeler, A. (Hrsg.): Philosophieren im Sachunterricht. Imagination und Denken im Grundschulalter. Münster, S. 13–28.

Duncker, L./Uhlig, B. (Hrsg.) (2018): Haltung – Prinzip – Zweifel. Philosophieren mit Kindern als pädagogische Grundhaltung und Unterrichtsprinzip. München.

Duncker, L./Nießeler, A. (Hrsg.) (2005): Philosophieren im Sachunterricht. Imagination und Denken im Grundschulalter. Münster.

Ebers, Th./Melchers, M. (2006): Praktisches Philosophieren mit Kindern. Konzepte, Methoden, Beispiele. Berlin.

Enders, S. (2003): Die „wunderlichen" Fragen der Kinder – Der Reformpädagoge Fritz Gansberg als Vordenker der Kinderphilosophie. In: Bolz, M. (Hrsg.): Philosophieren in schwieriger Zeit. Münster, S. 9–21.

Ernst, G. (Hrsg.) (2016): Philosophie als Lebenskunst. Antike Vorbilder, moderne Perspektiven. Frankfurt/Main.

Freese, H. (1995): Abenteuer im Kopf. Philosophische Gedankenexperimente. Weinheim und Berlin.

Freudenberger-Lötz, P. (2007): Theologische Gespräche mit Kindern. Untersuchungen zur Professionalisierung Studierender und Anstöße zu forschendem Lernen im Religionsunterricht. Stuttgart.

Frey, K. (2017): Philosophieren mit Kindern. Was das Denken der Kinder uns lehren kann. In: Heinzel, F. (Hrsg.): Kinder in Gesellschaft. Was wissen wir über aktuelle Kindheiten? Frankfurt/Main, S. 246–255.

Gansen, P. (2010): Metaphorisches Denken von Kindern. Theoretische und empirische Studien zu einer Pädagogischen Methaphorologie. Würzburg.

Gansen, P. (2005): Kindliches Denken in symbolischen Kontexten – Kinderphilosophie als Methode der pädagogischen Kinderforschung. In: Duncker, L./Nießeler, A. (Hrsg.): Philosophieren im Sachunterricht. Imagination und Denken im Grundschulalter. Münster, S. 167–206.

Gefert, Ch. (2010): Philosophieren mit dem Körper. Theaterales Philosophieren in philosophischen Bildungsprozessen. In: Kraus, A. (Hrsg.): Körperlichkeit in der Schule. Oberhausen, S. 109–121.

Heinzel, F. (2012): Methoden der Kindheitsforschung. Ein Überblick über Forschungszugänge zur kindlichen Perspektive. Weinheim.

Hering, J. (2004): Die Welt frag-würdig machen. Philosophisches Nachdenken mit Kindern im Grundschulalter. Hohengehren.

Hößle, C./Michalik, K. (Hrsg.) (2005): Philosophieren mit Kindern und Jugendlichen. Didaktische und methodische Grundlagen des Philosophierens. Baltmannsweiler.

Jackson, T. E./Taketo, T./Emel, E./Reed-Sandoval, A./ Biswas, T./Weidtmann, N./ Heiser, J.C. /Saal, B. (2017): Philosophieren mit Kindern weltweit: polylog 37.

Koring, B. (2003): Philosophieren mit Kindern – Grundbegriffe, Methoden und Perspektiven. In: Bolz, M. (Hrsg.): Philosophieren in schwieriger Zeit. Münster, S. 159–172.

Klafki, W. (1985/2007): Neuen Studien zur Bildungstheorie und Didaktik. Weinheim.

Kümin, B./Mathis, Ch./Schellenberg, U. (Hrsg.) (2023): Philosophieren mit Kindern und Jugendlichen. München.

Lipman, M. (2003): Thinking in Education. New York.

Lipman, M. (1988): Philosophy goes to School. Philadelphia.

Martens, E. (2009): Methodik des Ethik- und Philosophieunterrichts. Philosophieren als elementare Kulturtechnik. Hannover.

Martens, E. (1999): Philosophieren mit Kindern. Eine Einführung in die Philosophie. Stuttgart.

Martens, E./Schreier, H. (1994): Philosophieren mit Schulkindern. Philosophie und Ethik in der Grundschule und Sekundarstufe I. Heinsberg.

Matthews, G. B. (1991): Denkproben. Philosophische Ideen jüngerer Kinder. Berlin.

Matthews, G. B. (1989): Philosophische Gespräche mit Kindern. Berlin.

May-Krämer, S./Michalik, K./Nießeler, A. (Hrsg.) (2023): Philosophieren im Sachunterricht – Potentiale und Perspektiven für Forschung, Lehre und Unterricht. Bad Heilbrunn.

May-Krämer, S./Michalik, K./Nießeler, A. (Hrsg.) (2018): Mit Kindern über Medien und über Menschen und (andere) Tiere ins Philosophieren kommen: Beiträge zum Philosophieren. Berlin.

May-Krämer, S./Must, Th./Seifert, A. (2023): Fragen als Zugang zur Welterschließung Philosophieren mit Kindern im Unterricht und in der Lehrer*innenbildung. In: Schumann, S. (Hrsg.): Erschließen und Verstehen. Die Bedeutung der Erschließung für Bildungsprozesse. Münster, S. 371–392.

Meyer, K. (Hrsg.) (2010): Texte zur Didaktik. Stuttgart.

Meyer, H. (1987): Unterrichtsmethoden. Zwei Bände. Frankfurt/Main.

Michalik, K. (2015): Philosophieren mit Kindern. Sinnkonstitution im Gespräch. In: Gebhard, U. (Hrsg.): Sinn im Dialog. Zur Möglichkeit sinnkonstituierender Lernprozesse im Fachunterricht. Wiesbaden, S. 179–198.

Michalik, K. (2013): Philosophieren mit Kindern als Unterrichtsprinzip – Bildungstheoretische Begründungen und empirische Fundierungen. In: Pädagogische Rundschau. Jg. 67, Heft 6. Frankfurt/Main, S. 125–141.

Oyler, J. (2016): Philosophy with Children: The Lipman-Sharp Approach to Philosophy for Children. In: Peters, M. (Hg.): Encycopedia of Educational Philosophy and Theory. Berlin/Singapore, S.1–7.

Otto, B. (1908): Kindesmundart. Berlin.

Platon (1975): Laches. Stuttgart.

Rohbeck, J. (2015): Didaktik der Philosophie und Ethik. Dresden.

Rosa, H./Endres, E. (2016): Ressonanzpädagogik. Weinheim und Basel.

Schalenberg, P. (2020): was trägt die Demokratie. https://www.gruene-reihe.eu

Schreier, H. (Hrsg.) (1999): Nachdenken mit Kindern. Aus der Praxis der Kinderphilosophie in der Grundschule. Bad Heilbrunn.

Seifert, A. (2023a): Kinderfragen als Ausgangspunkt philosophischer Kreisgespräche: Lehr-Lernformate im Kontext schulpraktischer Studien. In: May-Krämer, S./Michalik, K./Nießeler, A. (Hrsg.): Philosophieren im Sachunterricht – Potentiale und Perspektiven für Forschung, Lehre und Unterricht. Bad Heilbrunn, S. 83–93.

Seifert, A. (2023b): Prävention durch rassismuskritische Praktiken im inklusiven Sachunterricht. In: Hinz, A./Jahr, D./Kruschel, R. (Hrsg.): Inklusive Bildung und Rechtspopulismus. Grundlagen, Analysen und Handlungsmöglichkeiten. Weinheim/Basel, S. 249–262.

Seifert, A. (2022): Politisches Philosophieren mit Kindern im Sachunterricht. In: Coer, L./Pech, D./Simon, T. (Hrsg.): Kinder und Gesellschaft – Sachunterricht(sdidaktik) und das Politische. 14. Beiheft (2022). Zeitschrift „Widerstreit Sachunterricht“. Online-Journal.

Seifert, A. (2010): Gott und die Endlichkeit des menschlichen Körpers aus der Sicht von Kindern. Metaphysische Kinderfragen im Kreisgespräch der Grundschule. In: Kraus, A. (Hrsg.): Körperlichkeit in der Schule. Oberhausen, S. 75–108.

Seifert, A./Müller-Zastrau, A. (2014): Das Dilemma der Leistungsbewertung in der inklusiven Grundschule. In: Franz, E.-K./Trumpa, S./Esslinger-Hinz, I.

(Hrsg.): Inklusion: Eine Herausforderung für die Grundschulpädagogik. Hohengehren, S. 151–160.
UNESCO-Studie: www.unesco.org/shs/philosophy; www.unesco.de
UNESCO (1998): Philosophy for Children. Report of the UNESCO Meeting of Experts. Paris, 26–27, March 1998.
Wagenschein, M. (2003): Kinder auf dem Weg zur Physik. Weinheim/Basel.

# 6. Gespräche im Kontext von Lernen und Leisten

## 6.1 Gespräche an den Schnittstellen von Institutionen

### 6.1.1 Kommunikation im Übergang vom Kindergarten zur Grundschule

> „Ich verspürte große Erleichterung als ich durch die Fortbildung erfuhr, dass meine Aufgabe in der Kooperation nicht das Beurteilen der angehenden Schulkinder ist, um ihnen die Schulfähigkeit zu bestätigen oder abzusprechen. Jetzt kann ich die Kinder viel ressourcenorientierter betrachten und profitiere von den Ausführungen der Erzieherin. Das Wissen über die Förderung der Kinder im Kindergartenalter ist für mich im Anfangsunterricht enorm hilfreich. Schade, dass ich die Fortbildung so spät besuchte" (Melanie S., Kooperationslehrkraft in der Grundschule).

Kinder kommen heute früher in pädagogische Institutionen und verweilen dort länger. Ihren ersten Übergang erleben sie in der Regel von der Familie in die Krippe bzw. in den Kindergarten und wechseln anschließend als angehende Schüler*innen in die angrenzende Institution. Dabei stehen beim Übergang in die Krippe bzw. in den Kindergarten die Bedürfnisse der Kinder und der jeweiligen Familie im Fokus und die institutionelle-familiale Passung wird als zentrale Aufgabe der Institution verstanden. Die hohe Aufmerksamkeit für diese Thematik zeigt sich in der Fülle an Ratgeberliteratur, die Eltern die Eingewöhnungsphase erleichtern will. Von institutioneller Seite unterstützen ausdifferenzierte Eingewöhnungskonzepte das ‚Einfädeln' in die erste pädagogische Institution. Weit verbreitet ist das Berliner Eingewöhnungsmodell nach INFANS (vgl. Laewen/Hédervári 2003), das sich auf die Bindungstheorie (vgl. Bowlby 1995) stützt, und das Münchner Eingewöhnungsmodell (vgl. Winner/Erndt-Doll 2013), das sich stärker an der Transitionstheorie (Griebel/Niesel 2015) orientiert. Im Zentrum der Eingewöhnungskonzepte steht die intensive Kommunikation zwischen pädagogischem Fachpersonal und den Eltern. Die Modelle bieten Eltern detaillierte organisatorische und pädagogische Innenansichten, um die institutionelle Bildung, Erziehung und Betreuung mit der familialen in Einklang bringen zu können.

Relevante Themen sind die Familiensituation, Versorgung, Pflege, Bewegung, Ernährung, Interessen, kulturelle Aspekte, Lebensgewohnheiten u.v.m.

Darüber hinaus unterstützen die Eltern den Eigewöhnungsprozess durch ihre Präsenz. Vonseiten des pädagogischen Fachpersonals werden Gespräche über die Tagesstruktur, Bildungs-, Erziehungs- und Betreuungsaspekte, Regeln und Routinen geführt, um den Ablöseprozess zu stützen. Diese vielfältigen Kommunikations- und Partizipationsmöglichkeiten sind von hoher Relevanz, um den Schützlingen einen guten Start in der Institution zu ermöglichen. In allen weiteren institutionellen Übergangsszenarien finden die Absprachen nicht mehr in diesem Maße statt, wenngleich dem Übergang von der Grundschule in die weiterführende Schule hohe Aufmerksamkeit zuteilwird. Der Austausch über institutionelle und familiale Erziehung wird auch in den weiteren Übergangsprozessen als wichtig erachtet. Allerdings wird dann auf bereits vertraute Regeln und Routinen zurückgegriffen. Besonderheiten, die für die Eingewöhnung relevant waren und sind, können über Kommunikation von Institution zu Institution weitergegeben werden, so dass die Eingewöhnung nicht mehr grundlegend eingeübt werden muss. Auch mit zunehmendem Alter bleibt die Eingliederung in die nächste Institution eine wichtige Aufgabe, die mit Herausforderungen auf der individuellen, der interaktiven und der kontextuellen Ebene einhergeht (vgl. Griebel/Niesel 2004). Die Möglichkeiten, Kinder vor bzw. während der schulischen Laufbahn zurückzustellen oder abzuschulen, befördert mitunter aber ein Aufgabenverständnis, das den Kindern bzw. deren Eltern eine höhere Bringschuld zuschreibt.

Im Übergang vom Kindergarten zur Grundschule nehmen Gespräche mit und über Kinder einen festen Platz ein. Dem Gesprächspotenzial an der Schwelle zum Schulbeginn maß man nicht immer ein derart hohes Gewicht bei. Im 20. Jahrhundert nahm man lange Zeit an, biologische bzw. endogene Prozesse seien für eine erfolgreiche Bildungsbiografie in der Schule verantwortlich. Artur Kern (1902–1988) ging davon aus, dass mit gegebener Schulreife der Schulerfolg sichergestellt werden könnte. Er konstatierte:

> „Das Kind des Spätstadiums ist so reif, daß ihm bei geeignetem Unterrichtsverfahren der Erwerb der Bildungsgüter nahezu in den Schoß fällt, es lernt von selbst, also mit dem höchsten Grad von Spontanität" (Kern 1951, S. 71).

Um festzustellen, welche Kinder als schulreif eingestuft werden können, kamen psychologische Schulreife- und Schulfähigkeitstests zum Einsatz, die allerdings nur Aussagen zum jeweiligen Entwicklungsstand des Kindes zum Testzeitpunkt zuließen. Ein prognostischer Wert zur Entwicklung von Lernen und Leisten war nicht möglich (vgl. Griebel/Minsel 2007). Der Schulreifeansatz nach Kern ist heute obsolet und Schulfähigkeit bzw. Schulbereitschaft wird als gemeinsame Aufgabe für alle am Übergang beteiligten Akteur*innen betrachtet. Der Versuch, eine allgemeingültige Definition von Schulfähigkeit zu formulieren, wurde zugunsten einer Ausdifferenzierung des Anforderungsprofils aufgegeben, denn

Schulfähigkeit erfordert sowohl körperlich-gesundheitliche, kognitive als auch motivationale und soziale Voraussetzungen.

Die Erkenntnisse der Transitionstheorie und -forschung (vgl. Griebel/Niesel 2015) erweisen sich beim Übergang als richtungsweisend, da diese das Bewusstsein für alle am Übergang Beteiligten schärfen. Um den Übergang in die Schule zu erleichtern, wurden unterschiedliche Gesprächsformate an der Schnittstelle zur Schule fest installiert. Die Auswirkungen einer anregenden und unterstützenden Umgebung auf die Entwicklung des Kindes, unterstreichen die Dringlichkeit eines intensiven Austausches. Im Zentrum stehen Fragen, um eine gemeinsame Entwicklung fördern zu können: Wie wird die Umwelt für das Kind anschlussfähig? Welche Vorerfahrungen können genutzt werden? Welche Bildungsprozesse werden initiiert? Welche Stärken, Schwächen, Emotionen zeigen sich beim Kind bzw. sind zu erwarten? Professionell geführte Gespräche benötigen eine verlässliche Kommunikationsstruktur. Dem Transitionsmodell folgend (vgl. Griebel/Niesel 2015) sind Gespräche mit allen am Transitionsgeschehen beteiligten Akteur*innen vorgesehen: mit den Kindern, deren Eltern und dem pädagogischen Fachpersonal der aufnehmenden bzw. abgebenden Institution.

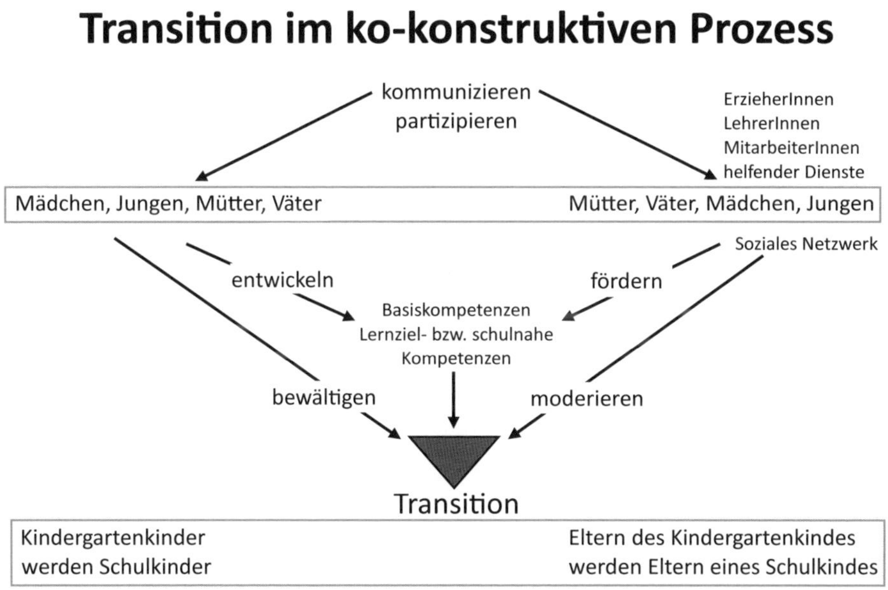


Abb. 11: Transitionsprozess nach Griebel/Niesel 2004

Gespräche über die Entwicklung des Kindes sind fester Bestandteil der Bildungspläne im Kindergarten. Grundlage der Entwicklungsgespräche sind Beobachtungen und Dokumentationen beispielsweise in Form eines Entwicklungsportfolios. Die Gespräche finden in der Regel zwischen Eltern und Erzieher*innen statt. Beim Übergang von der Grundschule zur weiterführenden Schule stehen Gespräche zwischen Eltern und Lehrer*innen im Fokus, da es um die Wahl der weiterführenden Schulen geht. Die Wahlmöglichkeiten für die Grundschule sind indes begrenzt.[23] Nichtsdestoweniger sind die Gespräche über die Institutionen hinweg von hoher Wichtigkeit. Die Entwicklungsgespräche sind ein verlässlicher Baustein der Qualitätsentwicklung. Sie finden je nach Bildungsplan und Konzeption ein bis mehrmals jährlich statt. Wichtige Gesprächsinhalte sind u.a. das Spiel- und Sozialverhalten des Kindes, die Sprachentwicklung, die Entwicklung der Fein- und Grobmotorik, die Emotionalität, Selbstvertrauen und -wahrnehmung sowie Themen und Interessen des Kindes. Diese Kenntnisse sind Voraussetzung für eine gute Entwicklung und Förderung des Kindes. Der Wunsch, die Entwicklung der Kinder bestmöglich zu unterstützen, endet aber nicht mit Verlassen der Institution, und die Reflexion der individuellen Bildungs- und Entwicklungsfelder, wie beispielsweise im Orientierungsplan Baden-Württemberg (2021) aufgeführt, helfen, einen guten Start in der Grundschule zu sichern. Hierfür benötigt es verlässliche Kommunikationsstrukturen. Die Kooperation zwischen dem pädagogischen Fachpersonal ist rechtlich verankert, dennoch erweist sich die Kommunikation zwischen den Erzieher*innen und Lehrer*innen als störanfällig (vgl. Aicher-Jakob 2015). Häufig unterschätzt und missverstanden ist die Zielsetzung der Gespräche des pädagogischen Fachpersonals beim Übergang in die Grundschule, wie bereits das Eingangszitat zeigt. Denn während in anderen Ländern Bildung und Erziehung der Kinder im frühkindlichen und schulischen Bereich in einer Zuständigkeit liegt (Bildungsministerium), kam es in Deutschland zu einer historisch bedingten institutionellen Trennung und das pädagogische Fachpersonal ist sich in seinen Betätigungsfeldern weitgehend fremd. Auch wenn Kindertagesstätten schon immer Bildungsmöglichkeiten boten, schärfte sich das Bewusstsein für Bildungsbelange spätestens seit der Jahrtausendwende mit der Implementierung von Bildungsplänen im Elementarbereich. Damit es an der Schnittstelle vom Elementar- zum Primarbereich nicht zu folgenreichen Missverständnissen kommt, ist es unabdingbar, sich über zentrale Begrifflichkeiten konsensuell zu verständigen (vgl. Aicher-Jakob 2015). Lässt man historisch bedingte neuralgische Punkte außer Acht, kann der Übergang leicht zu einer pädagogischen ‚Sollbruchstelle' werden.

Die Notwendigkeit sich professionsbezogen über den Übergangsprozess auszutauschen, resultiert aus den Konsequenzen der Reichsschulkonferenz von 1920, als das gesamte Bildungswesen neu geordnet wurde. Trotz umfangreicher Alter-

23 In der Regel entscheidet der Schulbezirk, der so genannte Schulsprengel, über die Wahl der Grundschule. Da Bildung in Deutschland aber Ländersache ist (Föderalismus), können sich die Regularien von Bundesland zu Bundesland unterscheiden.

nativentwürfe auf der Reichsschulkonferenz, konnte man sich nur auf eine vierjährige Grundschulzeit einigen. Im Gegensatz zum Kindergarten, der keinen verbindlichen Platz im Bildungswesen fand und nur den Status der Freiwilligkeit erlangte. Die Grundschule wurde als verbindliche Veranstaltung des Staates im Kultusministerium, der Kindergarten, freiwillig und kostenpflichtig, im Sozialministerium verortet. Diese Trennung der Institutionen mit ihrer unterschiedlichen ministeriellen Zuständigkeit erschwert bis heute das Kooperationsverhältnis. Auch wenn es im weiteren 20. Jahrhundert Bestrebungen gab, die Kluft zwischen beiden Institutionen zu überwinden, gelang das nicht im erwünschten Maße und es entwickelten sich zwei Professionen, mit unterschiedlicher Ausbildung, Ansehen und Bezahlung. Als Konsequenz stehen sich am Übergang heute pädagogische Fachleute gegenüber, die im ungünstigen Fall und bei mangelnder Kommunikation, die Kenntnisse über die Arbeit in der angrenzenden Institution nur aus eigenen Erlebnissen speist (vgl. Aicher-Jakob 2015). Eine verlässliche Kommunikation ist unabdingbar, um eine kontinuierliche Bildungsbiografie der Kinder zu sichern. Dabei sind Themen, die auf ein konsensuelles Bildungs- und Erziehungsverständnis gerichtet sind, die implizites und inzidentelles Lernen, Weltaneignung, systematisches Lernen sowie die Stärken und Schwächen der einzuschulenden Kinder thematisieren, von hoher Relevanz. Die Gespräche des pädagogischen Fachpersonals zielen im Übergang vom Kindergarten zur Grundschule also nicht zuvörderst auf Entscheidungen, ob das Kind schulfähig ist oder besser im Kindergarten verweilen soll, sondern versorgen angrenzende Institution mit dem notwendigen Wissen, um den Kindern einen guten Start zu ermöglichen.

### 6.1.2 Kommunikation im Übergang von der Grundschule zur Sekundarschule

Auch der Übergang von der Grundschule in die weiterführende Schule muss von allen Akteur*innen gestaltet und/oder bewältigt werden, von den Schüler*innen, den Eltern, den Lehrer*innen der auf- bzw. abnehmenden Institution. Der Übergang ist für viele Kinder bereits der dritte normativ-institutionelle Übergang und geht dennoch mit unterschiedlichen Herausforderungen auf der individuellen, der interaktiven und der kontextuellen Ebene für die Akteur*innen einher (vgl. Griebel/Niesel 2015).

Der Übergang genießt bildungstheoretisch, gesellschaftspolitisch und medial eine hohe Aufmerksamkeit und unterliegt Veränderungsprozessen, die bedingt durch den bundesstaatlichen Föderalismus mitunter variieren. In den letzten Jahrzehnten zeichneten sich schulstrukturelle und rechtliche Veränderungen ab, die insbesondere den Anstieg von Schüler*innen an Gymnasien, den Rückgang an Hauptschulen und die zunehmende freie Schulformwahl der Eltern betreffen (vgl. Porsch 2018, S. 8). Ungeachtet des Freiheitsgrades der Schulformentscheidung benötigt der Prozess intensive Beratung und muss normativen Vorgaben Folge leisten. Vorgesehen sind im Übergang deswegen umfängliche Informationen und Beratungen vonseiten der Grundschule und der weiterführenden Schule, um Fehlentscheidungen zu vermeiden (vgl. Sekretariat der Ständigen Konferenz der Kultusminister der Länder in der Bundesrepublik Deutschland 2015, S. 7). Eine intensive Kooperation ist hierbei vorgesehen:

> „Dazu ist es notwendig, dass die Lehrkräfte der abgebenden und der aufnehmenden Schulen mit der jeweils anderen Schulart bzw. Schulstufe zusammenarbeiten und sich gegenseitig über die Bildungs- und Erziehungsziele informieren. Formen der Zusammenarbeit können sein: gegenseitige Besuche zu Tagen der offenen Tür, gegenseitige Hospitationen im Unterricht, Erfahrungsaustausch in gemeinsamen Besprechungen, Besuchsmöglichkeit von Grundschülerinnen und Grundschülern in den weiterführenden Schulen, gemeinsame Lehrerfortbildungen" (Sekretariat der Ständigen Konferenz der Kultusminister der Länder in der Bundesrepublik Deutschland 2015, S. 7).

Auch in diesem Übergangsszenarium wird deutlich, dass der Austausch des pädagogischen Fachpersonals unabdingbar ist, da Kenntnisse über die jeweilige Bildungsarbeit nicht zwingend vorausgesetzt werden können. Die Lehrer*innenbildung bietet nicht ausreichend Einblicke in den angrenzenden Tätigkeitsbereich. Deutlich wird, dass unterschiedliche Kommunikationswege angebahnt und verstetigt werden müssen und die Gesprächsrichtungen, wie in Abbildung 13 dargestellt, einen verlässlichen Raum benötigen.

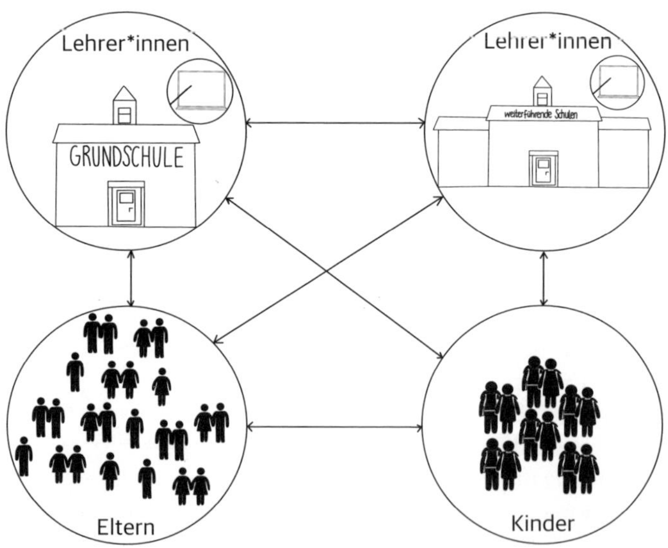


Abb. 12: Gespräche im Übergangsgeschehen. Eigene Darstellung.

Die historisch bedingte kurze Verweildauer in der Grundschule, vier bzw. sechs Jahre, konfrontiert Eltern und Schüler*innen schon früh mit den Auswirkungen der Leistungsgesellschaft. Kinder unterscheiden sich in ihrem Leistungsvermögen, ihrer Motivation und ihren Fähigkeiten und Fertigkeiten. Sie erfahren früh unterschiedliche Leistungsrückmeldungen und entsprechende Erfolgsversprechungen für die weiterführende Schule. Die frühe Selektion verschärft die Situation und übt Handlungsdruck auf die Beteiligten aus. Die Übertrittsregularien unterscheiden sich von Bundesland zu Bundesland, ihnen gemeinsam ist die verbindliche Kommunikation an der Schnittstelle zur weiterführenden Schule, die sowohl Informationen als auch Beratungen beinhalten.

Zu den Informationskanälen gehören Elterninformationsveranstaltungen, die in der Regel in der vierten Klasse anberaumt sind, Broschüren, Ratgeber und Informationen zur Transparenz über das Bildungssystem, die die jeweiligen Ministerien bereithalten. Als Beratungselemente sind Elterngespräche zum Leistungsstand, Absprachen zur Grundschulempfehlung bzw. zum weiteren Beratungsverfahren bzw. das Beratungsverfahren als solches vorgesehen.

Eltern werden früh in den Beratungsprozess eingebunden. Sie werden über die weiteren Beschulungsmöglichkeiten informiert, bevor die eigentlichen Empfehlungen ‚verhandelt' werden. Nachdem die Grundschulempfehlung, je nach Bundesland empfehlend oder verbindlich, ausgesprochen wurde, haben Eltern die Möglichkeit, durch ein Beratungsverfahren qualifizierte Beratungslehrkräfte hinzuzuziehen, wobei anschließende Tests weitere Entscheidungshilfen bieten können.

Für die Entscheidung, welche Schulform für das Kind geeignet erscheint, werden sowohl die Leistungen der Schüler*innen als auch deren Leistungsbereitschaft, als Grundlage für die Leistungsprognose, herangezogen (vgl. Bellenberg 2018, S. 41). Auch die Lernansprüche der weiterführenden Schulen werden abgewogen, um eine möglichst gute Passung anzustreben. Nicht auszublenden im Entscheidungsprozess ist die Bildungsaspiration der Eltern, die sich entscheidend auf die Schulwahl auswirken kann (vgl. Maaz/Zunker/Neumann 2018). Je nach Grundlage des Landesrechts ist die Empfehlung der Grundschule Grundlage der Entscheidung, steht also über der Elternentscheidung, bzw. dient lediglich als Entscheidungshilfe (vgl. Bellenberg 2018, S. 42). Mit den schulstrukturellen Veränderungen, der Entwicklung zum zweigliedrigen Sekundarsystem wie in vielen Bundesländern und der Entkopplung von Schulform und Abschlusszertifikat, weitet sich der Forschungsschwerpunkt in der Übergangsforschung, die ihren Fokus lange Zeit fast ausschließlich auf soziale Ungleichheit richtete (vgl. Maaz/Zunker/Neumann 2018, S. 80). Ungeachtet, welchen Verbindlichkeitsgrad die ausgesprochene Übergangsempfehlung aufweist, sind in allen Übergangsverfahren Beratungen vonseiten der Lehrer*innen vorgesehen. Prinzipiell sollten die Übertrittsempfehlungen unabhängig vom soziokulturellen Hintergrund des Kindes erfolgen. Dass die Empfehlungen allerdings nicht ausschließlich leistungsbezogene Faktoren berücksichtigen, ist hinlänglich bekannt. Empirische Studien belegen, dass insbesondere der Bildungshintergrund der Eltern zu einem zentralen Prädiktor für die Empfehlung gerät, denn die Empfehlungen werden häufig (nicht intentional) in Abhängigkeit von der sozialen Herkunft ausgesprochen (vgl. Ditton/Krüsken 2006). Welche Beweggründe hierfür verantwortlich sind, ist indes noch nicht hinreichend geklärt (vgl. van Ophuysen 2018, S. 106). Deutlich wird, dass im Vergleich zu den Entwicklungsgesprächen, die im Kindergarten zentral sind, die Gesprächssituationen im Übergang zur weiterführenden Schule eine stärker bewertende Rolle einnehmen. Sie reichen weit über die Informationsebene hinaus und beeinflussen die Entscheidung über den weiteren Schulverlauf des Kindes maßgeblich.

Wie wichtig die Kooperation zwischen den Lehrkräften der Grund- und weiterführenden Schule wird, zeigen u. a. Studien von McElvany (2010) und Weber (2015). Grundschullehrkräfte empfanden die Übergangssituationen als stark belastend, wenn die Kooperation nur punktuell stattfand (vgl. Weber 2015, S. 237). Die Grundschule, die als Gelenkstelle zwischen Kindergarten und weiterführender Schule fungiert, erlebt sich in dieser Rolle als abgebende Institution, im Gegensatz zum Übergang vom Kindergarten in die Grundschule, bei welchem sie die aufnehmende Institution darstellt. Die Rolle geht mit denselben Fragestellungen und Sorgen einher, denen sich auch der Kindergarten am anderen Ende der Kooperation konfrontiert sieht:

!

- Habe ich die Kinder ausreichend auf die nächste Passage vorbereiten können?
- Was erwartet die nächste Institution von mir?
- Wie gelingt der Spagat zwischen dem Recht auf grundlegende Bildung und den Bemühungen um Anschlussfähigkeit?
- Wie gehe ich mit dem Unbehagen um, das aus der Diskrepanz zwischen erwarteter und erfahrener Kooperation resultiert?
- Welche Rückschlüsse lässt das Leistungsvermögen der Kinder auf mein pädagogisches Geschick zu?
- ...

Die Anforderungen an die Grundschullehrkräfte sind hoch, sie beraten, begleiten und moderieren den Übergang in beide Richtungen. Die Kooperationen zwischen Grundschule und weiterführender Schule werden dabei unterschiedlich bewertet. Schürer, Harazd und Ophuysen (2006) zeigten in ihrer Studie, dass nur rund die Hälfte der Grundschullehrer*innen mit Lehrkräften der weiterführenden Schule kooperierten. Hierzu zählten Gespräche über die Schüler*innen, Konferenzen und Schulbesuche. Fuchs und Tippelt (2012, S. 85) zeigen, dass sich Grundschullehrkräfte insbesondere eine vertieftere Kooperation mit Gymnasiallehrkräften wünschen. Grundschullehrkräfte attestieren den Gymnasiallehrkräften ein ‚Anerkennungsproblem'.

Die Möglichkeiten, Kinder während der schulischen Laufbahn abzuschulen, befördert mitunter ein Aufgabenverständnis, das den Kindern, deren Eltern, aber auch den Grundschulen höhere Anpassungsleistungen zuschreibt.

Lange Zeit unbeachtet waren die Einschätzungen der Schüler*innen selbst zu der Wahl der weiterführenden Schule. Studien (Helsper/Kramer/Brademann/Ziems 2007) belegen, dass Schüler*innen im Alter von zehn Jahren bereits über einen individuellen Orientierungsrahmen verfügen, der für die Übergangsentscheidung bedeutsam wird. Dieser richtet sich nicht ausschließlich an der Elternmeinung aus. Relevant für die Übergangsverarbeitung erweist sich die Anschlussfähigkeit der weiterführenden Schule an den positiven Gegenhorizont des bildungsbezogenen individuellen Orientierungsrahmens (vgl. Helsper/Kramer/Brademann/Ziems 2007, S. 486f.).

## 6.2 Elterngespräche und Bildungspartnerschaft mit Eltern

### 6.2.1 Von der Elternarbeit zur Bildungs- und Erziehungspartnerschaft

Die Zusammenarbeit von Schule und Familie wurde lange Zeit mit Elternarbeit überschrieben, während aktuelle Betrachtungsweisen den Terminus Bildungs- und Erziehungspartnerschaft priorisieren. Damit soll ein verändertes Kooperationsverständnis zum Ausdruck gebracht werden, das einer ‚zeitgemäßen Pädagogik' unterstellt wird. Diese sprachliche Veränderung schlägt sich nicht zwingend in den pädagogischen Handlungspraktiken nieder.

Die Trennung von Familien- und Arbeitswelt im 19. Jahrhundert und die sich etablierende allgemeine Schulpflicht führte zunehmend zu einer Aufgabenteilung von Schule und Familie. Die Schule übernahm Unterrichtsaufgaben, während die Eltern für Erziehungsaufgaben vorgesehen wurden. Das elterliche Erziehungsrecht wurde so einerseits durch die Institution Schule eingeschränkt, andererseits wurden die Eltern aber in ihren zentralen Bildungs- und Vermittlungsaufgaben entlastet (vgl. Wiezorek 2006, S. 44). Eine elterliche Mitwirkung am Schulleben, wie wir sie heute voraussetzen, war zunächst nicht angedacht, auch nicht in reformpädagogischen Bemühungen am Anfang des 20. Jahrhunderts. Gesetzliche Regelungen zur elterlichen Mitwirkung bzw. Mitgestaltung wurden erst in den 70er Jahren des 20. Jahrhunderts erlassen (vgl. Kirk 2005, S. 246). Seit den 90er Jahren nehmen Diskussionen zu, die auf Kontinuität der Lebenswelten Schule und Familie setzen und die Aufgabenteilung in ihrem traditionellen Verständnis hinterfragen und überwinden wollen. In diesem Kontext erhalten zeitüberdauernde Themen wie die Übergangsthematik, die Schulfähigkeit, Fragen nach Leistungsentwicklung und Bildungsgerechtigkeit Relevanz und finden ihren Niederschlag in unterschiedlichen wissenschaftlichen Diskursen.

Das übergeordnete Ziel einer konstruktiven Kooperation von Schule und Familie, das beide Institutionen kontinuierlich verfolgen, ist laut Grundgesetz (Artikel 2 Absatz 1) die freie Entfaltung der Persönlichkeit. Die gesetzliche Legitimation für die Zusammenarbeit stützt sich sowohl auf die Schulgesetze der Länder als auch auf das Grundgesetz Artikel 6 (Absatz 2):

> „Pflege und Erziehung der Kinder sind das natürliche Recht der Eltern und die zuvörderst ihnen obliegende Pflicht. Über ihre Betätigung wacht die staatliche Gemeinschaft" (Grundgesetz für die Bundesrepublik Deutschland).

Der (gesetzliche) Grundgedanke ist somit aufgezeigt, ebenso die Problematik, die diesem Entwurf inhärent ist: Eltern sind zur Erziehung ihrer Kinder verpflichtet, sie haben eine zentrale Aufgabe zu erfüllen und dürfen diese nicht allein den Schulen überantworten – Schulen indes sind durch den Bildungs- und Erziehungsauftrag per se zur Erziehung verpflichtet, dürfen dabei aber das Elternrecht nicht verletzen. Das Arbeitsverhältnis ist durch Interdependenz gekennzeichnet, ein Austausch der beteiligten Akteur*innen, wie auch immer dieser verstanden wird, ist unumgänglich. Dieser wurde lange Zeit als „Elternarbeit" verstanden und der Elternseite schwerpunktmäßig die Helfer*innenrolle, z.B. bei Festen und Lehrgängen, zugedacht. Auch die Arbeit ‚an' den Eltern gehörte zum Grundverständnis, wobei die Tendenz in Richtung Erziehung der Eltern weit verbreitet war (vgl. Mienert/Vorholz 2007). Die Schule sah ihre Aufgabe überwiegend in der Ausübung von Informationsveranstaltungen, um Transparenz in pädagogischen Handlungsfeldern zu gewährleisten. Die empirischen Untersuchungen spiegelten das Kooperationsverständnis im ausgehenden 20. Jahrhundert wider: Die Informationsveranstaltungen verliefen vorschriftsgemäß, ein konstruktiver Austausch über pädagogische Probleme war eher die Ausnahme als die Regel und insgesamt hielt sich das Engagement für gemeinsame Treffen in Grenzen (vgl. Krumm 1996, S. 269).

Diese Haltung im Kooperationsgeschehen, die Eltern auf eine passiv-rezeptive Rolle reduziert, verzichtet auf konstruktive Synergieeffekte, denn auch Eltern sind wie die Lehrkräfte Expert*innen für ihr/das Kind. Die Eltern kennen die Biografie ihres Kindes, seine Stellung im Familiengefüge, die aktuellen Lebensbedingungen und den soziokulturellen Hintergrund. Die pädagogischen Fachkräfte indes sind Expert*innen für pädagogisches Fachwissen, für formales, zunehmend systematisches Lernen, das Agieren in der Gruppe und für aktuelle Handlungsspielräume in der Schule (vgl. Dusolt 2008, S. 12f.). Im gegenseitigen Austausch können sich die Perspektiven auf das Kind bzw. die Schüler*innen ergänzen, wenn differente Eindrücke über Selbstständigkeit, Interessen, Bildungsprozesse, Entwicklungsstand, Kooperationsbereitschaft usw. entstehen. Wenn von einer Bildungs- und Erziehungspartnerschaft gesprochen wird, rückt eine gemeinsame Verantwortung für die positive Entwicklung des Kindes in den Vordergrund, die über gemeinsame Ziele angestrebt werden soll. Diese Vorstellung einer „Partnerschaft" lässt Spielraum für unterschiedliche Hintergründe hinsichtlich Professionalität und Bildungsniveau, sie formuliert keine klare Aufgabenverteilung von Bildung, Erziehung und Betreuung, sie muss nicht zwingend von positiven Emotionen getragen werden, aber sie impliziert einen konstruktiven Austausch über familiäre und institutionelle Belange über Bildungs- und Erziehungsfragen, der auf Respekt beruht.

### 6.2.2 Bildungspartnerschaft und Bildungserfolg

Familie und Bildungserfolg sind eng miteinander verwoben: Der Einfluss des Elternhauses auf die Schulleistungen ist ca. doppelt so hoch wie der schulische Einfluss durch den Unterricht (vgl. Sacher 2014, S. 13). Es ist sicher keine Auszeichnung für das deutsche Bildungssystem, dass diese Tatsache zwar seit den 60er Jahren des 20. Jahrhunderts, z.B. durch Studien von Dave (1963) und Coleman et al. (1966), gebetsmühlenartig angezeigt wurde, die Folgeerhebungen allerdings kaum Anlass zur Vernachlässigung der Thematik bieten. PISA 2000 (Baumert/Klieme/Neubrand/Prenzel/Schiefele/Stanat/Tillmann/Weiß 2001) zeigte, welch hoher Stellenwert der brisanten Thematik einzuräumen ist und dies wird durch weitere PISA-Ergebnisse wie die von 2022 bestätigt. Die Ergebnisse der Begleituntersuchung rückten den Zusammenhang von Familie und Schulerfolg erneut in den Aufmerksamkeitsfokus und machten deutlich, dass es Schulen auch im Übergang zum 21. Jahrhundert nicht ausreichend gelingt, Bildungserfolg und Herkunft zu entkoppeln (vgl. OECD 2001, S. 356 f.). Auf die schlechteren Startchancen von Kindern aus sozioökonomisch schwächeren Familien wird auch in den regelmäßig veröffentlichten Bildungsberichten verwiesen. Jedes dritte Kind in Deutschland wächst in einer Risikolage auf, das heißt in einem formal gering qualifizierten Elternhaus, in sozialer bzw. in finanzieller Risikolage. Die Unterstützungsmöglichkeiten der Eltern können an finanziellen, bildungsbezogenen bzw. sozialen Grenzen scheitern (vgl. Bildung in Deutschland 2022). Die Entkoppelung von Herkunft und Bildung bleibt eine pädagogische Aufgabe, die das deutsche Schulsystem noch immer unbefriedigend zu lösen vermag.

Eine weitere Entwicklungsaufgabe zeigt sich in der Kontaktaufnahme und in den schulischen Bemühungen, Eltern für die Bildungs- und Erziehungspartnerschaft zu gewinnen. Lehrer*innen beklagen häufig, dass überwiegend diejenigen Eltern Gesprächsangebote nutzen, die sie nicht zwingend benötigen – Eltern von Kindern, deren Leistungen gut sind und bei denen sich keine pädagogischen Probleme im Schulalltag ergeben. Eltern von Kindern, denen das Bildungssystem und die familialen Unterstützungsmöglichkeiten weniger vertraut sind, finden den Weg in die Schule hingegen weitaus seltener. Die meisten Studien belegen diese Aussagen, sie zeigen einen positiven Zusammenhang zwischen Elternmitwirkung an Schule und Bildung und den Schüler*innenleistungen (vgl. Sacher 2014, S. 20). Eltern von Schüler*innen mit besseren Leistungen pflegen eine intensivere Kooperation im Vergleich zu Eltern von Schüler*innen mit schlechteren Leistungen. Aus diesen Erkenntnissen darf allerdings nicht vorschnell auf die Effektivität der Bildungs- und Erziehungspartnerschaft geschlossen werden. Denn aus der Tatsache, dass gute Schüler*innenleistungen auf ein hohes Elternengagement bzw. auf ein besonders gelungenes Kooperationsverhältnis zurückzuführen seien, ließe sich zwar einfach ablesen, greift allerdings zu kurz. Es ist inzwischen hinlänglich bekannt, dass ‚bildungsnahe' Eltern, weitaus einfacher zu erreichen sind und somit auch die Institution häufiger aufsuchen als Eltern mit niedrigem sozioökonomischem Status (vgl. Sacher 2014, S. 17). Wer hier unreflektiert Korrelationsbezüge erstellt, muss sich die Frage stellen, ob in den Schlussfolgerungen eine Verwechslung von Explanans (das Erklärende) und Explanandum (das zu Erklärende) vorliegt. Es ist nämlich nicht offensichtlich, ob die höhere Elternaktivität die besseren Schulleistungen begründen oder diese das höhere elterliche Engagement. Eltern, die das Bildungssystem kennen und um die Relevanz ihrer Mitwirkung wissen, werden sich auch vermehrt um Kooperation bemühen.

Dennoch ist das Potenzial einer Bildungs- und Erziehungspartnerschaft nicht zu unterschätzen, auch wenn sich die Resultate nicht konkret in Studien abbilden lassen. Den Zusammenhang empirisch abzusichern, bleibt schwierig, da der Lernerfolg nicht monokausal zu erklären ist, wie Helmkes (2007, S. 65) Angebot-Nutzungs-Modell anschaulich darlegt. Das gemeinsame Ziel einer konstruktiven Bildungs- und Erziehungspartnerschaft, um die Persönlichkeitsentwicklung der Kinder bestmöglich zu begleiten, bleibt allen anderen übergeordnet und dieses lässt sich eben nicht immer in Schulnoten übersetzen und wenn, scheitern diese an der Vergleichbarkeit, weil allen halber die individuelle Bezugsnorm der Schüler*innen herangezogen werden kann.

Die Persönlichkeitsentwicklung ist auf eine konsensuelle Verständigung von Schule und Familie angewiesen, im Sinne einer Bildungs- und Erziehungspartnerschaft. Die Absprachen dienen der Ergänzung und Vervollständigung der Eindrücke, um eine positive Entwicklung des Kindes bestmöglich fördern und Bildungsprozesse initiieren zu können. Die Absprachen dienen darüber hinaus aber auch einer Verständigung über die nächsten Entwicklungsschritte, wenn unterschiedliche Erziehungs- und Bildungsvorstellungen bzw. Zukunftsentwürfe für die Kinder und Jugendlichen einen konsensuellen Dialog gefährden. Insbesondere in der Erziehungsaufgabe wird der Austausch über zentrale Werte essenziell.

So können sich familiale und institutionelle Erziehung in moralischen Grundhaltungen, Werten, Tugenden und Zielen unterscheiden. Umso wichtiger wird der Dialog zwischen Schule und Familie. Dieser ist am Wohl des Kindes auszurichten und das haben sowohl Familie als auch Institution zentral vor Augen.

### 6.2.3 Institutionalisierte und anlassbezogene Gespräche

Gespräche zwischen Eltern und pädagogischen Institutionen sind inzwischen ein fester Bestandteil und werden seit dem Eintritt in die erste Institution gepflegt. Diese Routinen können Schulen nutzen und die Gesprächsformen entsprechend weiterführen. Zweifelsohne fällt die Gesprächsaufnahme im Kindergarten leichter als in der Schule. Schon beim Eintritt in die Institution sichert das Aufnahme- bzw. Anmeldegespräch zwischen Institution und Familie einen guten Start in die Kooperation. Transparenz über familiäre und institutionelle Begebenheiten, Einblicke in pädagogisches Handeln und in die Einrichtungskonzeption, Absprachen über Regeln, Routinen, Erwartungen und Ziele bilden eine solide Grundlage für die zukünftige Zusammenarbeit. Entwicklungsgespräche sind in der Kindertagesstätte im regelmäßigen Turnus vorgesehen und werden in den einzelnen Bundesländern in unterschiedlicher Intensität gepflegt. Eine besondere Stärke im Kindergarten ist das so genannte Tür- und Angelgespräch. Hier können tagesaktuelle Vorkommnisse bzw. organisatorische Angelegenheiten ausgetauscht werden. Gleichermaßen kann aber auch ein Gesprächstermin vereinbart werden, wenn Themen ein größeres Zeitfenster benötigen. Dieser informelle Austausch findet im Gegensatz zur Schule ganz natürlich beim Bringen und Abholen des Kindes statt. Während dieser kurze informelle Austausch in der Kindertagestätte einen festen Platz im Alltag findet, ist man in der Schule darum bemüht, spontane Gespräche zwischen Eltern und Lehrer*innen während der Unterrichtszeit zu vermeiden. Zu Stundenbeginn sind die Lehrer*innen mit dem Übergang von der Pause zur Unterrichtsstruktur besonders gefordert und benötigen Präsenz, um die Aufmerksamkeit der Schüler*innen wieder auf das Unterrichtgeschehen zu lenken. Eltern, die sich wie die Kinder in der Transition (vgl. z.B. Griebel/Niesel 2004) vom Kindergarten zur Schule befinden, und diese Form des Tür- und Angelgesprächs pflegen, stellen schnell fest, dass diese Praktiken im schulischen Setting unerwünscht sind. Auch fehlt das Eingewöhnungsgespräch aus dem Kindergarten, das nicht nur der Eingewöhnung des Kindes dient, es nimmt auch die Eltern als Teile der Institution auf. Der erste Kontakt in der Schule findet häufig direkt in der Großgruppe, beim ersten Elternabend statt, und diese Form bietet nur wenig Raum für individuellen Austausch.

Die institutionalisierten Gespräche in der Schule haben einen wesentlich schwierigeren Start als im Kindergarten. Die Befindlichkeiten des Kindes fanden in der Krippe bzw. im Kindergarten viel differenzierter Beachtung, schließlich sollte sich das Kind in die erste Institution möglichst reibungslos einfinden. In der Schule bleibt das Ziel bestehen, sich möglichst ohne viel Aufhebens in die Institution einzugliedern, allerdings richten sich die Bedürfnisse vielmehr an der Institution als an der Familie aus. Das zeigt sich in vielen Selbstverständlichkeiten, die jetzt mit Eintritt in die Schule nicht mehr zur ‚Wahlleistung' gehören und somit nicht mehr verhandelt werden können: Schulbeginn, Pausenregelungen, Schulende, Raumnutzung, Hausaufgaben, Verlässlichkeit im Bereithalten der Schulmaterialien usw. All diese Schultatsachen fallen einem großen Teil der Eltern leicht, da sie selbst die Schullaufbahn erfolgreich durchliefen und im Laufe ihrer Schulsozialisation lernten, wie man mit Lehrer*innen ins Gespräch kommen kann. Diese Eltern wissen in der Regel auch, wie sie, und im Speziellen ihre Kinder, sich ‚schulkonform' verhalten und was ihre Kinder für eine gelingende Schulbiografie benötigen. Auch wenn große regionale Unterschiede vorherrschen und es strittig bleibt, ob die ‚schulkonformen' Eltern in der Überzahl sind, werden sie als Maßstab gesetzt, an denen sich Kooperationen und Kommunikationen auszurichten haben. In dieser Hinsicht sind Eltern, die das nicht erfüllen können, in doppelter Hinsicht benachteiligt. Einen wesentlich schwierigeren Einstieg in die Gesprächskultur finden nämlich Eltern, die entweder das Schulsystem nicht kennen lernten und ihre Rolle in der Kooperation nicht erahnen können, oder die selbst kein Vertrauen in das Schulsystem fassen und somit den Benefit einer Kooperation nie positiv erfahren konnten. Durch die mangelnde Kenntnis finden sie nicht nur seltener überhaupt den Weg in die Institution, die Kooperation gelingt auch seltener (vgl. Sacher 2014). Die schulischen Akteur*innen sehen den Beginn einer Kooperationsbeziehung meist als Bringschuld. Als Minimaleinsatz der Eltern wird zumindest das Aufsuchen der Institution nach Aufforderung verstanden. Kommen Eltern den Aufforderungen nicht nach, wird ihr Fernbleiben häufig als Desinteresse an den Kindern bzw. an der schulischen Arbeit gewertet. Es gibt hingegen unterschiedliche Gründe, warum Eltern der Schule fernbleiben: Zeitmangel, geringe Flexibilität im Zeitfenster, Unkenntnis über die Relevanz, Ängste, Sprachschwierigkeiten, ein anderes Rollenverständnis usw. Umso wichtiger wird es, von Anfang an eine Kommunikationsstruktur zugrunde zu legen, die die Zusammenarbeit erleichtert und Stolpersteine auslotet.

### 6.2.4 Auf dem Weg zu einer gelungenen Kommunikation – Stolpersteine

Kinder kommen heute früher in pädagogische Institutionen und verweilen auch länger in ihnen. Umso wichtiger wird es, von Beginn an einen guten Start in die Gespräche zu sichern. Unabhängig von den beteiligten Akteur*innen gilt es eine Infrastruktur für den Austausch zu schaffen, die eine konstruktive Zusammenarbeit ermöglicht. Grundsätzliche Überlegungen, wie Gespräche verankert werden können, helfen Stolpersteine zu vermeiden.

**Eine Kommunikationsstruktur bietet einen guten Start in die zukünftige Kooperation,**

- die von Eintritt an in die Institution zugrunde gelegt und gepflegt wird,
- die von Anfang an transparent macht, dass Gespräche im Sinne einer Bildungs- und Erziehungspartnerschaft verstanden werden möchten, die das Wohl des Kindes in den Mittelpunkt stellt,
- auf die nicht nur bei Problemen zurückgegriffen wird,
- die ausreichend Raum, Zeit und Flexibilität für gegenseitigen Informationsaustausch vorsieht,
- die dabei unterschiedliche Kontaktaufnahmemöglichkeiten zulässt, derer sich beide Seiten bedienen dürfen: Telefon, Mail, Brief, über das Hausaufgabenheft, über die Schüler*innen, etc.,
- die Kooperationsabsprachen auslotet und Partizipationsmöglichkeiten sichtbar werden lässt,
- die von beiden Seiten gepflegt wird und die Bedürfnisse beider Seiten berücksichtigt. Dazu gehört, dass sich bei Kommunikationsschwierigkeiten beide Seiten um Klärung bemühen,
- die bei Sprachschwierigkeiten mehrsprachige Einladungen anbietet bzw. auf einen Dolmetscher*innenpool zurückgreifen kann. Dazu gehört auch, dass sich Lehrer*innen so ausdrücken können, dass das Gesagte verstanden wird,
- die von Vertrauen und Wertschätzung getragen ist,
- die auf Augenhöhe stattfindet und auch auf indirekte Machtdemonstrationen verzichtet, beispielsweise wenn Eltern in die Schüler*innenrolle durch Mobiliar etc. verwiesen werden,
- ...

Neben diesen grundsätzlichen Überlegungen ist es hilfreich, unterschiedliche Gesprächsanlässe anzubieten bzw. wahrzunehmen, um eine verlässliche Kommunikationsstruktur zu etablieren. Erleben Eltern den Austausch von Anfang an als etwas Selbstverständliches, der in gegenseitigem Respekt zum Wohl ihres Kindes stattfindet, fallen weitere Zusammenkünfte, Gespräche und Kooperationen leichter. Hierzu gehören neben den Angeboten für die gesamte Elternschaft, die individuellen Gespräche, beispielsweise in Form von Elternsprechstunden, Sprechtagen, Beratungsgesprächen, Lern- und Entwicklungsgesprächen, Konfliktgesprächen und Hausbesuchen. Damit sich die Kommunikation bestmöglich entfalten kann, sind unterschiedliche Aspekte zu berücksichtigen. Ein ‚professionelles' Gesprächsverhalten der Eltern ist zwar wünschenswert, aber nicht immer vorauszusetzen, von der Lehrer*innenseite gehört die Kommunikationskompetenz zur Profession und ist unverzichtbar. Man könnte annehmen, dass Lehrer*innen geübt im Dialogisieren sind und gleichermaßen die Kunst des Zuhörens beherrschen. Tatsächlich haben einige Lehrer*innen diese Fähigkeit nicht grundlegend erworben bzw. verlernt. Um Gespräche professionell führen zu können, gilt es sowohl die Gesprächsregeln als auch den Gesprächsverlauf im Blick zu behalten:

1. **Gesprächsvorbereitung**
   Um einen guten Einstieg in das Gespräch zu ermöglichen, ist eine angenehme Gesprächsatmosphäre unabdingbar. Hierzu gehören auch Überlegungen zum Raum. Bietet das Besprechungszimmer einen störungsfreien Austausch? Spiegelt der Raum Wertschätzung wider oder nimmt man Vorlieb mit einem Abstellraum o.Ä. Ungünstig sind Gespräche, wenn sie im Klassenraum des Kindes stattfinden, da Eltern in die Rolle der Schüler*innen verwiesen werden. Das erschwert eine symmetrische Kommunikation und verunsichert insbesondere Eltern, die Gespräche in Institutionen noch nicht als selbstverständlich auffassen. Durch das Mobiliar und deren Anordnung im Raum kann ein Austausch auf Augenhöhe erschwert werden. Unterschiedliche Sitzhöhen sowie eine frontale Anordnung mit mehreren institutionellen Vertreter*innen sollten vermieden werden. Darüber hinaus besteht ausreichend Interpretationsspielraum hinsichtlich der Frage, wie die Gesprächsnische gestaltet werden kann, um eine angenehme Gesprächsatmosphäre zu bewirken.
2. **Gesprächseinstieg**
   Dem Gesprächseinstieg kommt eine besondere Bedeutung zu. Er entscheidet darüber, wie und ob es den Gesprächspartner*innen gelingt, sich auf das Gegenüber bzw. auf die Gesprächssituation einzulassen. Eine freundliche Begrüßung, die Offenheit signalisiert, wirkt gesprächsfördernd und kann Barrieren abbauen. Einladende Gesten und eine zugewandte, freundliche Mimik, machen es den Gesprächspartner*innen leicht, sich auf einen Austausch einzustellen. Gesprächshemmend wirkt hingegen verbal oder nonverbal ausgedrückte Zeitnot, die dem Gegenüber von Anfang an signalisiert, ein wirklicher Austausch ist zeitlich nicht eingeplant. Damit das Gespräch für Relevantes genutzt werden kann, sind zu Beginn Ziele und Inhalte zu benennen und bei Bedarf zu signalisieren, dass für größere Themen weitere Angebote wahrgenommen werden können.
3. **Der Gesprächsverlauf**
   Der Verlauf des Gespräches sollte sich durch eine gut strukturierte Gesprächsführung auszeichnen, damit der Inhalt nicht ‚verwässert'. Körpersprache, die eigene und die des Gegenübers, sind im Blick zu behalten. Ablehnung, Verschlossenheit, Unsicherheit etc. werden nicht immer offen angesprochen, sie sind aber mitunter in der Körpersprache abzulesen. Diese nonverbalen Äußerungen können für das Gespräch konstruktiv genutzt werden. So kann Unaus-

gesprochenes wahrgenommen und das Gespräch entsprechend nachgesteuert werden. Bei Ablehnung kann es sich als hilfreich erweisen, den Benefit für das Kind erneut hervorzuheben, damit die Gesprächspartner*innen feststellen können: Es geht um eine partnerschaftliche Verständigung. Der Verlauf sollte sich immer am Gegenüber ausrichten, damit der Austausch nicht nur ‚ertragen', sondern vielmehr von Absprachen ‚getragen' werden kann.

Ich-Botschaften im Sinne von Selbstoffenbarungen erleichtern den Gesprächspartner*innen, sich auf den Sachverhalt einzulassen, ohne in Rechtfertigungsszenarien zu flüchten. Anklagen und Etikettierungen sind prinzipiell zu vermeiden. Eine professionelle Gesprächsführung zeichnet sich aber auch durch geeignete Strategien aus, die bei Anklagen, Vorwürfen und Zuschreibungen eine adäquate Reaktion sichern, um eine Eskalation zu vermeiden (vgl. Kap. 1). Nicht immer gelingt es, Gespräche auf die Sachebene zurückzuführen. Entgleitet ein Gespräch, ist es sinnvoll, dieses zu unterbrechen und zu vertagen, um einen Neuanfang zu sichern. Damit sich das Gespräch im Sinne einer Bildungspartnerschaft entfalten kann, ist nicht nur die Gesprächsführung relevant. Um Synergieeffekte bestmöglich nutzen zu können, kommt dem Zuhören eine wichtige Bedeutung zu, dem aktiven und dem umschreibenden Zuhören. Während Ersteres dem Gegenüber Aufmerksamkeit signalisiert und zu Narrationen einlädt, erleichtert das umschreibende Zuhören, welches das Gehörte in eigene Worte resümiert, Missverständnisse zu vermeiden. Das umschreibende Zuhören spiegelt den Gesprächspartner*innen, das Wichtigste erfasst zu haben. Hilfreich sind Aussagen wie „wenn ich Sie richtig verstehe…", „mit anderen Worten…" oder auch „Ihnen ist wichtig, dass…". Ziel ist es, im Verlaufe des Gesprächs Entwicklungs- bzw. Lösungsstrategien auszuloten, die von beiden Seiten mitgetragen werden können. Im Gesprächsverlauf sollte bei den eigenen Aussagen besonders darauf geachtet werden, die Sachebene hervorzuheben, da auf der Beziehungsebene leichter Konflikte entstehen. Dennoch muss damit gerechnet werden, dass die anderen Ebenen beim Gegenüber vordergründig wahrgenommen werden – sie sind zumindest mitzuberücksichtigen, damit Konflikte vermieden werden können. Wie die unterschiedlichen Gesprächsebenen den weiteren Verlauf tangieren, soll das Fallbeispiel (s. Kasten S. 174) verdeutlichen.

Ein Gesprächsverlauf, der überwiegend die Aufforderungs- bzw. die Beziehungsebene triggert, verspricht wenig Lösungsgeschick. Insbesondere, wenn Eltern sich ‚vorgeladen' fühlen, um sie mit ihren Versäumnissen zu konfrontieren, wird man auf wenig Lösungsbereitschaft stoßen. Können Eltern die Fürsorge und das gemeinsame Interesse am Kind erkennen, fällt es leichter, gemeinsam einen Weg auszuloten, um das Problem zu beheben. Denn dem Problem der Eltern, das Kind zum Schulbesuch zu verpflichten, steht ja ein Schulproblem gegenüber, das auch die Schule nicht ausblenden kann. Schulabsentismus kann unterschiedliche Ursachen haben, die in der Familie aber

**Fallbeispiel: Gespräch zwischen Lehrer*in und Erziehungsberechtigten bei Schulabsentismus:**

| | |
|---|---|
| Lehrer*in: | Wir haben festgestellt, dass Ihr Sohn sehr viele Fehltage aufweist. |
| Sachebene: | Information – der Schüler kommt nicht zur Schule. |
| Aufforderung: | Kommen Sie Ihrer Erziehungspflicht nach und schauen Sie zu, dass Ihr Kind zur Schule kommt. |
| Beziehung: | Sie benötigen meine Hilfe bzw. professionelle Hilfe, weil Sie es nicht allein schaffen. |
| Selbstoffenbarung: | Ich kann so meinem Bildungs- und Erziehungsauftrag nicht nachkommen, wenn Sie Ihren Auftrag nicht wahrnehmen. |

auch in der Schule begründet sein können: Stress, Leistungsdruck, Schulangst, Unter- bzw. Überforderung, Mobbing, gestörte Lehrer*innen-Schüler*innen-Beziehung etc.

Ein professioneller Gesprächsverlauf führt das Gespräch immer wieder sorgsam zurück auf die Sachebene und reflektiert das eigene Gesprächsverhalten kontinuierlich hinsichtlich wertender oder einseitiger Interpretationen von Aussagen. Da sich das Gespräch immer wieder am Gegenüber auszurichten hat, verbietet sich eine generelle Vorgehensweise. So können Mitgefühl und das Angebot zur Unterstützung sicherlich als hilfreich empfunden werden. Zu viel Mitgefühl und Unterstützungsangebote können jedoch beim Gegenüber auch negative Wirkung hervorrufen, wenn sie dem Gesprächspartner immer wieder Inkompetenz und Unterstützungsnotwendigkeit attestieren.

4. **Das Gesprächsende**
   Es empfiehlt sich, am Ende des Gesprächs das Wichtigste zusammenzufassen und festzuhalten, damit Folgegespräche einen guten Wiedereinstieg finden können. Es kann sich als hilfreich erweisen, neuralgische Punkte, familiäre Schwierigkeiten und Belastungen zu notieren, die sonst rasch vergessen werden und dem Gegenüber Desinteresse signalisieren können, wenn erneut im Folgegespräch etwas dargelegt werden muss, das als Zumutung oder Beschämung empfunden wird. Werden weitere Gespräche anberaumt, hilft es, sich bereits in der Gesprächssitzung auf einen weiteren Termin zu verständigen und den Inhalt des Anschlussgesprächs festzuhalten. Auch die Verabschiedung aus dem aktuellen Austausch sollte bedacht werden. Eine positive Rückmeldung erleichtert Folgegespräche und kann Hemmungen abbauen, sich um weitere Kontakte zu bemühen.

Besonders herausfordernd erleben Lehrer*innen Elterngespräche bei auffälligen Kindern. Hierzu zählen psychische, psychosomatische, motorische Auffälligkeiten, aber auch Schwierigkeiten im Sozialverhalten und im Leistungsspektrum. In allen Bereichen gewinnt das Gespräch eine hohe Bedeutsamkeit, da die Entwicklung des Kindes nicht ohne Einschränkungen stattfinden kann. Umso wichtiger ist es für Schule und Familie, sich über die Hintergründe und die Beobachtungen auszutauschen. Dabei ist im Gespräch nicht die Diagnose über das Kind in den Vordergrund zu stellen, sondern vielmehr die Darlegung der gesammelten Beobachtungen, um gemeinsam mit den Eltern Ursachen zu diskutieren und die Möglichkeiten einer fachlichen Diagnose abzuwägen. Die Erkenntnis, dass das eigene Kind ‚von der Norm' abweicht und gegebenenfalls Zusatzangebote, eventuell auch therapeutische Unterstützung, benötigt, ist für Eltern nicht leicht einzugestehen. Mitunter fällt es Eltern leichter, die Missstände nicht in der eigenen Familie, sondern in der Institution zu suchen. Tatsächlich ist es offensichtlich, dass schulische Unterstützungsmöglichkeiten bei anderen Rahmenbedingungen, z.B. mit mehr Personal, in kleineren Klassen, mit multi-professionellen Teams, mit mehr Förderunterricht usw. besser greifen. Dennoch hilft es, unter den möglichen Rahmenbedingungen, das Bestmögliche für die Entwicklung des Kindes zu erarbeiten. In diesen anlassbezogenen Gesprächen benötigen pädagogische Fachkräfte ein besonderes Verhandlungsgeschick. Es ist hilfreich, weitere Expert*innen, Sozialarbeiter*innen, Psycholog*innen, Beratungslehrer*innen einzuschalten, um in geeigneten Zeitabständen einen fachlichen Austausch zu installieren.

### 6.2.5 Umgang mit Konfliktgesprächen

Konflikte in Gesprächen lassen sich auch bei geübten Kommunikationspartner*innen nicht immer vermeiden. Diese können unterschiedliche Ursachen haben. Einige lassen sich sicher durch die Etablierung einer guten Kommunikationskultur und durch eine gute Gesprächsplanung und Durchführung, wie beschrieben, vermeiden, aber sicher nicht alle. Umso wichtiger wird es, geeignete Schritte für eine Deeskalation vor Augen zu haben, die dann zum Einsatz kommen können und Konfliktgespräche gezielt zu üben. Entgleiten Gespräche, liegt das nicht immer an der Missachtung der Gesprächsführung. Sehr viel schwieriger wird der Gesprächsverlauf, wenn grundlegende Sichtweisen aufeinandertreffen und die Sichtweise des Gegenübers zunächst nicht anerkannt wird, weil sie nicht der gängigen Gesellschaftsnorm oder den pädagogischen Grundsätzen entspricht. Dies kann im interkulturellen Kontext der Fall sein, wenn kulturelle Differenzerfahrungen Irritationen hervorrufen, dies kann aber auch innerhalb autochthonen Gesprächspartner*innen stattfinden, wenn unterschiedliche Sichtweisen aufeinandertreffen. Ansätze, welche die Ansichten des Gegenübers ignorieren bzw. den eigenen Standpunkt als den alleinigen, gesellschaftlich legitimierten einfordern, sind wenig zielführend. Ein professioneller Umgang verlangt in diesen Gesprächen zunächst eine Distanzierung vom eigenen Standpunkt, damit andere Sichtweisen erst einmal betrachtet werden können. Der im Folgenden beschriebene Dreischritt kennzeichnet ein Vorgehen, das sich ursprünglich an Erzieher*innen im frühpädagogischen Bereich richtete und bei kulturellen Irritationen zwischen Erzieher*innen und Eltern mit Migrationshintergrund zu vermitteln versuchte (vgl. Şıkcan 2003). Die dort vorgeschlagenen Einzelschritte lassen sich im Rollenspiel üben und bieten bei Konfliktgesprächen – nicht nur im interkulturellen Kontext – Lösungsansätze. Wenn wir den oben geschilderten Fall von Schulabsentismus als Konfliktgespräch skizzieren, könnte man das Gespräch folgendermaßen entwerfen:

### Fallbeispiel: Schulabsentismus

| | |
|---|---|
| Lehrer*in: | Wir haben festgestellt, dass Ihr Sohn sehr viele Fehltage aufweist. Sehen Sie Möglichkeiten, wie der Schulbesuch Ihres Kindes gesichert werden könnte? |
| Mutter bzw. Vater: | (*aufbrausend*) Das weiß ich doch nicht, ich kann ihn ja nicht jeden Morgen am Händchen nehmen und an der Schule absetzen – das kann ich nicht leisten, da könnte ich ja gleich alle meine Verpflichtungen an den Nagel hängen, wenn ich mich auch noch darum kümmern sollte, dass Vincent jeden Morgen in die Schule geht. |

1. **Dezentrierung: Die eigene Erlebnisfähigkeit erweitern**
   In einem ersten Schritt geht es darum, die eigene Gefühlslage zu bestimmen. Welche Gefühle gehen mit der Aussage bzw. der Konfrontation des Gegenübers einher: Angst, Wut, Empörung? Welche Tatsache bzw. welche Aussage ist für diese Gefühlslage verantwortlich. Wichtig ist es, zu erkennen, welche eigenen bzw. gesellschaftlich verankerten Grundfeste durch die Aussagen ins Wanken geraten, die man schützen möchte.

   Im beschriebenen Fallbeispiel ist sicherlich Empörung und Enttäuschung vorstellbar, da die Eltern keinerlei Anstalten machen, die Tatsache in ihrem Wirkungskreis zu verankern. Die Sichtweise der Lehrkraft, die im Sinne einer Bildungs- und Erziehungspartnerschaft agieren möchte, sieht sich in der Erziehungsfrage alleingelassen. Dabei sieht die Lehrkraft eine gesellschaftliche Verpflichtung – die Schulpflicht – empfindlich verletzt. In diesem Fall steht der Erziehungsauftrag der Schule (Schulgesetz) dem Erziehungsauftrag der Eltern (Grundgesetz) gegenüber. Die Erkenntnis des geteilten Erziehungsauftrages, der beide Seiten in die Pflicht nimmt, hilft die Situation distanziert aus der eigenen Realität zu lösen, um sich von der eigenen Sichtweise zu distanzieren. Diese Dezentrierung führt zum zweiten Schritt.

2. **Eintauchen in das Bezugssystem der anderen**
Im zweiten Schritt geht es nun darum, den Sinn in der Argumentationsweise und in der Performanz zu konstruieren. Wird der eigene Standpunkt verlassen, erlaubt eine distanzierte Betrachtungsweise, die Sichtweise des Gegenübers zu decodieren. Analysiert werden jetzt die Argumente, auf denen die Aussagen des Gegenübers fußen. Welche sozialen bzw. kulturellen Elemente stützen diese Denkweise? Wie gelangen die Gesprächspartner*innen zu ihren Einsichten? Wie konstruieren sie ihre Logik? Dieser Schritt wird durch die eigene ego- bzw. ethnozentristische Sichtweise erschwert. Damit ist gemeint, dass Sichtweisen anderer nicht nur als anders wahrgenommen werden, sie werden vielmehr an der eigenen Logik abgewertet, da Verhaltensmuster an der eigenen ethnischen/sozialen/milieukonsistenten Gruppe gemessen werden. Die Zugehörigkeit prägt Vorstellungen von dem, was als ‚normal' und ‚richtig' erachtet wird. Sich auf diesen zweiten Schritt einzulassen, setzt Offenheit und Neugier voraus. Denn die eigenen Deutungsmuster, die man sich im Laufe der Sozialisation angeeignet hat, prägen das Handeln und dienen als Bewertungsmaßstab. Voraussetzung für einen Perspektivwechsel ist die Fähigkeit, die eigenen Betrachtungsweisen zu reflektieren und sich der Tendenz bewusst zu werden, andere Herangehensweisen anhand der eigenen Handlungs- bzw. Deutungsmuster abzuwerten. Lässt man sich im Gespräch auf andere Sichtweisen ein, können die Beweggründe betrachtet werden, die für die emotionale Reaktion verantwortlich sind. Diese Vorgehensweise wägt unterschiedliche Ansätze ab und lenkt das Gespräch in eine konstruktive Richtung. So könnte beispielsweise im Gespräch oben geklärt werden,
   a) ob es die Ansicht der Eltern sei, für Schulabsentismus sei allein die Schule verantwortlich. Lohnend wäre in diesem Fall, näher nachzuforschen, ob es Aussagen vonseiten des Kindes gibt, die diese Erkenntnisse nahelegen (Angst, Mobbing, Leistungsdruck etc.). Lösungsansätze könnten dann in Richtung Angstabbau, genauere Betrachtung der Leistungsentwicklung, Stellung in der Klasse usw. gehen. In diesem Fall wird rasch deutlich, dass eine Kooperation von Schule und Familie viel tragfähiger ist, als nur eine Seite dafür verantwortlich zu machen.
   b) ob das Kind auch in anderen Kontexten Verhaltensveränderungen zeigt. Das Gespräch könnte dann die Peer-Beziehungen, den Medienkonsum bzw. familiäre Entwicklungen thematisieren, die zu veränderten Verhaltensweisen führen könnten. Hier kann für die Eltern erkennbar werden, dass das Kind in der Schule andere Verhaltensmuster zeigt als im familiären Kontext.
   c) ob das Kind eventuell am Morgen mit der Organisation überfordert ist, weil ein Elternteil alleinerziehend oder beide Elternteile stark durch die Arbeitsstelle belastet sind.

   In diesem Fall könnte im Gespräch geklärt werden, wie die morgendliche Organisation entlastet werden könnte und sichergestellt werden kann, dass das Kind sich auf den Schulweg macht. Verlässliche Rückmeldungen von der Schule an die Eltern könnten den Eltern transparent machen, ob die veränderten Routinen Erfolge zeitigen.

d) welche Maßnahmen die Eltern bereits getroffen haben, um den Schulbesuch abzusichern. Im Gespräch könnten Vorgehensweisen abgesprochen werden und bei Überforderung Gespräche mit der schulpsychologischen Beratungsstelle usw. koordiniert werden.

Die Analyse unterstützt die gemeinsame Erarbeitung des Problems, eine Fortsetzung des Gesprächs bzw. der Beziehung wird ermöglicht.

3. **Aushandlung**
In diesem letzten Schritt geht es darum, eine konsensuelle Verständigung in der Bildungs- und Erziehungspartnerschaft einzuleiten, die eine Lösung sichtbar macht, die für beide Seiten tragbar ist. Die Schwierigkeit besteht nun darin, sich auf dem Weg zu einer gemeinsamen Lösung zu verständigen. Sinnvoll ist es, zunächst kleine Schritte zu vereinbaren. Größere Schritte einzufordern, die man zum Wohl des Kindes gesichert sehen möchte, kann sich dabei als kontraproduktiv erweisen. Es geht also nicht darum, zum Wohl des Kindes auf das ‚vermeintliche' Recht zu pochen, sondern vielmehr eine gemeinsame Norm zu konstituieren bzw. einen dritten Raum zu erschließen, der für beide Seiten ein Handlungsfeld eröffnet.

## 6.3 Klassenbezogene Leistungsgespräche

### 6.3.1 Lernentwicklungsgespräche

Die Persönlichkeit von Schüler*innen, ihre Leistungen und ihr Kompetenzerwerb entwickeln sich durch die sensible Begleitung und Unterstützung von Bezugspersonen. Voraussetzung für Entwicklung, Lernen und Leisten sind Beziehungen, die durch Impulse eine angemessene Lernumgebung, eine Lerngemeinschaft konstituieren, in welcher die Schüler*innen ihre Handlungsspielräume sukzessive erweitern können. Schüler*innen unterscheiden sich dabei in ihren Bedürfnissen immens. Was für die einen hilfreich und förderlich erscheint, kann für andere Schüler*innen einen verordneten Rückschritt bedeuten. Damit alle Schüler*innen ihre Entwicklungsmöglichkeiten gut entfalten können, benötigen Lehrer*innen ein Sensorium für die individuellen Bedürfnisse. Empirische Studien (vgl. Helmke 2009) belegen die Relevanz diagnostischer Kompetenzen bei Lehrer*innen. Eine hohe diagnostische Kompetenz führt zu besseren Lernleistungen bei Schüler*innen (vgl. Helmke 2009, S. 132). Voraussetzung dafür ist ein ‚geübter Blick' für den individuellen Lernstand bzw. die individuellen Stärken und Schwächen der Schutzbefohlenen, damit diese ihre Kompetenzen weiter ausbauen können. Die passgenaue Förderung ist ein zentrales Ziel in pädagogischen Institutionen und Kernaufgabe des pädagogischen Fachpersonals. Die Kultusministerkonferenz (KMK) betont:

> „Lehrerinnen und Lehrer diagnostizieren Lernvoraussetzungen und Lernprozesse von Schülerinnen und Schülern, sie fördern Schülerinnen und Schüler gezielt und beraten Lernende und deren Eltern“ (Sekretariat der Ständigen Konferenz der Kultusminister der Länder in der Bundesrepublik Deutschland 2004, S. 11).

Der Kompetenzerwerb von Schüler*innen erfolgt gestuft. Unter der im Alltagsgebrauch oft bedienten Formel „die Kinder abholen, wo sie stehen“, verbirgt sich also ein schwieriges Unterfangen, das mit hohen Diagnosekompetenzen einhergeht. In der Regel befinden sich ca. 30 Schüler*innen im Klassenverband, der zeitliche Rahmen, um den Leistungsstand zu erheben, ist knapp bemessen. Die Einbindung in das hochkomplexe Unterrichtsgeschehen, das häufig durch Unterrichtsstörungen durchkreuzt wird, eröffnet wenig Freiräume, den Lernstand der Schüler*innen zu beobachten, zu dokumentieren und die Lernentwicklung prospektiv zu planen. Eine Möglichkeit, Leistungsrückmeldungen fest im Schulgeschehen zu verankern, bieten Lernentwicklungsgespräche. Sie werden initiiert, um die Lernentwicklung der Schüler*innen besser begleiten und planen zu können. Dabei finden die lernprozessbegleitenden Gespräche nicht nur zwischen Lehrer*in und Schüler*in statt, sie schließen die Eltern bzw. zumindest einen Elternteil ein. Im Zentrum des gemeinsamen Gesprächs steht die individuelle Kompetenzentwicklung und die Leistung der Schüler*innen. Ziel ist eine differenzierte Leistungsrückmeldung, die lösungsorientiert in die Zukunft gerichtet ist (vgl. Winter 2018). In einigen Bundesländern, z.B. in Bayern und Hamburg, sind Lernentwicklungsgespräche ein verlässliches Element der Leistungsrückmeldung. In der Regel ersetzen die Gespräche die Zwischenzeugnisse. Dem gemeinsamen Gespräch wird ein größeres Potenzial zugeschrieben, gezielte Förderungsmöglichkeiten besser sichtbar zu machen, als das Ziffernnoten vermögen. Wie bei der Transition vom Kindergarten zur Grundschule bzw. bei der Bildungs- und Erziehungspartnerschaft mit Eltern expliziert, werden alle am Bildungs- und Erziehungsprozess Beteiligten ko-konstruktiv ins Gespräch eingebunden. Ziel ist es, den Leistungsstand für alle transparent zu machen, um gemeinsam Formen der weiteren Leistungsentwicklung abzustimmen.

Die Einführung von Lernentwicklungsgesprächen bedarf einer soliden Vorbereitung, da sie hohe Anforderungen an die Professionalität stellen. Das gemeinsame Abstimmen der Unterstützungsmodi und -möglichkeiten erfordert ein hohes Kommunikationsgeschick. Anders als beim Beurteilungsgespräch, das lediglich Transparenz über die Noten zum Ziel hat, sind beim Lernentwicklungsgespräch alle Perspektiven auf den Entwicklungsstand relevant, also auch die der Schüler*innen und ihrer Eltern. Die Unterschiedlichkeit der Familien, ihre Bildungszugänglichkeit, ihre Vorerfahrungen mit institutionellem Lernen, ihr unterschiedliches Sprachvermögen usw. erschweren die Gespräche und erfordern hohe Kommunikationskompetenzen. Im Gespräch gilt es, den richtigen Ton zu treffen, das Sprachniveau individuell anzupassen, dialogische Gesprächsstrukturen zu eröffnen und alle dabei auf Augenhöhe ins Gespräch einzubinden. Leichter gelingt das, wenn entsprechende Kommunikationskompetenzen auf beiden Seiten vorhanden sind. Zwingend erforderlich sind sie jedoch zumindest bei der Lehrkraft, die diese in den Phasen der Lehrkräftebildung angelegt bzw. erworben hat und kontinuierlich professionsbezogen daran weiterarbeitet. Neben sprachlichen Schwierigkeiten im Kommunikationsprozess, ist die individuelle Rekonstruktion des Lernstandes zeitintensiv und vielschichtig. Grundlage ist die kontinuierliche Dokumentation der Schüler*innenleistungen. Hierfür können Klassenarbeiten herangezogen werden. Klassenarbeiten haben eine pädagogische Funktion, sie sollen den Leistungsstand der Lerner*innen, den Eltern und den Lehrkräften sichtbar machen. Die pädagogische Funktion wird allerdings meistens durch die gesellschaftliche Funktion der Selektion bzw. Allokation überlagert. Dennoch geben Klassenarbeiten Auskunft über Stärken und Schwächen der Schüler*innen zu einem bestimmten Zeitpunkt. Klassenarbeiten lassen allerdings nur begrenzte Rückschlüsse zu und sie werden selten genutzt, um wirkungsvoll an Stärken und Schwächen arbeiten zu können, da die Leistungsfeststellung und die Leistungsbeurteilung in einem Schritt zusammenfallen (vgl. Zumhasch 2005). Um den Leistungsstand der Schüler*innen adäquat festzustellen und zu formulieren, sollen vielfältige Formen der Leistungsdokumentation berücksichtigt werden, unabhängig, ob die Rückmeldungen in Form von Zeugnissen oder durch Lernentwicklungsgespräche erfolgt. Der baden-württembergische Bildungsplan für die Grundschulen führt zu den lernprozessbegleitenden Rückmeldungen aus:

> „Halbjahresinformationen und Zeugnisse geben ein Bild von der individuellen Leistungsentwicklung sowie den Kompetenzen und eröffnen gleichzeitig eine ermutigende Perspektive für die weitere Entwicklung. Sie stützen sich auf sorgfältige Beobachtungen, mündliche Beiträge, schriftliche und praktische Arbeiten sowie Präsentationsergebnisse, Lern- und Entwicklungsdokumentationen oder kompetenzbasierte Berichte. Es werden der Verlauf und die gesamte Lernentwicklung berücksichtigt. Die Leistungsbewertung erfolgt in der pädagogischen Verantwortung der Lehrkraft" (Bildungsplan Baden-Württemberg Grundschule 2016, S.19ff.).

Voraussetzungen für ein konstruktives Lernentwicklungsgespräch sind Beobachtungen, die Rückschlüsse auf den Leistungsstand erlauben. Dieser bezieht sich nicht nur auf fachliche Kompetenzen, sondern impliziert Aspekte der Arbeitshaltung, der Kooperation und der Selbstständigkeit. Im Kindertagesbereich sind „Beobachten und Dokumentieren" in den Curricula fest verankert. Als Grundlage für die Lernentwicklungsgespräche dienen die Portfolios der Kinder. Die Beobachtungen beinhalten unterschiedliche Themen wie beispielsweise kindliches Erleben und Verhalten, Spielformen, Helfen, Trösten, Konflikte, Zugehörigkeit, Bildungsprozesse usw. (vgl. Strätz/Demandewitz 2005). Die Beobachtungsformen reichen von standardisierten Beobachtungsbögen bis hin zu freien Lerngeschichten, und die Dokumente finden in Form von Zeichnungen, Fotos, Geschichten, Skizzen, Videos, Checklisten usw. Eingang ins gemeinsame Gespräch mit den Eltern. Alle Dokumente dienen dazu, den Entwicklungsstand des Kindes zu protokollieren, um Entwicklungsmöglichkeiten aufzuzeigen, wobei die Beobachtung als Prozess verstanden wird. Auch in der Schule können Lehrer*innen auf unterschiedliche Dokumente und Beobachtungen zurückgreifen. Allerdings ist der Blick oft verstellt und der Fokus auf Klassenarbeiten und Tests verengt. Die Berücksichtigung von mündlichen Beiträgen, Projektergebnissen, Hausaufgaben, Gruppenarbeitsergebnissen, Beobachtungsprotokollen usw. bietet differenziertere Betrachtungsweisen. Gleichermaßen sind Rückmeldungen von den Fachlehrer*innen einzuholen, die die Schüler*innen unter anderen Perspektiven wahrnehmen.

Im Lernentwicklungsgespräch steht auch die Perspektive der Schüler*innen im Zentrum. Das eigene Lernen zu reflektieren, fällt Schüler*innen nicht leicht. Selbstreflexive Fragen und Reflexionskärtchen helfen, Lernreflexionen anzubahnen. Zur Vorbereitung kann auch ein Einschätzbogen hilfreich sein, den Lehrer*in, Schüler*in und Eltern getrennt voneinander ausfüllen. Die Ergebnisse können als Gesprächsgrundlage dienen. Dazu füllen alle Beteiligten den Bogen mit den (selbst-)reflexiven Fragen aus, er unterscheidet sich inhaltlich nicht, lediglich im Personalpronomen. Im Gespräch werden dann unterschiedliche Sichtweisen auf den Arbeitsbereich reflektiert und exemplifiziert. Das Arbeitsverhalten könnte beispielsweise über folgende Items reflektiert werden:

| **Arbeitsverhalten** | Trifft nicht zu ☹ | Trifft teilweise zu | Trifft zu ☺ |
|---|---|---|---|
| Es fällt mir leicht, Arbeitsaufträge gewissenhaft umzusetzen. | | | |
| Ich beteilige mich gut am Unterricht. | | | |
| Meine Arbeitsmaterialien habe ich gut im Blick. | | | |
| Ich arbeite konzentriert. | | | |
| Zügiges Arbeiten fällt mir leicht. | | | |
| Meine Hausaufgaben erledige ich pünktlich. | | | |
| Ich beteilige mich gern am Unterricht. | | | |
| Ich arbeite gerne in der Kleingruppe. | | | |
| ... | | | |

Die Dokumentation des Lernentwicklungsgesprächs kann in unterschiedlicher Weise erfolgen. Gängig sind Gesprächsprotokolle, die auch Zielvereinbarungen festhalten. Diese sollten möglichst einfach, präzise und operationalisiert formuliert werden. Das Ausformulieren von Zielen hilft den Blick auf die Entwicklungsrichtung zu bündeln und Fortschritte sichtbar zu machen. Manche Schulen formulieren Lernvereinbarungen zwischen allen Akteur*innen. Wird am Ende des Gesprächs ein Vertrag angedacht bzw. geschlossen, ist dieser daraufhin zu prüfen, ob die Vereinbarungen nicht nur erwünschtes Verhalten fixieren, sondern in der Realität auch umsetzbar sind. Günstiger als große Entwürfe ist vielmehr, kleinere Schritte zu benennen und Unterstützungsmöglichkeiten aufzuzeigen. Das Initiieren von Lernentwicklungsgesprächen an Schulen ist pädagogisch wünschenswert, da den Aussagen über die Schüler*innenleistungen mehr Raum zugestanden wird und Förderungen individuell abgesprochen werden können. Für Lehrer*innen bleibt die Umsetzung allerdings zeitintensiv und geht mit verschiedenen Problemen einher. Es ist nicht von der Hand zu weisen, dass nicht alle Eltern erreicht werden. Oft gehen gerade die Gespräche mit solchen Eltern ‚leicht von der Hand', die bereits gute Einblicke in die Handlungspraktiken der Institutionen haben und die Lernentwicklung ihrer Kinder kontinuierlich im Blick haben, während andere Eltern Gespräche verweigern können, die für die Lernentwicklung des Kindes immens wichtig wären.

### 6.3.2 Feedback im Unterricht

Unterricht ist hoch komplex und die Erwartungen von Lehrer*innen sind nicht immer eindeutig zu verstehen. Die Einflussfaktoren, die auf den Unterricht wirken, sind unterschiedlich und ihre Zusammenhänge bleiben oft unerkannt. Die Unterrichtsdurchführung ist störanfällig. Damit Unterricht gelingen kann, sind gegenseitige Erwartungen transparent zu gestalten, um die Ziele für die Interaktionspartner*innen zu klären. Verständliche Rückmeldungen über das erwartete Verhalten sind eine Grundlage für den Unterricht und somit auch für die Entwicklung der Schüler*innenpersönlichkeit und ihren Leistungen. Nicht nur von Lehrer*innenseite sind Rückmeldungen relevant für das Unterrichtsgeschehen. Schüler*innenrückmeldungen sind gleichermaßen wichtig, damit der Unterricht überhaupt in Gang gesetzt werden kann und Unterrichtsentwicklung möglich wird. Im alltagssprachlichen Gebrauch werden die Begriffe „Rückmeldungen" und „Feedback" synonym verwendet. Im wissenschaftlichen Kontext versteht man unter Feedback eine bewusste Rückmeldung zu einem Verhalten einer Person bzw. Personengruppe, wobei sich die Rückmeldung auf Daten stützt (vgl. Haag/Götz 2019). Das Spektrum reicht dabei von einfachen Verifizierungen bzw. Falsifizierungen der Aussagen bis hin zu differenzierten Leistungsrückmeldungen. Daraus wird ersichtlich, dass Rückmeldungen unterschiedliche Funktionen verfolgen. Narciss (2006) unterscheidet Feedback zur Bestätigung und Verstärkung korrekter Angaben, zur Fehlerkorrektur, als Motivationsquelle zum Lernen oder auch zur Förderung der Arbeit, wenn es regulierend bzw. instruierend eingesetzt wird, und betont den Situationsbezug. Wie Feedback geäußert wird, wird durch die jeweilige Funktion bestimmt. Generell besteht es aus zwei Elementen, einem evaluativen, das sich auf den Leistungstand bezieht, und einem informativen, das zu verarbeitende Informationen in den Vordergrund stellt. Die Rückmeldungen unterscheiden sich hinsichtlich ihrer Form, im Alltag finden sich schriftliche, mündliche, grafische bzw. sprachliche Formen.

In konstruktivistischer Sicht wird die Rückmeldung als Angebot verstanden, das zur Wissenskonstruktion dient. Ein Angebot muss nicht angenommen werden. So führt Feedback nicht unweigerlich dazu, dass Schüler*innen ihre Lernsituation besser einschätzen können. Das liegt allerdings nicht ausschließlich in der Verantwortung der Schüler*innen. Studien zur Wirksamkeit von Feedback zeigen ein uneinheitliches Bild, nicht alle Rückmeldungen können konstruktiv genutzt werden, ein Drittel der Studien konstatieren sogar negative Effekte (vgl. Haag/Götz 2019). Rückmeldungen so zu äußern, dass das Gesagte tatsächlich die Funktion erfüllt, die die Äußerungen intendieren, ist keinesfalls ein leichtes Unterfangen. Vielmehr können unreflektierte Rückmeldungen in einer Weise wirksam werden, die der Leistungsentwicklung kontraproduktiv gegenüberstehen. Das liegt u.a. im Unterricht selbst begründet. Der Unterricht als solches steht der Entwicklung einer lernförderlichen Rückmeldekultur gewissermaßen als Störung gegenüber, denn Unterricht besteht aus einer Vielzahl von Interaktionen. Interaktionen rufen mitunter Reaktionen hervor, die im Vorfeld nur schwer planbar sind. Über die Wahrnehmungen, Emotionen und Erinnerungen an Interaktionen wird eine Beziehung zwischen den Interaktionspartner*innen hergestellt. Erwartungen und Antizipationen möglichen Verhaltens beeinflussen die Interaktionspartner*innen maßgeblich. Die Reaktionen und Rückmeldungen auf Äußerungen haben somit weitreichende Folgen auf die Beziehung zwischen Lehrenden und Lernenden. Eine konstruktive Beziehung ist eine wichtige Voraussetzung für die Entwicklung der Schüler*innen und damit ein übergeordnetes Ziel, das es langfristig zu verfolgen gilt. Dieser Zusammenhang ist hinreichend bekannt (vgl. z.B. Felten 2020). Oft wird den Reaktionen, die mit den Rückmeldungen einhergehen, gar nicht das notwendige Gewicht beigemessen oder sie werden durch die Herausforderungen, die der Unterricht mit sich bringt, verzerrt. Die Eingebundenheit in den Unterricht erschwert der Lehrkraft, die täglichen Rückmeldungen kontinuierlich zu planen und zielorientiert zu platzieren. Die Simultanität im Unterricht, die hohe Interaktionsdichte, erschwert eine passgenaue Reflexion der Rückmeldungen. Der eigentliche Unterrichtsverlauf ist nur bedingt planbar und die Reaktionen der Schüler*innen häufig nicht zu antizipieren. Im Unterrichtsgeschehen müssen Lehrkräfte ad hoc reagieren, da die geplanten Interaktionen störanfällig sind und die Situation im Vorfeld nicht bedacht werden kann. Innerhalb einer Stunde erfolgt eine Vielzahl an Reaktionen, die von einer dezidierten Rückmeldung bis hin zum Ignorieren einer Äußerung variieren. Darin zeigt sich ein hohes Belastungsrisiko. Umso wichtiger wird es, Rückmeldefaktoren zu analysieren, die eine positive Entwicklung bewirken. Trotz der Planungsunsicherheiten kann bewusst an einer Rückmeldekultur gearbeitet werden. Haag und Götz (2019) führen hierfür drei Faktoren an:

1. Die Art der Aufgabe bestimmt den Zeitpunkt des Feedbacks. Aufgabenformate, die deklaratives und prozedurales Wissen beinhalten, benötigen ein unmittelbares Feedback. Bei Aufgaben, die auf einen Transfer zielen bzw. Konzept-Wissen verlangen, kann das Feedback später erfolgen.
2. Die Art des Feedbacks entscheidet seine Wirksamkeit. Klare, kurze, verständliche Rückmeldungen sind zielführend. Elaborierte Rückmeldungen sind lernwirksamer, wenn komplexe Aufgaben bearbeitet werden müssen. Positive Rückmeldungen finden eher Akzeptanz, wobei auch kontrollierendes Feedback wirkungsvoll sein kann, sofern damit kein Druck aufgebaut wird. Die Passung zwischen Zielen und Erwartungen muss realistisch sein.
3. Die kognitiven, motivationalen und selbstregulativen Voraussetzungen der Lerner*innen sind für die Wirksamkeit relevant.

Rückmeldungen beziehen sich im Unterricht aber nicht nur auf das Geschehen, das sich in den aktuellen Interaktionen zeigt. Schüler*innen bearbeiten im Schulalltag vielfältige Aufgaben, die darüber hinaus auch in den außerschulischen Kontext verlegt werden. Damit Schüler*innen aus ihren Leistungen lernen können, benötigen sie Rückmeldungen, die ihnen aufzeigen, welche Aufgaben gut bearbeitet wurden bzw. welche Aufgaben eine Nachbearbeitung benötigen, um einen vertiefteren Kompetenzerwerb zu erzielen. Es gibt vielfältige Formen der Schüler*innenleistung, die als Ausgangspunkt für Lernen herangezogen werden können. Die pädagogische Funktion von Klassenarbeiten, Hausaufgaben oder Tests liegt genau hierin begründet. Die jeweilige Aufgabe soll den Status Quo, den Ist-Zustand der Leistung, abbilden, damit dieser als Ausgangspunkt für eine Beratung dienen kann, wie der Soll-Zustand erreicht werden kann. Eine Klassenarbeit, beispielsweise zu den Grundrechenarten, offenbart der Lehrkraft rasch, ob die notwendigen Kompetenzen vorhanden sind bzw. welche Grundlagen fehlen, um die Aufgaben sicher lösen zu können. Gleiches gilt für Hausaufgaben, die adäquat bearbeitet sind bzw. die aufgrund der fehlenden Fähigkeiten und Fertigkeiten nicht erbracht werden konnten. Im Gegensatz zum fluiden Unterrichtsgeschehen bieten diese ‚Zeugnisse' verlässliche Anhaltspunkte über individuelle Förderungsansätze. Die Rückmeldungen erfolgen nicht im Interaktionskomplex, sondern können außerhalb des Unterrichts so bedacht formuliert werden, dass sie den oben beschriebenen Anforderungen genügen und den Schüler*innen einen Lernzuwachs sichern. Wenn sich eine Lehrkraft die Mühe macht, eine Aufsatzkorrektur individuell nach den jeweiligen kognitiven Voraussetzungen des Lernenden so zu formulieren, dass der Kompetenzerwerb entsprechend der jeweiligen Möglichkeiten gesteigert werden kann, zeigt sich darin ein großes Potenzial, die individuelle Leistungsentwicklung zu unterstützen. Leider zeigt der Schulalltag deutlich, dass die pädagogischen Funktionen der Leistungsbeurteilungen von den gesellschaftlichen Funktionen überlagert werden. Prominent wiegt die eigentliche Beurteilung, die sich in der Benotung niederschlägt, die wiederum den weiteren Schulweg bestimmt. Die Aufgaben werden häufig angefertigt, um eine Beurteilung zu erlangen, wobei die soziale Bezugsnorm in vielen Fällen im Vordergrund steht. Steht diese fixiert unter der Schüler*innenleistung, interessieren Verbesserungsvorschläge oft nur noch marginal, da die Anfertigung der Leistung und ihre Beachtung mit der Beurteilung zusammenfällt. Die Beachtung einer Schüler*innenleistung hat der Leistungsbeurteilung aber vorauszugehen, sie steht im Leistungsdialog, bei welchem Lehrende und Lernende gemeinsam auf die Leistung blicken (vgl. Röbe/Aicher-Jakob/Seifert 2019). Feedback, verstanden als Entwicklungsinstrument, kann helfen, Schüler*innen und Lehrer*innen in ein Gespräch über Lehren und Lernen zu bringen.

Lerntagebücher und Portfolios bieten gute Möglichkeiten, Lernleistungen in ihrem Entwicklungsprozess zu betrachten. Führen Schüler*innen ein Lerntagebuch, können die Einträge auch dazu dienen, der Lehrkraft wichtige Rückmeldungen über die Unterrichtsplanungen, die ausgelösten Emotionen bzw. über das Verständnis der gestellten Aufgaben zu geben. Es entsteht ein Dialog, der nicht nur auf die Beurteilung einer Leistung zielt. Schüler*innenleistungen können auch in Form eines Portfolios gesammelt werden. Die Trennung zwischen Arbeits- und Präsentationsportfolios hilft, den Portfoliogedanken ernst zu nehmen und die Dokumentation als Sprechanlass über Leistungen zu nutzen.

Leistungen von Schüler*innen eröffnen einen Dialog zwischen Lehrenden und Lernenden. Werden die Rückmeldungen so formuliert, dass sie Ansätze der eigenen Leistungsentwicklung sichtbar machen, leisten sie einen gewichtigen Beitrag zum Kompetenzerwerb der Schüler*innen. Im Gegensatz zur Beurteilung, die nur von einer Seite vorgenommen wird, beinhaltet der Leistungsdialog auch wichtige Rückmeldungen an die Lehrkraft, die entsprechend der Leistung die nächsten Schritte der Schüler*innen planen kann, um die jeweilige Leistungsentwicklung zu unterstützen. Der Leistungsdialog lässt auch Rückschlüsse auf den eigenen Unterricht zu. Bastian/Combe/Langer (2007) zeigen in ihrer Studie zu Feedback-Methoden auf, dass Feedback die Entwicklung einer Lernkultur unterstützen kann, indem der Unterricht durch die Rückmeldungen gemeinsam weiterentwickelt wird.

### 6.3.3 Kooperative Schüler*innenbesprechungen

Die Unterrichtsqualität hängt in entscheidendem Maße von der Beziehung zwischen Lehrer*innen und Schüler*innen ab. Lehrer*innen werden dabei nicht allen Schüler*innen gerecht und erschweren den Einstieg in eine entwicklungsförderliche Beziehungsebene. Die institutionsbedingte Macht-Asymmetrie zwischen Lehrer*innen und Schüler*innen führt verstärkt dazu, dass das Verhalten der Schüler*innen sich entlang der Erwartungen der Lehrer*innen formt. Man spricht vom Pygmalion-Effekt als einer Komponente der Self-fulfilling Prophecy. Welche Erwartungen Lehrer*innen von Schüler*innen haben, macht sich an unterschiedlichen Determinanten fest, z.B. am sozio-ökonomischen Status, am Geschlecht, an der Persönlichkeit der Schüler*innen usw. Schulkonformes Verhalten wirkt dabei positiv, da weniger Störungen erwartet werden. Bourdieus Theorien zur sozialen Ungleichheit (1987) zeigen, Schulen sind Mittelschichtsinstitutionen. Das Verhalten, das Lehrkräfte erwarten, wird von Kindern aus demselben Milieu leichter eingelöst, während Schüler*innen aus niedrigeren Sozialschichten diese Erwartungen weniger erfolgreich einlösen können. Schüler*innen erscheinen als Interaktionspartner*innen in unterschiedlicher Performanz und fordern von den Lehrkräften ihren individuellen Bedürfnissen entsprechend (intensive) Bemühungen ab. Im verdichteten Schulalltag fallen insbesondere Schüler*innen negativ auf, die weniger schulkonformes Verhalten an den Tag legen. Inzwischen liegen Studien vor, so beispielsweise die Propensity-Score-Matching-Analysen, die zeigen, dass Schüler*innen besser bei Lehrkräften lernen und bessere Noten erzielen, wenn sie dem sozialen Milieu eher entsprechen (vgl. Ostermann/Neugebauer 2021). Die Beziehung zwischen Lehrer*in und Schüler*in wird folglich von Faktoren beeinflusst, die unbewusst wirken, vom Habitus, dem Milieu und den institutionellen Vorerfahrungen, aber auch von der Professionalität der Lehrkraft und ihrem Wissen darüber. Schüler*innen können von Lehrkräften ganz unterschiedlich wahrgenommen werden. Ein bestimmtes Schüler*innenverhalten kann von einer Lehrkraft als störend und aufmüpfig kategorisiert werden, während eine andere Lehrkraft dieses vielleicht als unangepasst und kreativ empfindet. Auch durch die unterschiedlichen Fachperspektiven können Lehrer*innen die Leistungen von Schüler*innen unterschiedlich wahrnehmen. Umso wichtiger wird es, Schüler*innen gemeinsam mit professionellen Akteur*innen ‚zu besprechen', unterschiedliche Perspektiven zu berücksichtigen und Verzerrungen auszugleichen. In dieser Form können Fragestellungen und Problemfelder in der Lehrer*innengruppe gemeinsam reflektiert werden. Die individuellen Wahrnehmungen und ihre jeweilige Perspektive auf einen Lernenden kann dergestalt durch die Sichtweisen anderer ergänzt werden. Synergieeffekte der Lehrer*innengruppe können genutzt werden. Der Austausch über Schüler*innen kann auch als kollegiale Fallbesprechung erfolgen, wenn an ganz konkreten Fragestellungen gearbeitet werden soll.

Im Alltag wird der Austausch über Schüler*innen oft in Form von informellen Gesprächen gepflegt, die in den Pausen oder nach einem bestimmten Vorfall stattfinden. Unangepasstes Verhalten von Schüler*innen, Störungen etc. können Auslöser für das Aufsuchen einer Kolleg*in, meist der Klassenlehrkraft sein. Auch wenn diesen Gepflogenheiten sicher eine kathartische Funktion nicht abzusprechen ist und sich so eine gewisse Berechtigung im Kontext der Lehrer*innengesundheit sichert, ist formellen Gesprächen, die der konstruktiven Entwicklung von Schüler*innen dienen, ein verlässlicher Platz im Schulgeschehen einzuräumen. Dieses Potenzial wird in Schulen aber meist nicht hinreichend ausgeschöpft. Ein Austausch über Schüler*innen erfolgt meist retrospektiv, wenn beispielsweise die Leistungsbeurteilungen in den einzelnen Fächer erfolgte und das ‚Versetzen' in die nächste Klasse bei den Zeugniskonferenzen in Betracht gezogen wird oder aber wenn Erziehungs- und Ordnungsmaßnahmen in einer Klassenkonferenz verhandelt werden. Selten finden kollegiale Schüler*innenbesprechungen statt, die Perspektiven auf das Lernen und Leisten der Schüler*innen eröffnen. Diese Form eines gemeinsamen pädagogischen Austauschs ist bei der Inklusion von Schüler*innen in Form von Runden-Tisch-Gesprächen etabliert. Weiteres pädagogisches Personal, Unterrichtsbegleitungen, Beratungslehrer*innen helfen, die Situation besser einschätzen und planen zu können. etc. Der verdichtete Schulalltag erschwert gemeinsame Schüler*innenbesprechungen. Kontinuierliche Fallbesprechungen, die außerhalb des Unterrichts angesiedelt werden müssen, werden von vielfältigen anderen Aufgaben überlagert.

In der Waldorfpädagogik findet diese Form der Kinderbesprechungen einen festen Raum. Im Rahmen der (traditionell an allen Waldorfschulen) donnerstags stattfindenden Konferenz, die in einen organisatorischen und in einen pädagogischen Teil aufgeteilt werden, werden regelmäßig Kinder aus den jeweiligen Klassen vorgestellt und ‚besprochen'. Grundsätzlich kann jedes Kind besprochen werden. Hier wird zunächst auf die äußere Beschreibung des Kindes eingegangen (die Gestalt des Kindes, der Gang, die Haltung u.a.). Anschließend werden Beobachtungen aus dem unterrichtlichen und außerunterrichtlichen Alltag geschildert (Beteiligung am Geschehen, Beziehungen zu Mitschüler*innen und Lehrkräften, Gewohnheiten oder Vorlieben). In die Kinderbesprechung fließen auch Erfahrungen aus dem außerschulischen, aus dem familiären Bereich ein (z.B. Verhalten in der Familie, Krankheiten und Schwierigkeiten in der frühen Kindheit). Neben dem ganzen Kollegium können auch die Eltern anwesend sein und weitere Personen wie ggf. Therapeut*innen oder pädagogische Fachkräfte aus dem Ganztagesbereich. Die dahinter liegende theoretische Bezugnahme fußt auf der Vorstellung, dass es für jedes Kind, auch für die ruhigen und unauffälligen Kinder, wichtig ist, besprochen zu werden. Gleichermaßen können in diesem Verständnis Körper, Geist und Seele (anthroposophisch formuliert der physische Leib) und die ‚Lebenskräfte' (Gesundheit, Temperament, Begabung) sowie die ‚Seelentätigkeiten‘ (Denken, Fühlen, Wollen) und die Individualität nicht getrennt voneinander betrachtet werden. Falls das Kind Probleme hat, wird gemeinsam überlegt, in welchen Bereichen und in welcher Form eine Hilfestellung möglich sein kann.

## Arbeitsaufgaben

1. Informieren Sie sich über die unterschiedlichen Bezugsnormen bei der Leistungsbewertung. Diskutieren Sie Vor- und Nachteile im Hinblick auf Ihre Fächer.
2. Welche Formen bzw. Varianten von Gesprächen über das Lernen und Leisten haben Sie bislang beobachten können?
3. Diskutieren Sie unterschiedliche Feedbackmethoden und ihre Zielsetzungen. Wo sehen Sie Schwierigkeiten?

## Literaturverzeichnis

Aicher-Jakob, M. (2015): Das Verhältnis von Kindergarten und Grundschule – ein chronischer Disput. Eine empirisch fundierte Studie zur Implementierung des Orientierungsplans in baden-württembergischen Kindertageseinrichtungen. Bad Heilbrunn.

Bastian, J./Combe, A./Langer, R. (2007): Feedback-Methoden. Erprobte Konzepte, evaluierte Erfahrungen. Weinheim und Basel.

Baumert, J./Klieme, E./Neubrand, M./Prenzel, M./Schiefele, U./Schneider, W./Stanat, P./Tillmann, K.-J./Weiß, M. (2001): PISA 2000. Basiskompetenzen von Schülerinnen und Schülern im internationalen Vergleich. Opladen.

Bellenberg, G. (2018): Rechtliche Situation der Übergangsempfehlung in den Bundesländern. In: Porsch, R. (Hrsg.): Der Übergang von der Grundschule auf weiterführende Schulen. Stuttgart, S. 41–58.

Bildung in Deutschland 2022. Ein indikatorengestützter Bericht mit einer Analyse zu Bildung in einer digitalisierten Welt, https://www.bildungsbericht.de.

Bildungsplan für Grundschulen (2016). Landesbildungsserver Baden-Württemberg, https://www.schule-bw.de.

Bourdieu, P. (1987): Die feinen Unterschiede. Kritik der gesellschaftlichen Urteilskraft. Weimar.

Bowlby J. (1995): Bindung: Historische Wurzeln, theoretische Konzepte und klinische Relevanz. In: Spangler, G./Zimmermann, P. (Hrsg.): Die Bindungstheorie. Stuttgart.

Coleman, J./Campbell, E./ Hobson, C./ McPartland, J./ Mood, A./Weinfeld, F./York, R. (1966): Equality of Educational Opportunity. Washington.

Dave, R. H. (1963): The identification and measurement of environmental process variables that are related to educational achievement. Unpublished PhD dissertation. University of Chicago.

Ditton, H./Krüsken, J. (2006): Der Übergang von der Grundschule in die Sekundarstufe I. Zeitschrift für Erziehungswissenschaft, 9 (3), S. 348–372.

Dusold, H. (2008): Elternarbeit als Erziehungspartnerschaft. Ein Leitfaden für den Vor- und Grundschulbereich. 3. vollständig überarbeitete Auflage. Weinheim und Basel.

Felten, M. (2020): Unterricht ist Beziehungssache. Stuttgart.

Fuchs, S./Tippelt, R. (2012): Bereichsübergreifende Kooperationen als Notwendigkeit für erfolgreiche Übergänge im Bildungssystem. In: Berkemeyer, N./Beutel, S./Järvinen, H./Ophuysen van, S. (Hrsg.): Übergänge bilden. Lernen in der Grund- und weiterführenden Schule. Köln, S. 73–97.

Griebel, W./Minsel, B. (2007): Schulfähigkeit – ein Begriff im Wandel. Vom Reifekonzept zum Transitionsansatz. Theorie und Praxis der Sozialpädagogik (TPS) 3, S. 16–20.

Griebel, W./Niesel, R. (2015): Übergänge verstehen und begleiten. Transition in der Bildungslaufbahn von Kindern. Freiburg.

Griebel, W./Niesel, R. (2004): Transitionen. Fähigkeit von Kindern in Tageseinrichtungen fördern, Veränderungen erfolgreich zu bewältigen. Weinheim.

Grundgesetz für die Bundesrepublik Deutschland, https://www.gesetze-im-internet.de.

Haag, L./Götz, T. (2019): Was wissen wir über Feed-Back. Synopse des aktuellen Forschungsstandes. In: Friedrich Jahresheft: Feedback Heft XXXVII. Stuttgart.

Helmke, A. (2007): Guter Unterricht – nur ein Angebot? Ein Interview mit dem Unterrichtsforschen Andreas Helmke. In: Meyer, H./Terhart, E.: Friedrich Jahresheft, S. 65.

Helmke, A. (2009): Unterrichtsqualität und Lehrerprofessionalität, Stuttgart.

Helsper, W./Kramer, R./Brademann, S./Ziems, C. (2007): Der individuelle Orientierungsrahmen von Kindern und der Übergang in die Sekundarstufe. Erste Ergebnisse eines qualitativen Längsschnitts. Zeitschrift für Pädagogik 53, S. 477–490.

Kern, A. (1951). Sitzenbleiberelend und Schulreife. Ein psychologisch-pädagogischer Beitrag zu einer inneren Reform der Grundschule. Freiburg.

Kirk, S. (2005): Eltern und Schule. In: Einsiedler, W./Götz, M./Hacker; H./Kahlert, J./Keck, R./Sandfuchs, U. (Hrsg.): Handbuch der Grundschulpädagogik und Grundschuldidaktik. Bad Heilbrunn, S. 245–251.

Krumm, V. (1996): Schulleistung – auch eine Leistung der Eltern. In: Specht, W./Thonhauser, J. (Hrsg.): Schulqualität. Innsbruck, S. 256- 290.

Laewen, H. J./Andres, B./Hédervári, E. (2003): Die ersten Tage – ein Modell zur Eingewöhnung in Krippe und Tagespflege. Weinheim.

Maaz, K./Zunker, N./Neumann, M. (2018): Schulwahlverhalten von Eltern im Übergang nach der Grundschule. In: Porsch, R. (Hrsg.): Der Übergang von der Grundschule auf weiterführende Schulen. Stuttgart, S. 39–88.

Mc Elvany, N. (2010): Der Übergang aus Lehrerperspektive. Deskriptive Ergebnisse. In: Kaaz, K./Baumert, J./Gresch, C./Mc Elvany (Hrsg.): Der Übergang von der Grundschule in die weiterführende Schule. Leistungsgerechtigkeit und regionale, soziale und ethnisch-kulturelle Disparitäten. Bildungsforschung, Band 34. Bonn, S. 295–311.

Mienert, M./Vorholz H. (2007): Neue Chancen für die Zusammenarbeit mit Eltern. Von der Elternarbeit zur Erziehungspartnerschaft. www.Erziehungspartnerschaft02Raabe(2).pdf.

Ministeriums für Kultus, Jugend und Sport Baden-Württemberg (2021): Orientierungsplan für Bildung und Erziehung für die baden-württembergischen Kindergärten. https://kindergaerten.kultus-bw.de/Orientierungsplan.

Narciss, S. (2006): Informatives tutorielles Feed-Back. Münster.

OECD Organisation for Economic Cooperation and Development (2001): Lernen für das Leben. Erste Ergebnisse der internationalen Schulleistungsstudie PISA 2000. Paris: OECD.

Ophuysen van, S. (2018): Die Übergangsempfehlung als Aufgabe von Grundschullehrkräften. In: Porsch, R. (Hrsg.): Der Übergang von der Grundschule auf weiterführende Schulen. Stuttgart, S. 89–113.

Ostermann, C. /Neugebauer, M. (2021): Macht Ähnlichkeit den Unterschied? Wenn sozioökonomisch benachteiligte Schülerinnen und Schüler von sozial ähnlichen Lehrkräften unterrichtet werden. In: KZfSS Kölner Zeitschrift für Soziologie und Sozialpsychologie.

Porsch, R. (Hrsg.) (2018): Der Übergang von der Grundschule auf weiterführende Schulen. Stuttgart.

Röbe E./Aicher-Jakob, M./ Seifert, A. (2019): Lehrer werden – Lehrer sein – Lehrer bleiben. Paderborn.

Sacher, W. (2014): Elternarbeit als Erziehungs- und Bildungspartnerschaft. Grundlagen und Gestaltungsvorschläge für alle Schularten. Bad Heilbrunn.

Schürer, S./Harazd, B./Ophuysen, S. (2006): Übergangsgestaltung durch schulstufenübergreifende Lehrerkooperation. In: Hinz, R./Pütz, T. (Hrsg.): Professionelles Handeln in der Grundschule. Entwicklungslinien und Forschungsbefunde. Baltmannsweiler, S. 90–96.

Sekretariat der Ständigen Konferenz der Kultusminister der Länder in der Bundesrepublik Deutschland (KMK) (2004): Standards für die Lehrerbildung: Bildungswissenschaften. Berlin.

Sekretariat der Ständigen Konferenz der Kultusminister der Länder in der Bundesrepublik Deutschland (KMK) (2015): Übergang von der Grundschule in Schulen des Sekundarbereichs I und Förderung, Beobachtung und Orientierung in den Jahrgangsstufen 5 und 6 (sog. Orientierungsstufe), https://www.kmk.org.

Sekretariat der Ständigen Konferenz der Kultusminister der Länder in der Bundesrepublik Deutschland (KMK) (2004): Standards für die Lehrerbildung (Beschluss der Kultusministerkonferenz vom 16.12.2004).

Şıkcan, S. (2003): „Die verstehen uns nicht!". Den Dialog eröffnen mit Immigranteneltern. In: Preissing, Ch./Wagner, P. (Hrsg.): Kleine Kinder, keine Vorurteile? Interkulturelle und vorurteilsbewusste Arbeit in Kindertageseinrichtungen. Freiburg im Breisgau, S. 85–87.

Strätz, R./Demandewitz, H. (2005): Beobachten und Dokumentieren in Tageseinrichtungen für Kinder. Weinheim.

Weber, K. M. (2015): Der Übertritt von der Grundschule zur weiterführenden Schule. Lehrkräfte zwischen Anforderung und Belastung. Bad Heilbrunn.

Wiezorek, C. (2006): Elternpädagogik jenseits der Pädagogisierung – Überlegungen zum pädagogischen Elternbezug aus anerkennungstheoretischer Perspektive. In: Bauer, P./Brunner, E. J. (Hrsg.): Elternpädagogik. Von der Elternarbeit zur Erziehungspartnerschaft. Freiburg/Breisgau, S. 42–60.

Winner, A./Erndt-Doll, E. (2013): Anfang gut? Alles besser! Ein Modell für die Eingewöhnung in Kinderkrippen und anderen Tageseinrichtungen für Kinder. 2. Auflage. Kiliansroda/ Weimar.

Winter, F. (2018): Lernentwicklungsgespräche – persönlich und sachlich über Lernen und Leistung sprechen. In Lerndialog statt Noten: neue Formen der Leistungsbeurteilung. Basel, S. 226–241.

Zumhasch, C. (2005): Schulleistungsbeurteilung: Leistung feststellen und bewerten. In: Einsiedler, W./ Götz, M./ Hacker, H./ Kahlert, J./ Keck, R./ Sandfuchs, U. (Hrsg.): Handbuch der Grundschulpädagogik und Grundschuldidaktik. Bad Heilbrunn, S. 297–318.

## Abbildungsverzeichnis

# 7. Kommunikation und Verschiedenheit

## 7.1 Perspektiven auf Verschiedenheit

Vielfalt und Verschiedenheit können im Hinblick auf Schule und Unterricht aus unterschiedlichen Perspektiven, mit unterschiedlichen theoretischen und terminologischen Zugängen betrachtet werden. Es gibt hierbei eine Reihe an Begriffen sowie theoretischen und bildungspolitischen Modellen und Erklärungsansätzen, die sich ähneln und überschneiden, aber auch voneinander abgrenzen lassen:

- Inklusion, in Abgrenzung zu Exklusion, als Weiterentwicklung von Integration,
- Heterogenität mit dem Gegenbegriff der Homogenität,
- Differenz mit den Konnotationen der unterrichtlichen Differenzierung, aber auch der unterrichtlichen Differenzherstellung,
- Diversität mit Verweis auf Diversity Education und gesellschaftliche Machtverhältnisse.

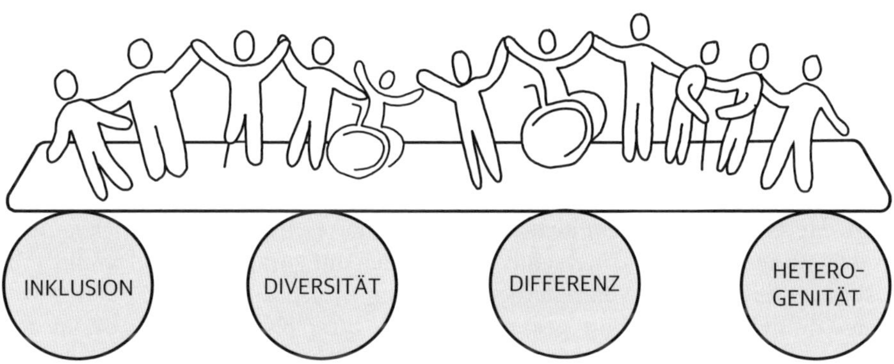


Abb. 13: Begriffe der Vielfalt. Eigene Darstellung.

Verschiedenheit wird einerseits als Ausgangsvoraussetzung des didaktischen Denkens und Handelns im Unterricht angesehen und bearbeitet, andererseits v.a. auch durch Sprache und sprachliche Praktiken hergestellt.

Es liegen, wie die Abbildung 14 zeigen soll, derzeit unterschiedliche theoretische Modelle und Ansätze vor, die sich mit der Frage der Vielfalt und Verschiedenheit in Schule und Unterricht beschäftigen. Für die Schulpädagogik ist der Begriff der Heterogenität der bekannteste. Heterogenität wird als eine wichtige Ausgangsprämisse schulischen und unterrichtlichen Handelns erachtet, was insbesondere in der Begrifflichkeit des Umgangs mit Heterogenität deutlich wird. Heterogenität wird in der Schule zwar auf verschiedene Dimensionen bezogen, hauptsächlich aber auf Behinderung, Migration, Alter und Geschlecht (vgl. Sturm 2013). Es stellt kein neues Phänomen in der Schule dar, sondern gehört seit Beginn der Auseinandersetzung mit Unterricht und Unterrichtsorganisation zu diesem.

Gleichzeitig hat sich die Auseinandersetzung mit und das Verständnis von Heterogenität und Verschiedenheit mit ihren Auswirkungen auf Schule und Unterricht verändert. Auch wenn der Terminus der Heterogenität und das Sprechen über heterogene Lerngruppen in Schule, Hochschule und Bildungspolitik in den letzten 20 Jahren nach dem sog. PISA-Schock weit verbreitet ist (vgl. Budde 2013) und Heterogenität zu einem wichtigen schulischen Diskursbegriff geworden ist, bleibt doch unklar, was genau damit bezeichnet werden soll. Der Terminus wird zum einen nicht einheitlich verwandt, zum anderen können mit ihm unterschiedliche Dimensionen von und Perspektiven auf Verschiedenheit charakterisiert werden. Je nach Perspektive werden im schulischen Kontext einige Heterogenitätsdimensionen als wichtiger oder weniger wichtig erachtet. Zu den für den schulischen und unterrichtlichen Zusammenhang wichtigen Dimensionen zählen insbesondere die Bezüge zur kognitiven Leistungsfähigkeit, zur sozialen Herkunft, zum Geschlecht und zum Alter der zu unterrichtenden Schüler*innen. Die aufgeführten Dimensionen lassen sich aber um weitere ergänzen, wie zum Beispiel die Unterschiedlichkeit der Schüler*innen in Bezug auf Kenntnisse oder Vorerfahrungen, auf Persönlichkeitsmerkmale, Arbeitshaltung, Motivation sowie Arbeits- und Lerntempo (vgl. Trautmann/Wischer 2011, S. 41). In der Schulpädagogik wird insbesondere nach dem adäquaten professionellen „Umgang mit Heterogenität in Schule und Unterricht“ (Bohl/Budde/Rieger-Ladich 2017) gefragt. Heterogenität bezieht sich aus didaktischer Sicht vor allem auf kognitive und leistungsbezogene Unterschiede, aber auch auf sprachliche, kulturelle, ethnische, religiöse, wenn von heterogenen Lerngruppen und einer Zunahme von Heterogenität in der Schule gesprochen wird, beispielsweise durch die in den letzten Jahren angewachsene Gruppe an Schüler*innen mit Zuwanderungsgeschichte.

Das Thema der kognitiven und leistungsbezogenen Heterogenität als didaktisches Thema mit der Konsequenz, im Unterricht insbesondere bei der Aufgabenstellung auf die verschiedenen Lernausgangsvoraussetzungen Rücksicht zu nehmen, ist kein neues Phänomen des 20. bzw. 21. Jahrhunderts, sondern begleitet die Auseinandersetzung und Beschäftigung mit Unterricht seit Jahrhunderten. Seit dem 19. Jahrhundert ist die Verschiedenheit der Schüler*innen bereits ein zentrales Thema der modernen Schule. Die Unterschiedlichkeit der zu unterrichtenden Schüler*innen wird etwa in Herbarts (1776–1841) Formulierung von der „Verschiedenheit der Köpfe“ (z.B. in Müller 2018, S. 10), auf die der Unterricht zugeschnitten sein soll, thematisiert. Entsprechend fragt Arnold (2010), „was das Neue am Altbekannten (ist), dass es jeden Schüler nur einmal gibt?“ Auch reformpädagogische

Ansätze seit Anfang des 20. Jahrhunderts können bei einer solchen Argumentationslinie in der Summe als Versuch gelesen werden, der homogenisierenden Buch- und Drillschule eine differenzierende und die Vielfalt der Schüler*innen stärker berücksichtigende Variante von Schule und Unterricht entgegenzusetzen.

Zu den grundlegenden Merkmalen der modernen Schule gehören die organisationalen Unterscheidungen zwischen Schulformen, Jahrgangsstufen und Fächern, Unterrichtschoreografien, Lerngruppen und Fachlehrpersonen. Besondere Bedeutung kommt in diesem Zusammenhang den Leistungsdifferenzen als bewertbaren Unterschieden zwischen den Schüler*innen zu (vgl. Rabenstein/Idel/Ricken 2015). Leistungsdifferenzen stellen insofern eine explizite Funktion von Schule dar, da sie schultheoretisch gesprochen dem Allokationsauftrag dienen. Damit ist gemeint, dass Schule die Funktion hat, Schüler*innen für berufliche Laufbahnen zu positionieren und zu diesem Zweck deren Leistung unterschiedlich bemisst. Gerade an den Bildungsübergängen wird durch Selektionsentscheidungen deutlich, dass eine durch Leistung sich differenzierende Gesellschaft Selektions- und Allokationsentscheidungen (vgl. Theorie der Schule z.B. Fend 2008) zur Auswahl und Zuordnung benötigt, um einem demokratischen Anspruch zu entsprechen. Schule dient aus einer soziologischen Analyse heraus betrachtet der Bildung oder Integration der nachfolgenden Generation und dazu, soziale und berufliche Positionen anzubahnen (vgl. Fend 2008). Der demokratischen Idee der Chancengleichheit folgend, wäre die Zuordnung zu ungleichen gesellschaftlichen Positionen nicht über die soziale Herkunft, sondern vor der Folie der individuellen, prinzipiell unterschiedlichen Fähigkeiten zu begründen. Jedoch erhalten im differenzierten und differenzierenden deutschen Schulsystem vor allem Schüler*innen mit Migrationsgeschichte und aus den unteren sozialen Schichten proportional häufiger keine Übergangsempfehlung für das Gymnasium und machen seltener Abitur auf dem ersten Bildungsweg (vgl. Bildungsstatistiken und Bildungsberichte). Soziale Ungleichheit und Bildungserfolg sowie Migrationsstatus und Bildungserfolg korrespondieren in Deutschland eng miteinander (z.B. Matzner 2012). Gerade an den schulischen Übergängen, dem Übergang vom Elementar- zum Primarbereich, dem Übergang vom Primar- zum Sekundarbereich, dem Übergang in den tertiären Bereich, werden biografisch-relevante sozial-differenzierende Positionierungen und Zuschreibungen vorgenommen. Diese werden schriftlich und mündlich kommuniziert und formal bestätigt, z.B. durch eine Grundschulempfehlung für das höherwertige Gymnasium im Gegensatz zur Hauptschule, die je nach Bundesland anders heißt, z.B. Werkrealschule in Baden-Württemberg oder Mittelschule in Bayern. Bereits bei der Einschulung bzw. beim ersten Bildungsübergang vom Kindergarten in die Grundschule erfolgt durch Schuleingangsuntersuchungen eine Einstufung als noch nicht schulfähiges Kind aufgrund nicht ausreichender sprachlicher Kompetenzen oder eine positive Etikettierung als schulfähiges Kind, das fristgerecht eingeschult werden kann.

Schule und Unterricht bearbeiten die unterschiedlichen Ausgangsvoraussetzungen, die von den Kindern und deren Familien mitgebracht werden, sie stellen Unterschiede aber auch auf unterschiedlichen Ebenen selbst her:

> „Heterogenität ist dabei nicht einfach gegeben, sondern wird auch jeweils im Klassenraum bestimmt: Heterogenität ist also nicht als Faktum gegeben, sondern nur als ein Konstrukt, d.h. eine Bezeichnung, die von außen – von einem Beobachter – zugeschrieben wird" (Trautmann/Wischer 2011, S. 39).

## 7.2 Inklusive Schule – inklusiver Unterricht

### 7.2.1 Teilnahme und Teilhabe

Auch wenn Begriffe wie Heterogenität, Differenz, Diversität oder Inklusion keine originär erziehungswissenschaftlichen Begriffe sind, haben sie doch für das Arbeiten in Schule und Unterricht eine hohe Relevanz. Dies wird insbesondere am Begriff der Inklusion deutlich, der durch seine bildungspolitischen Implikationen eine Rahmung für das System Schule und für das professionelle Handeln der einzelnen Fach- und Lehrkräfte insgesamt darstellt. Vor allem seit der Ratifizierung der UN-Behindertenrechtskonvention im Jahr 2009 und der Veränderung der Schulgesetze in den Bundesländern wird das Thema der Unterschiedlichkeit und Vielfalt der Kinder verstärkt im Hinblick auf Schüler*innen mit Beeinträchtigung bearbeitet.

Die UN-Konventionen, vor allem auch die UN-Behindertenrechtskonvention, betonen die gesamtgesellschaftliche Teilhabe vom Menschen mit Behinderung. Inklusion wird verstanden als Teil-Sein von einem System (vgl. Reitz 2015, S. 6). Im schulischen und unterrichtlichen Bereich wird im Hinblick auf ein selektives Schulsystem deutlich, dass der Anspruch auf Teilhabe und Teilnahme aller Schüler*innen das bestehende System herausfordert und in Frage stellt. Auf bildungspolitischer Ebene wird in den 16 Bundesländern unterschiedlich mit Inklusion in Schule und Unterricht umgegangen und es finden sich demzufolge unterschiedliche Modelle, Ansätze und Ziele. So ist beispielsweise in Bundesländern wie Bremen und Schleswig-Holstein inklusiver Unterricht in prinzipiell allen allgemeinbildenden Schulen vorgesehen, während es in einem Bundesland wie Nordrhein-Westfalen spezielle Projektschulen gibt. Diese Schulen heißen in den Nachbarländern Hessen und Rheinland-Pfalz Schwerpunktschulen und es gibt spezifische inklusive Schulbündnisse. Während die Stadtstaaten Bremen, Hamburg, Berlin, aber auch das Bundesland Schleswig-Holstein hohe Inklusionsquoten haben, sieht es in den anderen Flächenländern wie Bayern und Baden-Württemberg weitaus schlechter aus. Auch die Lehrer*innenausbildung im Hinblick auf Inklusion ist in den einzelnen Bundesländern verschieden geregelt, womit die Lehrer*innen der allgemeinbildenden Schulen unterschiedlich viel Berührungspunkte mit dem Thema der Inklusion im Rahmen der verschiedenen Phasen ihrer Lehramtsausbildung haben.

In der Lehrer*innenbildung wird in der Erziehungswissenschaft, insbesondere in der Schulpädagogik, aber auch in den entsprechenden Fachdidaktiken, theorie- und empiriebezogen danach gefragt, wie in Schule und Unterricht inklusiv mit einer heterogenen Lerngruppe umgegangen und wie verschiedene Heterogenitätsdimensionen, zu der maßgeblich auch die behinderungsbedingte gehört, adäquat bearbeitet werden können. Zugrunde liegt hier jeweils ein enger Inklusionsbegriff, der sich nur auf Schüler*innen mit einem sonderpädagogischen Förderbedarf bezieht, oder ein weiter, der grundsätzlich unterschiedliche Heterogenitätsdimensionen wie soziale Herkunft, Geschlecht, Alter, Behinderung berücksichtigt.

In allen Didaktiken, also in der jeweiligen Stufendidaktik (Didaktik des Elementarbereichs, des Primarbereichs, des Sekundarbereichs), sowie in den jeweiligen Fachdidaktiken und in der allgemeinen Didaktik als der Bezugsdisziplin des didaktischen Denken und Handelns wird kontrovers die Frage bearbeitet, ob es eine inklusive (Fach)Didaktik braucht. Die Frage, was unter inklusiver Didaktik (z.B. Reich 2014) verstanden werden kann und ob sich diese jeweils als inklusive Fachdidaktik oder als eine allgemeine inklusive Didaktik unabhängig von Fach- und Schulgrenzen verstehen lässt, wird unterschiedlich beantwortet. Zentrale Teilthemen der didaktischen Diskurse sind die Fragen nach einem gemeinsamen Unterrichtsgegenstand für alle Schüler*innen im Unterricht und nach den unterschiedlichen Möglichkeiten der Umsetzung des zieldifferenten Unterrichts im Gegensatz zu einem zielgleichen. Mit Bezug auf bildungsstatistische Daten aus den Inklusionsberichten, z.B. der Bertelsmann Studie und weiteren bildungsstatistischen Veröffentlichungen (vgl. Klemm 2015; 2018), wird schnell deutlich, dass die Anzahl der Schüler*innen mit Beeinträchtigung, die an Regelschulen gemeinsam (inklusiv) beschult werden, zwar in den letzten Jahren seit der Modifizierung der Schulgesetze in den Bundesländern durch die Ratifizierung der UN-Behindertenrechtskonvention insgesamt zugenommen hat, gleichwohl aber nicht nur die Inklusionsquote, sondern auch die Exklusionsquote in allen Bundesländern angestiegen ist. Damit geht ein Anstieg der Gruppe der Schüler*innen mit Beeinträchtigung insgesamt einher. Während im Primarbereich die höchste Inklusion nach dem Elementarbereich vorhanden ist, findet zudem an den höheren Schulformen wie dem Gymnasium kaum mehr gemeinsamer Unterricht von Kindern und Jugendlichen mit und ohne Behinderung statt.

Dass Kinder nicht automatisch durch den gemeinsamen Schulbesuch bessergestellt sind als bei einem Besuch einer Förder- oder Sonderschule und Teilnahme und Teilhabe stattfinden, zeigen (inter)nationale Studien[24] zu Exklusionspraktiken an inklusiven Schulen sowie kasuistische Betrachtungen auf der Mikroebene von Schule und Unterricht.

#### Beispiel aus dem Praktikum

„Konstantin und Johanna klopfen an die Klassenzimmertür der 4b. Konstantin ist ein 10-jähriger Junge, der aufgrund seiner körperlichen Behinderung auf einen Rollstuhl angewiesen ist. Er hat Probleme mit seinem Rollstuhl durch die enge Türzarge zu kommen. Johanna ist ein 11-jähriges Mädchen mit Trisomie 21. Beide konnten nicht am üblichen Sportunterricht teilnehmen, da die Klasse gemeinsam im Freibad schwimmen war. Die Mädchengruppe aus der ersten Reihe bezeichnet die beiden als I-Kinder und fängt laut an zu lachen“ (Studentin des Lehramtes Grundschule, Praktikumsbericht).

An dieser Beobachtung einer Studentin aus dem Praktikum kann das Spannungsverhältnis zwischen Teilnahme und Teilhabe aufgezeigt werden. Ein Mensch kann erst an etwas teilhaben bzw. teilnehmen, wenn er ein Part des Gesamtsystems ist. Das Teil-Sein ist demnach die Voraussetzung für die Teilhabe. In diesem Lernsetting hätte danach gefragt werden können, wie es möglich gemacht werden könnte, dass alle Schüler*innen beim Schulschwimmen teilnehmen können. Wer könnte angesprochen werden, um die Lehrkraft mit der Gesamtklasse zu begleiten, um allen Kindern den Schwimmbadbesuch zu ermöglichen? Es zeigt sich an dieser Beobachtung auch, dass

> „Exklusion nicht als blind waltende Systemlogiken, sondern als gesellschaftliche Prozeduren verstanden werden müssen, die von individuellen oder kollektiven Akteuren aktiv betrieben werden“ (Schroer 2015, S. 90).

Neben einer stärker soziologischen Perspektive auf Inklusion, kann aus einer interdisziplinären Perspektive Inklusion übergeordnet als Menschenrecht begründet werden und vor diesem Hintergrund kritisch auf schulische und unterrichtliche Diskriminierungsstrukturen, aber auch auf pädagogische Handlungsmöglichkeiten geschaut werden (vgl. Leonhardt/Kruschel/Schuppener/Hauser 2022), um danach zu fragen, welche Rahmung schulische Inklusion in der Konsequenz braucht.

---

24 Vgl. z.B. Köpfer/Powell/Zahnd 2021, Ratz/Stein/Müller 2022, Resch/Lindner/Streese/Proyer/Schwab 2021.

### 7.2.2 Kooperation, Profession und Inklusion

Der gemeinsame Unterricht von Kindern mit und ohne Behinderung bezieht sich nicht nur auf Fragen der inneren und äußeren Differenzierung von Aufgaben im Unterricht, sondern vor allem auch auf Fragen nach einer multiprofessionellen Teamarbeit zwischen den verschiedenen Berufsgruppen, die im Kontext der inklusiven (Ganztags)Schule miteinander arbeiten, wie Regel- und Sonderpädagog*innen, Integrationshelfer*innen, Schulsozialarbeiter*innen, Erzieher*innen, FSJler*innen u.a., die jeweils über unterschiedliche Ausbildungen verfügen. Das Verhältnis zwischen Inklusion und Profession bleibt ein grundsätzlich zu klärendes, mit Bezug auf das eigene subjektive Verständnis von Lehrer*innenprofessionalität und den direkten Umgang mit Schüler*innen im Klassenzimmer. Dies bezieht sich auf die Gestaltung der Lehrer*in-Schüler*innen-Gespräche, die gewählten und zu begründenden Aufgabenformate und die Inhaltsauswahl im jeweiligen Unterricht, gerade auch im Hinblick auf die Zuständigkeit und die Arbeitsteilung im Team. Gerade die Teamarbeit in inklusiven Lernsettings macht es notwendig, sich über die eigenen und die gemeinsamen Vorstellungen zu Schule und Unterricht zu verständigen. Zum Beispiel zeigt sich bei der Zusammenarbeit zwischen einer Regelpädagog*in und einer Sonderpädagog*in im Kontext der Kooperation deutlich, dass diese bislang unterschiedlich ausgebildet wurden. Sie bringen unterschiedliche Sichtweisen in die (multiprofessionelle) Teamarbeit ein im Hinblick auf Fragen der Diagnostik und Unterrichtsgestaltung sowie unterschiedliche berufsbezogene und persönliche Haltungen und Einstellungen. Zudem haben die Sonderpädagog*innen in ihrer Ausbildung häufiger erlebt, gemeinsam mit anderen Erwachsenen zu agieren und hier stärker auf das einzelne Kind und seine Entwicklung zu schauen als auf Schüler*innen im Plural. Nicht zuletzt kann die ungleiche Bezahlung der Berufsgruppen die Zusammenarbeit beeinflussen. Bezogen auf die Forschung zu Kooperation und Teamarbeit, die sich auf das gemeinsame Arbeiten im Klassenzimmer und die Kommunikation über die schulischen Akteur*innen bezieht, liegen bislang nur wenige empirische Studien vor (z.B. Seifert 2018). Meist arbeiten nicht zwei ausgebildete Lehrkräfte gemeinsam im Klassenraum, sondern unterschiedliche Akteur*innen. Gerade andere Berufsgruppen, teilweise ohne einen hohen Professionalisierungsgrad wie etwa (angelernte) Integrationshelfer*innen, sind neben langjährig ausgebildeten akademischen Berufsgruppen wie Regel- und Sonderschullehrer*innen gemeinsam für die Schüler*innen zuständig. Teammitglieder, gleich ob es sich um Mitglieder eines interprofessionellen, nur kurzzeitig zusammenarbeitenden Teams, oder eines auf Dauer angelegten multiprofessionellen Teams handelt, brauchen hier feste Zeiten für die Teamarbeit. Es geht um Kommunikation über Abläufe und Rückmeldungen zu ihrem eigenen professionellen Handeln im Unterricht und über den Unterricht hinaus. Heinrich/Lübeck (2013) verweisen in ihren Arbeiten auf die Herausforderung und fehlende Forschung zu Integrationshelfer*innen und anderen Berufsgruppen, die vielfach ohne fundierte Ausbildung und Supervisions- und Mentoringangebote tätig sind. Notwendig ist insbesondere für die inklusive Schule eine Rollenklärung und es bedarf fundierter Konzepte der Aus- und Fortbildung (vgl. Heinrich/Gasterstädt/Greese/Rißer/Strecker/Blasse/Budde/Demmer/Rohrmann/Urban/Weinbach 2021). Nicht nur in der qualitativen Professionsforschung wird im Hinblick auf das Sujet der Zusammenarbeit unterschiedlicher Berufsgruppen darauf hingewiesen, dass die Reflexionen des eigenen Handelns und die Auseinandersetzung mit berufsbiografisch relevanten Prozessen und den eigenen Überzeugungen relevant sind. Gerade im Bereich der Professionsforschung wird zudem darauf verwiesen, dass sich die Handlungskompetenzen von Lehrkräften und das so genannte Professionswissen nicht nur auf Fachwissen und fachdidaktisches Wissen beziehen. Sondern auch auf Organisations- und Beratungswissen sowie auf pädagogisches Wissen, womit deutlich wird, dass die Überzeugungen und Werthaltungen der Lehrer*innen sowie ihre motivationale Orientierung und ihre Fähigkeiten im Hinblick auf Selbstregulation eine hohe Bedeutung haben. Dies hat zum Beispiel die COACTIV-Studie (vgl. Baumert/Kunter 2011) mit dem Kompetenzmodell herausgearbeitet.

Die Professionsforschung ist wie die allgemeine Didaktik ein wichtiges Feld der Schulpädagogik für alle Schulformen. Die allgemeine Didaktik bezieht sich dabei als Wissenschaft vom Lehren und Lernen auf Unterricht, aber auch auf die Akteur*innen des Unterrichts, die Lehrer*innen und ihr Wissen, ihre berufsbezogenen Überzeugungen, ihre Haltungen, ihr Fachwissen und ihr pädagogisches Wissen. Ebenfalls auch auf die Schüler*innen mit Fragen danach, welche Wirkungen und Folgen und welche Resonanzen Unterricht hat oder danach, was im Unterricht passiert. Sie berührt damit übergreifende Themenfelder wie Unterrichtstheorie (was ist Unterricht, was passiert im Unterricht?), Unterrichtsforschung, Bildungstheorie und Professionstheorie, die gerade im Hinblick auf Inklusion eine hohe Relevanz haben. In der Professionstheorie und Unterrichtstheorie, die sich dabei wiederum neben kompetenzorientierten Ansätzen auf Ansätze wie die Systemtheorie, Strukturtheorie und Berufsbiografie stützen, bleibt jeweils für die einzelne Lehrer*in individuell zu beantworten:

!

- Wie sehe ich den Lehrer*innenberuf? Wie sehe ich Unterricht? Ist dieser planbar? Ist er ‚unbestimmbar' und wie gehe ich selbst mit dieser Offenheit um?
- Wie wichtig sind mir der gemeinsame Lerngegenstand und Aspekte der Subjektorientierung und Individualisierung bei Lern- und Bildungsprozessen?
- Wie wichtig ist (mir) die Kommunikation über die eigenen Bildungs- und Unterrichtsvorstellungen gegenüber der Klasse, den Eltern und dem Kollegium?
- Wohin will ich mich professionell/berufsbiografisch entwickeln?

Kommunikation spielt im Hinblick auf inklusive Lernsettings eine mehrfache Rolle, da es sich bei der schulischen Inklusion zum einen um ein normatives pädagogisches Rahmenkonzept handelt, das auf Vorstellungen einer diskriminierungsarmen Schule respektive einer „Schule für alle“ fußt, und damit einer Reflexion über und ein Aufbau inklusiver Strukturen und pädagogischer Praktiken (vgl. z.B. Budde/Eckermann 2021) bedarf. Zum anderen geht es im Unterricht konkret um die Gestaltung und Unterstützung von Lernprozessen auf unterschiedlichen Niveaus und um eine pädagogische Diagnostik im Hinblick auf die Unterrichtsplanung und Möglichkeiten einer konkreten Förderung, zu der auch das Aufstellen von Förderplänen und kontinuierliche Fördergespräche gehören. Während in Deutschland überwiegend noch mit Ziffernzeugnissen gearbeitet wird und Förderpläne lediglich in den Sonder- und Förderschulen bzw. in inklusiven Klassen eine Anwendung finden, arbeiten weitere europäische Länder anders. Beispielsweise wird in Finnland mit individuellen Lern- und Erziehungsplänen gearbeitet, die sich an alle Schüler*innen richten, orientiert an der Leitidee, dass alle Lernenden eine Förderung benötigen können und sich der kurz- und langfristige Förderbedarf auch jeweils flexibel wieder ändern kann und keineswegs eine feste ‚Eigenschaft‘ ist. Gerade im Hinblick auf die adäquate Förderung bedarf es eines hohen Maßes an Kommunikation und damit verbunden an zeitlichen und personellen Ressourcen, nicht nur im Hinblick auf die Vorbereitung, Durchführung und Nachbereitung von Unterricht.

Während es im US-amerikanischen Schulsystem die Unterscheidung zwischen Landschulen und Stadtschulen (sog. urban schools) gibt, ist in Deutschland eine solche Einordung und Ressourcenzuteilung lange nicht üblich gewesen. Erst in jüngster Zeit findet es bildungspolitisch Beachtung, dass Schulen unterschiedliche Ressourcen benötigen. Bildungswissenschaftler*innen wie Wolfgang Böttcher (z.B. 2020) weisen seit Längerem daraufhin, dass gerade Schulen in marginalisierten Quartieren eine bessere personelle Ausstattung bräuchten, um auf die besonderen Herausforderungen an ihren Schulen reagieren zu können. Eine intensive Zusammenarbeit mit Schüler*innen und Eltern braucht eine zeitliche und personelle Planungsperspektive, um diese zu beraten und zu unterstützen. Kommunikation mit Schüler*innen, Kolleg*innen und Eltern ist im Hinblick auf einen inklusiven Anspruch, der die Teilhabe und Teilhabemöglichkeit betont, besonders wichtig, gerade im Hinblick auf die Selektions- und Allokationsfunktion von Schule, die neben der Integrationsfunktion besteht.

### Beratung als Lehrer*innenaufgabe

Die vielfachen pädagogischen Aufträge und Erwartungen an Schule und Lehrer*innen, sich um persönliche und schulische Belange der Schüler*innen zu kümmern, legen nahe, dass jede Schule, von der Grundschule bis zum Bereich der Sekundarschule 2, eine Beratungslehrkraft braucht. Um sich als Beratungslehrer*in zu qualifizieren wird eine zusätzliche pädagogische Ausbildung im Umfang von 18 Monaten erwartet. Gelehrt werden in dieser Qualifizierung Themen wie

- Pädagogische Diagnostik,
- Begabung und Begabungsförderung (Diagnostik zur Begabung),
- Aspekte der Gesundheitsförderung,
- Prävention (Beratung bei Sucht, Extremismus),
- Beratungsansätze.

Begabung wird als ein Potenzial gesehen, das nicht einfach vorhanden oder nicht vorhanden ist, sondern vielmehr systemisch gefördert werden kann. Umgang mit Hochbegabung und Begabungsförderung zielt auf unterschiedliche Begabungsmodelle und didaktische Ansätze ab, die sich auch auf digitales Lehren und Lernen beziehen können. Als ein Beispiel kann hier das Projekt „Digitale Drehtür" nach dem so genannten Drehtürmodell (Revolving Door Model) und dem Enrichment-Ansatz der Begabungsförderung nach Joseph Rennzulli (z.B. Rennzulli/Rais 2014) angeführt werden. Dieser Ansatz kann auch für inklusive Lernsettings nutzbar gemacht werden und bezieht sich auf diagnostisches Wissen von Regel- und Sonderpädagog*innen bei der inklusiven Unterrichtsplanung sowie Unterrichtsdurchführung (vgl. z.B. Riederer/Greiten/Skribbe 2022). Im Mittelpunkt steht die didaktische Frage, wie begabte Schüler*innen über (digitale) Differenzierungsangebote im Regelunterricht und auch außerhalb gefördert werden können.

Auch wenn bereits seit 2004 bildungspolitisch durch Vorgaben wie die KMK-Standards für Lehrer*innenbildung die Beratung als Lehrer*innenaufgabe für Lehrkräfte an allen Schulformen verstanden wird und die Aufgabenbereiche des Diagnostizierens, des Beurteilens und des Beratens in der Schule zusammengehören, so ist es unbenommen, dass es sich hier um eine komplexe Aufgabe handelt.

Mit Hertel (2009) und Hertel/Schmitz (2010) kann darauf verwiesen werden, dass Lehrer*innen in der Schule in mehrfacher Weise einen wichtigen Beratungsauftrag übernehmen, sei es, um bei individuellen Problemen zu helfen oder im Hinblick auf die Elternberatung bei Elternsprechtagen oder bei der Schullaufberatung. Beratung im engeren Sinne fußt indes auf dem Prinzip der Freiwilligkeit. Bei einer Beratung bedarf es der Klärung von Interessens- und Rollenbildern (Wer gibt/bekommt die Beratung?) und es bedarf einer vertrauensvollen Atmosphäre. Zudem brauchen sowohl Gespräche mit Schüler*innen als auch jene mit Eltern klare Leitfragen und Zielvorstellungen, um zu klären und festzulegen, was das Ziel des Gespräches sein soll. Während es im schulischen Kontext vorbereitete Beratungsgespräche gibt, entstehen aber auch Situationen, in denen eine Ad-Hoc Beratung stattfindet, z.B. wenn Konflikte auftauchen oder spontan erfasst wird, dass ein Thema angesprochen werden soll oder kann. Dies können sowohl emotional-soziale Probleme sein als auch ein Gespräch über zu verändernde Lernstrategien oder neue Materialien, die benötigt werden. Was ein Gespräch zu einer Beratung macht, kann mit Hedda Bennewitz (2016, S. 207) anhand von drei Minimalanforderungen beantwortet werden:

**Bei einer Beratung**

- müssen mindestens zwei Personen an der Interaktion beteiligt sein.
- müssen die Personen komplementäre Rollen einnehmen.
- muss ein Problem existieren, das der/die Ratsuchende nicht allein zu lösen in der Lage ist und für das er/sie keine alternativen Handlungsmöglichkeiten sieht.

Arbeiten wie die von Müller-Lehmann (2019) zeigen zudem, dass insbesondere im Beratungskontext die Beziehungsaufrechterhaltung wichtig ist, damit Lehrkräfte die Schüler*innen in heterogenen Lerngruppen prozessorientiert begleiten und unterstützen können. Heterogenität bezieht sich in Beratungssituationen, bei denen unterschiedliche Akteur*innen zusammenarbeiten bzw. ins Gespräch gehen, im schulischen Kontext neben dem Aspekt der Leistung und der Bildungsbiografiegestaltung auch auf Heterogenitätsdimensionen. So gehören dazu Gespräche über Leistungserwartung und Leistungsangst, Fragen und Probleme, die sich unterschiedlichen und vor allem auch sich überlagernden Bereichen der migrationsbezogenen, sozio-ökonomischen und behinderungsspezifischen Heterogenität zuordnen lassen. Insbesondere die sozio-ökonomische Heterogenität bringt hier in der Folge eine Bildungsbenachteiligung mit sich, da nachgewiesen ist, dass Herkunftseffekte mit dem Bildungserfolg der Schüler*innen korrelieren und die soziale Herkunft insbesondere in Deutschland weiterhin determinierend ist im Hinblick auf Erfolg und Misserfolg im Bildungssystem (vgl. z.B. Vock/Gronostaj 2017, S. 19).

### Arbeitsaufgaben

1. Welche Gespräche zwischen Lehrer*in und Schüler*in sowie zwischen Lehrer*in und Eltern finden im Unterrichts- und Schulalltag spontan oder geplant statt?
2. Überlegen Sie sich ein Beispiel für den folgenden Ablauf eines Problemgesprächs nach Hedda Bennewitz (2016, S. 208):
   1. Was ist das Problem? Orientierung und Problemanalyse: Bedeutsame Aspekte und Informationen werden gesammelt und analysiert.
   2. Wie kann das Problem gelöst werden? Neue Handlungsentwürfe: Ziele und Lösungen werden entwickelt.

3. Was soll getan werden? Entscheidung über anzustrebende Ziele und Wege: Eine Option wird vom Ratsuchenden gewählt.
4. Erprobung: Einüben und Umsetzen.
5. Was hat sich verändert? Evaluation: Reflexion und Bewertung der Veränderung.

## 7.3 Differenzierung und Differenzherstellung

### 7.3.1 Formen der Differenzierung

Auch wenn die Begriffe Differenz, Differenzierung und Differenzherstellung im Hinblick auf Kommunikation und Partizipation in Schule und Unterricht alle von Bedeutung sind, so sind sie doch unterschiedlich im Hinblick auf ihre theoretischen Bezüge.

Beim Terminus der Differenzierung kann zwischen äußerer und innerer Differenzierung unterschieden werden. Die äußere Form der Differenzierung bezieht sich auf bildungspolitische Maßnahmen und den Aufbau des Schulsystems seit 1919/1920. Im deutschen Schulsystem erfolgt eine Zuordnung der Schüler*innen in Schulformen z.B. Haupt-, Real- und Gesamtschule bzw. Gymnasium und in Differenzierungsgruppen für leistungsstärkere und leistungsschwächere Schüler*innen. Die Einteilung der Lerngruppen orientiert sich an bestimmten Kriterien, die wiederum auf die Herstellung von Homogenität hin (vgl. Vock/Gronostaj/Vock 2017, S. 48) angelegt sind.

Weiterhin ist es für den Unterrichtsalltag an jeder Schule und in jeder Schulform wichtig, Methoden und Mechanismen der inneren Differenzierung im Unterricht einzusetzen. Im Rahmen der unterrichtsbezogenen Forschung zu Heterogenität kann danach gefragt werden, welche Formen äußerer und innerer Differenzierung sich besser oder schlechter eignen, sowie welche Möglichkeiten Individualisierung, Differenzierung und Adaptivität bieten. Der adaptive Unterricht stammt aus der pädagogischen Psychologie, wobei die Psychologie in den letzten Jahren insgesamt zu einer wichtigen Bezugswissenschaft der allgemeinen Didaktik sowie der Fachdidaktiken geworden ist. Es gibt verschiedene Begriffe:

> „Während die Begriffe Individualisierung und Differenzierung eher schulpädagogische Begriffe sind, ist Adaptivität ein Begriff der pädagogischen Psychologie bzw. der Lehr-Lern-Forschung. Mit Adaptivität ist die Anpassung des Lernangebots an die individuellen Voraussetzungen der Lernenden gemeint. Adaptive Instruktion kann als ‚Sammelbezeichnung für den unterrichtlichen Umgang mit interindividuellen Differenzen' (Hasselhorn/Gold 2009, 253), zu denen insbesondere auch sprachliche Unterschiede gehören, bezeichnet werden. In pädagogisch-psychologischer Perspektive werden die Begriffe Adaptivität und Instruktion häufig verbunden. Damit wird – im Gegensatz etwa zum Begriff des of-

fenen Unterrichts – die enge Anbindung an das instruktionale Handeln der Lehrperson deutlich. Der Ansatz ist nicht getragen von umfassenden Visionen eines besseren, gerechteren oder radikal schülerpartizipativen Lernens, er zielt vorranging auf die Verbesserung der fachlichen Leistungen und empirisch erprobte Unterrichtskonzepte" (Bohl/Batzel/Richey 2012, S. 48f.).

Im offenen Unterricht (z.B. Peschel 2010), zu dem Formen wie die Stationenarbeit, die Projektarbeit, die Freiarbeit oder die Wochenplanarbeit gezählt werden, nimmt die Lehrer*in eine moderierende Rolle ein und minimiert den eigenen Redeanteil im Unterricht zugunsten einer zeitlichen, inhaltlichen und methodischen Öffnung des Unterrichtes und einer höheren Schüler*innenpartizipation. Der Grad an Öffnung und an Differenzierung bei den Aufgabenformaten und unterschiedlichen methodischen und didaktischen Zugängen kann variieren. Auch wenn mit seiner reformpädagogischen Orientierung die Kindorientierung und Partizipation der Kinder eine wichtige didaktische Zielgröße des offenen Unterrichts darstellt, so weisen doch die Forschungsergebnisse darauf hin, dass von einer starken Öffnung im Unterricht zunächst die leistungsstärkeren Schüler*innen profitieren. Diese verfügen häufig über ein hohes Maß an Selbstorganisation und intrinsischer Motivation dafür, sich selbst Materialien zu besorgen:

> „Insgesamt verdeutlicht die Forschungslage, dass individualisierter, differenzierter oder offener Unterricht keinesfalls per se wirksam ist, sondern im Gegenteil insbesondere mit Blick auf hohe Fachleistungen und mit Blick auf leistungsschwächere Schülerinnen und Schüler intelligent organisiert sein muss. Derartige Konzeptionen sind voraussetzungsreich, komplex, bergen einen hohen Anspruch an die Expertise der Lehrkräfte und sind ressourcenintensiv" (Bohl/Batzel/Richey 2012, S. 62).

Jede Form von Differenzierung im Unterricht wird dabei kommunikativ gestaltet und eingeführt z.B. wird die Organisation der Stationenarbeit im Hinblick auf Wahlfreiheit, Pflichtstationen, Dokumentationsformen und zeitliche Abfolge besprochen. Schüler*innen werden im offenen Unterricht nicht nur angeleitet, sondern auch bei den einzelnen Lernprozessen begleitet, etwa wenn Arbeitsaufträge nochmals erklärt werden müssen oder wenn spezifisches Material benötigt wird. Sämtliche Differenzierungsformen sowie die Zuweisung zu bestimmten Formaten der inneren Differenzierung (unterschiedliche Aufgabentypen, Lernen auf verschiedenen Niveaus) und natürlich die Zuweisung in äußere Differenzierungsformen (unterschiedliche Kurse, Übergangsempfehlungen für unterschiedliche weiterführende Schulen) finden damit stets kommunikativ statt und brauchen Begründungskontexte und Formen der adäquaten kommunikativen Vermittlung und Abstimmung.

Neben der generellen Aussage, dass jede Form von Differenzierung in Schule und Unterricht kommunikativ gestaltet wird und einen kommunikativen Kontext hat und im Rahmen des Unterrichts Differenz z.B. als leistungsbezogene Unterschiede bearbeitet wird, geht es bei der Beschreibung von Herstellung von Differenz durch Kommunikationsprozesse spezifischer darum, nach den Formen der Produktion und Reproduktion in schulischen Praktiken zu fragen.

### 7.3.2 Differenzherstellung durch sprachliche Praktiken

Der Begriff der Differenzherstellung verweist semantisch darauf, dass Differenzen nicht nur im Bildungssystem bearbeitet und kompensiert werden, z. B. durch Förder- und durch Differenzierungsmaßnahmen, sondern dass Schule und Unterricht selbst Orte der praktizierten Differenzherstellung sind und vielfach gerade in Gesprächen Zuschreibungen und (Fehl)Beurteilungen stattfinden. ‚Differenz-Bildung' in Schule und Unterricht findet hier etwa durch die „Inszenierung von Migrationsanderen im schulischen Kontext" (Rose 2014, S. 209) statt. Kinder, die neu zugewandert sind bzw. nicht Deutsch als Erstsprache sprechen, werden z.B. in Integrationsklassen unterrichtet und statt mit den gleichaltrigen Kindern der Regelklassen, um dort zunächst Deutsch zu lernen.

Geplantes wie ungeplantes Lehrer*innenhandeln hat dabei immer eine Wirkung auf die Schüler*innen im Klassenraum. Damit ist insbesondere auch die Wirkung der Lehrer*innensprache gemeint. Lehrer*innen loben, ermahnen, werten und bewerten sprachlich und haben durch den Zwang, im Unterricht handeln und sprechen zu müssen, nicht immer genügend Zeit, vorbereitend über das eigene kommunikative Handeln nachzudenken und das eigene kommunikative Handeln zu bedenken. Durch Sprache finden im Unterricht, analytisch erklärbar mit Bezug auf zeitgenössische Theoriezugänge aus Soziologie und Philosophie, in den unterrichtlichen Interaktionen gleichzeitig positive wie negative Zuschreibungen und Subjektivierungsprozesse statt. In der Erziehungswissenschaft wird hierbei mit dem Terminus der Subjektivierung aus einer bildungstheoretischen und machttheoretischen Perspektive darauf hingewiesen, dass Subjektivierung/Subjektivations-Prozesse mit Anerkennungs- und Transformationsprozessen einhergehen und damit relational und veränderbar sind und es eben kein festes und unveränderliches Subjekt gibt. Subjektivierung findet vielmehr als Bildungsprozess durch „soziale und kulturelle Praktiken der Subjektivierung" (Alkemeyer/Budde/Freist 2013) statt.

In unterrichtlichen Bezügen können Subjektivierungsprozesse stattfinden durch die Art und Weise, wie Lehrer*innen einzelne Schüler*innen ansprechen oder benennen. In vielen Zuschreibungen, Attribuierungen und Anreden, z.B. durch Bezeichnungen als Ausländer, als typisches Mädchen, als leistungsschwache oder faule Schüler*innen, auch wenn diese nicht intendiert sind, findet eine Zuordnung der so angesprochenen Schüler*innen in hierarchische Kategorien verbunden mit Bewertungen statt. Nicht nur verbal, sondern auch durch Mimik und Gestik können Schüler*innen kategorisiert werden. Die so adressierten Schüler*innen reagieren dabei unterschiedlich auf diese Form einer Zuschreibung, wahlweise angepasst oder aber auch in widerständiger Art und Weise.

Wird von Differenzherstellung im Unterricht gesprochen, so kann man mit Lutz/Wenning (2001) analytisch auf sozial bewertete hierarchische Differenzlinien hinweisen. Differenzen wie Jungen versus Mädchen, Leistungsstärkere versus Leistungsschwächere, behindert versus nicht-behindert, Kinder mit/ohne Migrationshintergrund u.a. spielen als bipolare Differenzlinien bzw. soziale Ordnungskategorien eine Rolle. Im Kontext des Unterrichts sind Differenzen nicht einfach vorhanden oder nicht, sie werden vielmehr erst in einem bestimmten Setting sichtbar gemacht oder aufgerufen. Beispielsweise bei der Differenzlinie Geschlecht als ein Doing Gender („Jetzt nimmt jedes Mädchen wieder einen Jungen dran…"). Hirschauer (2017) hat im Kontext von Differenztheorie dazu gearbeitet, dass Differenzen aktiv hergestellt werden, indem sie aktualisiert werden. Beispielsweise spielt die Hautfarbe der Schüler*innen im Klassenzimmer keine Rolle bis zu dem Moment, in dem im Unterricht explizit darauf hingewiesen wird, dass Schüler*innen unterschiedliche Hautfarben haben oder im Arbeitsauftrag angeregt wird, mit Hautfarbe als Buntstiftfarbe die Menschen auszumalen und als Hautfarbe rosa definiert wird. Differenzherstellung in der Schule und „Differenzierungspraktiken im Unterricht" (Budde 2017) beziehen sich auf vorhandene Ungleichheits- und Machtverhältnisse. Deshalb wird in der neueren Schul- und Unterrichtsforschung häufig mit einer direkten Bezugnahme auf Michel Foucault oder Judith Butler (z.B. Kleiner/Rose 2014) zu Fragen der Macht(praktiken) gearbeitet. Machtverhältnisse, die außerhalb des Klassenraums gesellschaftlich vorhanden sind, werden auch im Klassenzimmer (re)produziert.

Differenz kann durch (sprachliche) Praktiken hergestellt werden, die im Unterricht maßgeblich von der Lehrkraft initiiert werden. Es gibt aber auch im Unterricht, und nicht nur in den Pausen, Praktiken der Differenzherstellung, die von Kindern ausgehen. Hierzu hat etwa Flügel (2017) im Hinblick auf die peerkulturelle Dimension der Herstellung von Differenz im Sachunterricht oder auch Eckermann (2017) mit Bezug auf den Deutschunterricht Arbeiten vorgelegt. Beobachtet wurden im jeweiligen Fachunterricht Schüler*innen bei kooperativen Lernaktivitäten. Deutlich wurde, dass auch die Schüler*innen in ihren Gesprächen Differenz bearbeiten und Unterschiede herstellen.

Die Schule kann allgemein als ein Ort gesellschaftlicher Kontrolle (vgl. Amos 2016) angesehen werden, was sich maßgeblich durch die Verwendung (der relevanten) Sprache und sprachlichen Äußerungen zeigt: „Das sagen wir hier nicht", „Rede deutsch".

Insbesondere sprachlich-kulturelle bzw. ethnische und religiöse Differenz wird häufig im Klassenraum zum Bezugspunkt von Differenzherstellung. Akbaba/Bello/Fereidooni (2023) betonen die hohe Bedeutung der Auseinandersetzung mit der Thematik der pädagogischen Professionalität im Hinblick auf Migrationsdiskurse. Sprache kann im Kontext von Schule und Unterricht wertend sein, kann direkte rassistische Anrufungen enthalten, ethnische Differenzen in der Interaktion herstellen, die ohne die Interaktion nicht vorhanden wären, beispielsweise in dem auf bestimmte zugeschriebene Traditionen, Verhaltensweisen verwiesen wird („Bei Euch Türken, ist es ja üblich, dass…“, „Schwarze tanzen immer gerne“, „Asiat*innen essen alle Reis“).

Schule ist ein Ort, an dem Prozesse des Otherings stattfinden. Das Othering (zu Anderen, zu Fremden machen) folgt einer Markierungs- und Differenzherstellungspraxis, wobei schnell in eine ‚Wir-Gruppe‘ und ‚die Anderen‘ eingeteilt wird (vgl. z.B. El-Mafalanni 2021). Das Buch des Erziehungswissenschaftlers El-Mafalanni (2021) beschreibt die gerade für die Institution Schule wichtigen Zusammenhänge zwischen der Geschichte des Rassismus in Deutschland und dem strukturellen und prozesshaften Rassismus auf der Makroebene. Anschließend wird mit Bezug auf die Bildungsinstitutionen auf der Mesoebene der institutionelle Rassismus thematisiert. Auf der Mikroebene wird die Darstellung mit Blick auf die Akteur*innen und Machtpositionierungen vervollständigt (vgl. S. 10f.).

In der Veröffentlichung von Broden/Mecheril (2016) wird z.B. anhand von Beispielen und empirischen Studien aus Schule und Unterricht unter dem Fokus „Rassismus bildet“ deutlich, dass Rassismus zur Normalität des schulischen Alltags gehört und hier Subjektivierungen im Kontext von Rassismuserfahrungen im alltäglichen Unterrichtsgeschehen an allen Schulformen stattfinden (können). Auch in der qualitativen empirischen Unterrichts- und Schulforschung, die sich mit Differenzherstellung beschäftigt, wird in rekonstruktiven und interpretativen Verfahren nach der „Reproduktion von Rassismus in der Schule“ (ebd.) gefragt. Exemplarisch wird z.B. für den einzelnen Fachunterricht wie den Sachunterricht (vgl. Seifert 2021) bearbeitet, wie Unterricht zwischen „Rassismuskritik und Differenzherstellung“ angelegt sein kann und welchen Beitrag fachunterrichtsdidaktische Überlegungen in dieser Hinsicht für das Demokratielernen leisten können. In den letzten Jahren ist der Bereich der rassismuskritischen Schulpädagogik, die bislang eher randständig war, wichtiger geworden. Neben Publikationen gibt es vermehrt Veranstaltungen in der Lehrer*innenbildung, beispielsweise organisiert vom bundesweiten Netzwerk Rassismuskritische Schulpädagogik, Lehrer*innenfortbildungseinrichtungen und zivilgesellschaftlichen Einrichtungen.

Neben dem Bezug auf Migration wird in qualitativen Studien der Unterrichtsforschung insbesondere auch zur Differenzkategorie Behinderung (behindert versus nicht-behindert) gearbeitet. Die Arbeiten der rekonstruktiven Inklusionsforschung (z.B. Budde/Dlugosch/Sturm 2017) verweisen mit unterschiedlichen empirischen Studien zum inklusiven Unterricht auf das Spannungsfeld zwischen theoretischen und bildungspolitischen Vorgaben und pädagogischer Praxis, indem Unterrichtsbeobachtungen methodisch z.B. in Mehrebenanalysen vorgestellt werden. Diese nehmen Bezug auf die Wiederherstellung der Differenz zwischen behindert und nicht-behindert und damit Exklusionspraktiken im Kontext inklusiver Beschulung.

Exklusion kann als soziale Exklusion beschrieben werden, die sich ebenfalls mit dem Gefühl der Betroffenen, exkludiert zu sein, beschreiben lässt:

> „Man hat in einem Gespräch den Eindruck, nicht mitgemeint zu sein oder sogar unerwünscht zu sein; aber das ist ein Eindruck, der sich erst durch eine Krise von Momenten hindurch verfestigt und der auch schwer zu beweisen ist" (Stichweh 2009, S. 31).

Für den Inklusionstheoretiker Andreas Hinz ist die „Sprache des sonderpädagogischen Förderbedarfs" genauso differenzherstellend wie sexistische oder rassistische Formen einer sprachlichen Differenzherstellung (z.B. Netti/Boban/Hinz 2022). Gerade am Beispiel der inklusiven Schule zeigt sich die Diskrepanz zwischen einem (bildungspolitischen) Anspruch und empirisch rekonstruierbaren Exklusions- und Differenzpraktiken, wenn von ‚den Behinderten', vom ‚Inklusionskind' usw. gesprochen wird. Letztlich geht es bei der Reflexion der sprachlichen Differenzherstellung damit um die Frage, wie Menschen miteinander umgehen wollen und wie Interaktionen als wertschätzend und anerkennend und nicht als abwertend gestaltet werden können. Im Hinblick auf die Frage nach der situations- und adressatenangemessenen Kommunikation im Klassenraum geht es somit um die Frage, wie und ob ich als Lehrer*in meinen Schüler*innen anerkennend und wertschätzend begegne. Es geht um das Würdigen von Antworten der Kinder, auch und gerade von jenen, die sich nicht so gut ausdrücken können vor dem Hintergrund eines expliziten Bezuges auf den normativen Rahmen des Lehrer*innenhandelns, der sich in einer demokratiegemäßen Schule rechtlich auf Vorgaben und Grenzen wie das Grundgesetz, Konventionen, aber auch die Standards der Lehrkräftebildung u.a. stützt.

## 7.4 Diversität und Diskriminierung

### 7.4.1 Diskriminierung und Diskriminierungssensibilität

Neben der wichtigen UN-Behindertenrechtskonvention sind die weiteren UN-Konventionen zu nennen, die auf der politischen und rechtlichen Ebene neben dem Grundgesetz (vgl. hier v.a. §3 Absatz 3 zur Gleichheit aller) und den Schulgesetzen der Bundesländer den Bezugsrahmen des Handelns in der Schule darstellen. Sowohl die UN-Menschenrechts- als auch die UN-Kinderrechtskonvention verweisen bereits in Artikel 2 auf ein Diskriminierungsverbot. In der UN-Kinderechtskonvention beziehen sich die Artikel 2, 6, 19, 24, 30, 34, 37 und 39 auf den wichtigen Aspekt der Antidiskriminierung. Dies stellt die Rahmung schulischen und unterrichtlichen Handelns dar. Diskriminierung im Kontext von Schule und Unterricht zeigt sich in unterschiedlichen Formen, auf unterschiedlichen Ebenen (der Makro-, der Meso- und der Mikroebene) und bezogen auf unterschiedliche schulische Akteur*innen. Während die Makroebene auf den generellen Aufbau und die Struktur des nationalen Bildungswesens abzielt, bezieht sich die Mesoebene auf das konkrete System Schule und die Mikroebene auf den Unterricht und die Unterrichtskultur.

Gerade die bildungspolitische Gestaltung wie die Verteilung der Ressourcen an Schulen sowie die Organisation der selektiven Bildungsübergänge sind relevant in Bezug auf die Möglichkeiten einer „institutionellen Diskriminierung". Gemeint sind Mechanismen, die der „Herstellung ethnischer Differenz" (Gomolla/Radtke 2009) dienen und Unterscheidungspraktiken zwischen gesellschaftlichen Gruppen darstellen können. Bildungseinrichtungen dienen somit auch der „Hervorbringung ungleicher Kindheiten" (Machold/Wienand 2021), da bereits junge Kinder im Übergang zur Grundschule unterschiedlich adressiert und im sozialen Raum (ungleich) positioniert werden hinsichtlich eines zu erwartenden Bildungsverlaufs (vgl. z.B. Carnin 2020).

Zuschreibungen eines prognostizierten Verhaltens oder Versagens eines Kindes wirken im Kontext beider Übergänge der Grundschule. Schüler*innenstereotypisierende Vorstellungen und Einstellungen der Lehrer*innen z.B. darauf, ob erwartbar ist, dass ein Kind aus einer migrantischen Familie einen positiven Bildungsverlauf haben könnte oder nicht, rahmen dabei (unbewusst) deren pädagogisches und didaktisches Denken und Handeln.

Noten, die insbesondere beim zweiten Übergang der Grundschule und beim Übergang vom Sekundarbereich I zum Sekundarbereich II eine Rolle spielen, sind keineswegs Ergebnis objektiver Leistungsmessinstrumente. Die Forschung zur Leistungsbewertung und -rückmeldung verweist zudem seit Jahrzehnten (z.B. Ingenkamp 1989) darauf, dass Determinanten wie die Beurteilung des Aussehens, des sozialen Hintergrundes u.a. bei den Aufgaben der objektiven Leistungsbewertung zu (Übertragungs)Fehlern führen und stereotypisierende Entscheidungen getroffen werden. Für Schule und Unterricht sind auch Theorieansätze der Rassismustheorie und Studien der Differenzforschung in pädagogischen Einrichtungen interessant, die sich mit den Strukturen eines institutionellen Rassismus und der Genese von Ungleichheit in Bildungseinrichtungen beschäftigen, vor allem auch im Hinblick auf schulische Leistung und schulische Übergänge. Im Kontext des Bildungssystems geht es mit Bezug auf die Mechanismen eines institutionellen bzw. strukturellen Rassismus damit um die ungleiche Verteilung von Lebenschancen und die ungleiche Häufung von verschiedenen gesellschaftlichen Teilgruppen in bestimmten Schulformen, z.B. dem proportional hohen Anteil an Kindern mit Zuwanderungsgeschichte an Haupt- und Förderschulen. Unter dem sowohl in der Schulpädagogik als auch in der Bildungsforschung verwandten und aus der Sozialpsychologie stammenden Begriffs des Schülerstereotyps versteht man die „kognitive Repräsentation einer Menge von Schülern, die der Lehrer in einer oder mehrerer Eigenschaften als ähnlich einschätzt" (Hofer 1981, S. 198). Hofer beschrieb bereits zu Beginn der 1980er Jahre, dass die Verarbeitung von Informationen über Schüler*innen das Entscheidungsverhalten von Lehrer*innen beeinflusst und die Handlungsebene des Unterrichts determiniert. Spätere Veröffentlichungen wie die von Lüddecke (2007) und Petersen/Six (2008) bestätigen diese frühen Befunde und setzen sich kritisch mit ethnischen Vorurteilen und Stereotypen, die eine soziale Diskriminierung begründen, auseinander. So wird diese Thematik insbesondere in der interkulturellen Pädagogik für die Schule als Institution und Organisation bearbeitet.

Da in der deutschen Gesellschaft, einer Gesellschaft mit über 84 Mio. Menschen, mittlerweile mehr als 40% der unter 18-Jährigen zur Gruppe „Menschen mit Migrationshintergrund" zählen und in vielen Städten der Anteil bei Kindern unter drei Jahren bei 70% liegt, wird schnell deutlich, dass es sich hier nicht um Minderheiten handelt. Während eine zunehmende Anzahl an Schüler*innen aus migrantischen Familien kommt, in denen häufig mehrere Sprachen gesprochen werden, bildet sich diese Vielfalt an Sprachen, Herkünften und unterschiedlichen religiösen Orientierungen derzeit noch nicht in den Lehrer*innenkollegien ab.

Die meisten Studien, die sich mit dem Thema der in der Schule auftretenden und reproduzierten Vorurteile aufgrund eines zugeschriebenen Migrationshintergrundes oder sozialen Hintergrundes beschäftigen, beziehen sich auf die Zielgruppe der Schüler*innen. Es gibt jedoch darüber hinaus auch Arbeiten, die sich mit möglichen Vorurteilen gegenüber Studierenden mit Zuwanderungsgeschichte und deren biografischen Erfahrungen, zu denen Diskriminierungserfahrungen z.B. aufgrund des Tragens eines Kopftuches in der Schule gehören, beschäftigen. Studien aus der Migrationsforschung wie die von Karakaşoğlu (vgl. Karakaşoğlu-Aydin 2000) verweisen mit Blick auf die Gruppe der angehenden Lehrer*innen darauf, dass sich viele Schulleiter*innen nicht zum Thema Diskriminierung positionieren wollen, obschon das Thema Kopftuchverbot im Kontext Schule seit 30 Jahren ein virulentes ist und es in den letzten Jahrzehnten Lehrer*innen (in Ausbildung) gab, die aufgrund eines Kopftuches Schwierigkeiten im Schuldienst hatten. Die Forscherin Foroutan vom Berliner Institut für empirische Integrations- und Migrationsforschung verweist in neueren Studien indes darauf, dass jüngere oder angehende Lehrer*innen gegenüber Trägerinnen eines Kopftuches weniger Vorbehalte hätten. Sie beschäftigt sich mit der Frage, wie die Zuschreibungen eines Migrationshintergrundes o.ä. gesellschaftlich überwunden und das „Leben in einer postmigrantischen Gesellschaft" (Foroutan 2016) als einer ‚offenen Gesellschaft' gestaltet werden kann. Aus empirischen Studien der Lehrer*innenforschung der letzten Jahre ist aber auch bekannt, dass sich mitgebrachte Einstellungen und Haltungen nur schwer ändern lassen. Es bedarf für die Lehrkräftebildung einer kritisch-reflexiven Auseinandersetzung mit der Thematik und positiven Erfahrungen im Praxisfeld, womit insbesondere die begleiteten schulpraktischen Studien an Bedeutung gewinnen können, um Vorurteile und diskriminierendes Verhalten wahrzunehmen.

Diskriminierungssensibles Verhalten im Kontext von Schule und Unterricht, aber auch in der Elternarbeit sowie Lehrkräftebildung bedeutet mehr als Verzicht von eindeutig rassistischen Begriffen und ethnischen Zuschreibungen sowie eine Sensibilität beim Sprechen durch einen bewussten Umgang mit Sprache. Für den Unterricht und die Unterrichtsplanung geht es insbesondere um die Analyse der eingesetzten Schulbücher und unterrichtlichen Materialien im Hinblick auf abwertende Darstellungen und Zuschreibungen im Sinne einer rassismuskritischen (Fach)Didaktik (vgl. z.B. Fereidooni/Simon 2020).

### Arbeitsaufgaben

1. In den letzten Jahren wurden in verschiedenen Bundesländern Antidiskriminierungsstellen für Schüler*innen und für Studierende an Universitäten und Hochschulen eingerichtet, um eine Anlaufstelle zu bieten. Recherchieren Sie für Ihr Bundesland und Ihre (Hoch)Schule, wo es diese gibt und welche Arbeitsschwerpunkte verfolgt werden.
2. Vergleichen Sie ältere und neuere Schulbücher und weitere Lehrwerke. Lässt sich eine zunehmende Sensibilität in Sprache und Darstellung erkennen?

### 7.4.2 Diversity Education

In der internationalen Forschung zu Schule und Unterricht wird seltener als in der deutschen Forschung der Begriff Heterogenität (engl. heterogeneity) verwandt, sondern eher der Begriff der Diversität (engl. diversity). Hummrich (2017) weist darauf hin, dass das Verständnis von Diversity über das des deutschsprachigen Begriffes der Heterogenität hinausgeht und der Begriff „deutlich anders konnotiert“ (S. 161) sei. Im Zentrum stehe die Sensibilisierung für die Vielgestaltigkeit von Schule und Gesellschaft. Differenzen werden dabei nicht als naturalisierend oder essenzialisierend und verdinglichend angesehen, sondern mit ihnen sind vielmehr Antidiskriminierungsperspektiven verbunden, welche in analytischer Weise die Differenzkonstruktionen mit Bezug auf hierarchische Prozesse in den Blick nehmen.

Der Diversitätsansatz eignet sich dazu, Differenzzuschreibungen zu dekonstruieren und zu bearbeiten. Der Diversitätsbegriff setzt also da an, wo der Differenzbegriff aufhört:

> „Diversität setzt sich aus individuellen und gruppenbezogenen Merkmalen zusammen, die teilweise angeboren sind, teilweise individuell erworben werden, teilweise durch Gesetze und institutionelle Praxen entstehen“ (Allemann-Chionda 2011 in Hauenschild et al. 2013, S. 17).

Diversity Education bezieht sich als Oberbegriff darauf, sich als Gestaltungselement von Bildungspraxis mit verschiedenen Konzepten des Umgangs mit gesellschaftlicher Vielfalt wie Sprache, Herkunft, Kultur, Geschlecht/Gender zu beschäftigen (vgl. z.B. Hauenschild/Robak/Sievers 2013). Es gibt in der anglo-amerikanischen sowie in der deutschsprachigen Erziehungswissenschaft eine Reihe von Arbeiten, die sich seit über 30 Jahren mit Teilthemen einer diversitätsorientierten Bildung und Erziehung auseinandersetzen, womit deutlich wird, dass es sich nicht um ein neues Phänomen handelt. Der Begriff der Diversität bezieht sich zudem auf den der Intersektionalität (z.B. Emmerich/Hormel 2013). Es gibt verschiedene theoretische Modelle, Vielfalt und Verschiedenheit mit dem Begriff der Diversität zu beschreiben, diese beziehen intersektionale Perspektiven ein. Intersektionale Ansätze sind in Deutschland stärker in der allgemeinen erziehungswissenschaftlichen Theorie und Forschung als in der schulpädagogischen vertreten. Exemplarisch sind Arbeiten wie die von Machold anzuführen, die in einer „ethnographischen Studie im elementarpädagogischen Kontext“ zu „Kinder und Differenz“ (Machold 2015) gearbeitet hat und die Intersektionalität in ihren Studien zur Kindheitsforschung in pädagogischen Institutionen weiterverfolgt (z.B. Machold/Wienand 2021, Machold/Bak 2022). Intersektionalität kann wie folgt definiert werden:

> „Unter Intersektionalität lässt sich verstehen, dass historisch gewordene Diskriminierungsformen, soziale Ungleichheiten, Machtverhältnisse und Subjektpositionen wie Geschlecht, Behinderung, Sexualität/Heteronormativität, race/Ethnizität/Nation oder soziales Milieu nicht additiv bzw. isoliert voneinander konzeptualisiert werden können, sondern in ihren Überkreuzungen (intersections) oder Interdependenzen analysiert werden müssen. Der Fokus wird somit auf die Wechselbeziehungen von sozialen Kategorien bzw. Ungleichheiten in Erziehung, Bildung und Sozialisation gelegt, die spezifische Formen von Diskriminierungs- und Machtkonstellationen hervorbringen und somit die pädagogische Praxis sowie erziehungswissenschaftliche Forschung Strukturen und beeinflussen“ (Walgenbach/Pfahl 2017, S. 141).

Das bedeutet, dass etwa die Inklusionsforschung bei der Thematisierung des Merkmals Behinderung nicht nur auf dieses schaut, sondern dass hier neben der Integrationspädagogik auch Bezüge zur Migrationspädagogik und zur feministischen Pädagogik hergestellt werden können, da Schüler*innen nie einfach Schüler*innen mit Beeinträchtigung sind, sondern gleichzeitig auch männliche/weibliche/diverse Schüler*innen, Schüler*innen, die ein- oder mehrsprachig aufwachsen, unterschiedliche familiale Hintergründe haben und von unterschiedlichen Diskriminierungsformen betroffen sein können, womit eine wechselseitige Bezugnahme und Überlagerung sichtbar wird.

Deutlich wird, dass in der Lehrer*innenbildung nicht nur zur Diversität der Schüler*innen und ihrer Familien gearbeitet wird, sondern auch hinterfragt werden kann, inwiefern die Lehrer*innenbildung selbst Fragen einer diversitätsgerechten Lehre thematisiert und inhärente Spannungsfelder sichtbar macht. Diversität bezieht sich z.B. auch auf Intergeschlechtlichkeit und damit im Hinblick auf eine geschlechtersensitive Sprache auf die Frage, wie über Geschlecht und Geschlechteroptionen im Unterricht gesprochen wird und welche Informationen und Angebote Transmenschen zur Verfügung gestellt werden. Neben Fragen der Schulentwicklung und der Positionierung zu Fragen der Raumnutzung z.B. ob Unisex-Toiletten an der Schule eingerichtet werden, bleibt die Thematik eine, die inhaltlich und methodisch-didaktisch für den Unterricht und die Unterrichtsplanung relevant ist.

## 7.5 Gender in der schulischen und unterrichtlichen Kommunikation

### 7.5.1 Sprache und Distinktion

Sprache hat sich stets durch die Pluralität der Sprechenden verändert. Aktuelle Beispiele sind etwa, dass „gewunken“ heute eine im Duden aufgeführte Alternative zu „gewinkt“ darstellt und keineswegs mehr einen sprachlichen Verweis auf ‚Bildungsferne‘ oder sprachliche Beheimatung im Dialekt oder Unwissenheit.

Sprache bezieht sich auf unterschiedliche Vorstellungen, Bearbeitungsmodi und unterschiedliche Wahrnehmung von Verschiedenheit. Die Pluralität einer Gesellschaft bildet sich in der Sprache ab und die Sichtweise auf eine diverse Gesellschaft kann durch das Nachdenken und Verändern sprachlicher Praktiken verändert werden. Bewegungen wie ‚Einfache Sprache‘, um barrierefrei Menschen mit Beeinträchtigung den Zugang zu wichtigen Schriftstücken und Informationen zu ermöglichen, und Diskurse zur geschlechtergerechten Sprache sind Beispiele. Die Debatten, ob beim Gendern das Gender-Sternchen, ein Unterstrich oder ein Doppelpunkt bevorzugt werden soll, verweisen darauf, dass es sich um Spannungsfelder handelt. Es finden auf der Theorieebene einerseits wichtige Unterscheidungen statt, andererseits überlagern sich die Teildebatten einer diskriminierungsfreien sowie barrierefreien Sprache und können exkludieren. Kritisiert wird etwa, dass der Doppelpunkt, Stern, Unterstrich oder das Binnen-I den Lesefluss erschweren, eine akademische exklusive Teilgruppe adressieren und andere Teile der Bevölkerung, z.B. aufgrund fehlender sprachlicher Voraussetzungen, exkludieren, wenn im akademischen Duktus nach der richtigen Schreibweise gesucht wird. Differenzierungen zwischen Lehrer:innen, Lehrer/innen, LehrerInnen, Lehrer_innen und Lehrer*innen setzen hier ein spezifisches Wissen voraus.

Macht durch Sprache zeigt sich an unterschiedlicher Stelle: Distinktion durch Bildungssprache und Benennungen von einfachen Gegenständen oder Sachverhalten auf Latein bzw. in einer anderen Fremdsprache, um sprachlich zu signalisieren, dass man gebildet sei. Macht durch Sprache zeigt sich aber auch in der Art und Weise, wie über Frauen und Männer gesprochen wird oder Geschlecht thematisiert und geschlechtsbezogene Zuschreibungen aufgerufen werden, z.B. zickige Mädchen, hysterische Frauen, durchsetzungsstarke Männer. Hinter diesen Bildern stehen jeweils Assoziationen, wie die Stimme, wie das stimmliche Auftreten attribuiert wird.

Im schulischen Kontext zeigt sich die Vorstellung und Erwartung an ‚Normalität' und eine ‚Normalgruppe' als einer Orientierung an einer Normalentwicklung und einer Normalkindheit. Normativitätsvorstellungen sind eng verbunden mit der Bezugnahme auf Stereotype und durch Sprache ausgedrückte Stereotypisierungen. Stereotype beziehen sich nicht nur auf Jungen/Mädchen und das jeweils als typisch männlich/weiblich Erachtete, sondern etwa auf einen vorhandenen oder zugeschriebenen Hintergrund als ‚Migrationsandere'/‚Ausländer' oder als bildungsfernes ‚Unterschichtskind', als Kind vom Dorf, als typisches Kind von Alleinerziehenden, einem Elternteil mit Sucht- oder Kriminalitätserfahrung. Die geschlechterstereotype Zuschreibung „Für einen Jungen schreibt er ganz leserlich" ist eine Äußerung, die etwas über die Erwartungshaltung der Lehrkraft an das Schriftbild eines Jungen oder eines Mädchens aussagt. Bei Mädchen wird zudem ein angepasstes Verhalten in Bezug auf Mitarbeit und das soziale Miteinander erwartet, während Störungen und die Störenden auch heute noch größtenteils als männlich charakterisiert werden. Nicht nur die Zuschreibung dessen, was als männlich oder als weiblich erachtet und erwartet wird, erfolgt von Lehrer*innenseite, sondern auch von Schüler*innenseite. Schülerstereotype haben gerade auch für die „sozialen Beziehungen in der schulischen Peer Group" (Kahlke 2017) eine hohe Relevanz. In Äußerungen und Ansprachen der Lehrer*innen im Unterricht, aber auch der Schüler*innen untereinander, werden vorhandene Normen und Normalitätserwartungen deutlich. Dazu gehören Vorstellungen, was eine Familie ist, wie sich Jungen und Mädchen, Väter und Mütter etc. verhalten. Die Differenzierung in Jungen und Mädchen bleibt in vielen Schulen weiterhin die Regel, sei es durch einen Verweis auf Mädchen- und Jungenangebote bei den Aufgaben oder bei Spielangeboten im Ganztagsschulbereich oder in den gegenseitigen Ansprachen als Jungs/Mädchen.

### 7.5.2 Normalitätserwartungen und Doing Gender

Neben der historischen Linie, die über die Monoedukation als Beschulung von Schüler*innen nur eines (binären) Geschlechtes zur Koedukation als demokratischer Errungenschaft der 1920er Jahre führt, wird in der Didaktik im Hinblick auf den naturwissenschaftlichen und mathematischen Bereich bis in die Gegenwart die Frage thematisiert, wie Jungen und Mädchen besser gefördert werden können und ob sie z.B. im Mathematik- oder Physikunterricht andere Aufgabentypen brauchen. Wenn in Schule und Unterricht von einer binären Aufteilung von Jungen und Mädchen ausgegangen wird, kann damit ein Doing Gender, also eine Differenzherstellung durch die Bezugnahme auf die Differenzlinie männlich versus weiblich einhergehen (vgl. z.B. Seifert 2019). Damit wird erneut „Bildung und Differenz“ (Groppe/Kluchert/Matthes 2016) geschlechtsstereotyp, also bezogen auf die Kategorie Geschlecht, hergestellt. Gender verweist terminlogisch darauf, dass nicht von der Determination eines biologisch-vergebenen Geschlechts männlich versus weiblich und den damit einhergehenden (Macht)Verhältnissen ausgegangen wird:

> „Die Bedeutung von Geschlecht als eine Dimension von Heterogenität lässt sich mit analytischen Zugängen der Geschlechterforschung erörtern. Der Begriff ‚Gender‘ eröffnet theoretische und empirische Perspektiven auf Geschlecht als soziale Konstruktion und auf (Geschlechter-)Differenzen als Ergebnisse von Praktiken des Differenzierens. Hintergrund dieses Zugangs ist eine Theorieentwicklung, die sich von der Vorstellung abwendet, dass Geschlecht Ausdruck eines entweder weiblichen oder männlichen Wesens ist“ (Thon 2017, S. 77).

Die Genderdebatte macht darauf aufmerksam, dass binäre Codes weiblich versus männlich exkludierend sind und damit nicht ‚alle‘ gemeint sind, sondern beispielsweise genderfluide Personen ausgeschlossen sind. Diskursiv wird eine geschlechtsneutrale und gendergerechte Schreibweise gefordert, um beispielsweise mit der Nutzung des Gender-Sternchens tatsächlich alle Personen einzuschließen und eine maskuline Schreibweise zu verhindern. Angestrebt wird das Anbahnen einer „Geschlechtssensibilität in Alltag und Unterricht“ (Elsen 2020), die bei der Ansprache und Anrede in Texten (Schulbuch, Arbeitsblatt, Elternbrief) beginnt und übergeht in eine Reflexion des didaktischen Denken und Handelns im Hinblick auf die eigene Sprachnutzung, bei der Gestaltung der Unterrichtsinteraktionen und Gesprächen mit Kolleg*innen sowie Eltern.

Häufig beharren Lehrer*innen etwa beim Vorlesen der Namenslisten der Klassen auf die Nennung des ‚richtigen‘ Namens als dem Namen, der im Geburtsregister beim Standesamt eingetragen wurde und kommen nicht dem Einzelwunsch der Schüler*innen nach, mit einem anderen Namen, der der eigenen Identität eher entspricht, angesprochen zu werden („Ich heiße nicht Noah. Ich bin Mia“). Transgender ist nicht erst ein Thema der jungen Adoleszenten oder Erwachsenen, sondern bereits ein Thema im Grundschulalter oder sogar davor im Kindergarten. Während in der Pädagog*innen-Ausbildung in Deutschland dieses Thema nur marginal thematisiert wird, sind in anderen Ländern, allen voran ist hier Schweden zu nennen, bereits seit einigen Jahren pädagogische Programme implementiert worden, um eine geschlechtliche Diskriminierung zu vermeiden. In einigen

Einrichtungen werden die Kinder bewusst nur mit dem geschlechtsneutralen Personalpronomen „hen/hän" angesprochen, um eine dichotome frühe Zuschreibung zu vermeiden. Das Transgender-Thema war bislang kein Forschungsthema im Kontext von Schule und Unterricht, während es hingegen eine Reihe einschlägiger Studien gibt, die sich mit Geschlechterrollen und „Geschlechterterritorien" und einem Doing Gender beschäftigen. Beispielsweise die frühe Studie von Kelle (1999) „Geschlechterterritorien. Eine ethnographische Studie über Spiele neun- bis zwölfjähriger Schulkinder", bei der Jungen und Mädchen bei ihrem Spielverhalten beobachtet wurden. Ähnlich wie diese frühe Studie beschäftigt sich auch Eckermann (2015) mit „Geschlechterkonstruktionen beim Pausenspiel von Grundschulkindern und ihren Peers aus praxistheoretischer Perspektive", indem er Schulkinder in der Pause teilnehmend beobachtete.

Das Feld der Diversity Education und die kritische Reflexion einer genderreflexiven Arbeit in der Schule und Lehrkräftebildung sind Desiderata in Forschung und Theorie, die zunehmend bearbeitet werden (z.B. Hoffmann 2016; Warburg 2024). Auch wenn partiell zur genderreflexiven Jungenarbeit (z.B. Kraatz 2019) und zur „diskursive(n) Konstruktion von Geschlecht und Männlichkeit" und zur „Krise der Jungen in Bildung und Erziehung" (Fegter 2012) in der Schule gearbeitet wird, liegen kaum intersektionale Arbeiten vor. Unter dem Stichwort Jungenpädagogik sowie analog Mädchenpädagogik wird jeweils spezifisch ein pädagogischer Ansatz verstanden, der das Ziel verfolgt, Mädchen bzw. Jungen „im Prozess der Entwicklung einer individuellen Geschlechtsidentität" (Kraatz 2019, S. 7) zu fördern und zu begleiten. Seit den 1960er Jahren, als konstatiert wurde, dass zu wenige Mädchen höhere Bildungsabschlüsse erreichen (die katholische Arbeitertochter vom Land), hat sich dies in den letzten Jahrzehnten ins Gegenteil verkehrt und die Mädchen haben in Bezug auf eine schulische Leistungsperformanz und anzustrebende Bildungszertifikate die Jungen überholt (vgl. z.B. Baader/Bilstein/Tholen 2012). Doch auch wenn mittlerweile mehr Mädchen als Jungen Abitur machen und der große Anteil an Lehramtsstudierenden weiblich ist, so darf dies nicht darüber hinwegtäuschen, dass weiterhin eher Männer als Frauen Vollzeit arbeiten, Führungspositionen in Wissenschaft, Wirtschaft und Politik besetzen und diese Führungspositionen viel direkter anstreben als ihre weiblichen Kolleg*innen. Wenngleich bildungspolitische Initiativen zur schulischen Berufswahlorientierung wie Boys' Days und Girls' Days, die eingeführt wurden, um Mädchen für Jungenberufe zu interessieren und umgekehrt, einen Begründungskontext haben, so kann kritisch angemerkt werden, dass hier weiterhin in einer geschlechtsbezogenen Kategorisierung von Berufen gedacht wird. Die gleiche Ambivalenz kann im Hinblick auf Handbücher zur Jungen- und Mädchenpädagogik aufgezeigt werden, wenngleich sie für das didaktische Denken und Handeln im Unterrichts- und Schulalltag interessante Anregungen und Anknüpfungspunkte bieten können (z.B. Matzner/Wybronik 2010; Matzner/Tischner 2012).

### 7.5.3 Heteronormativität und sprachliche Sensibilität

Obwohl inzwischen bei Stellenausschreibungen männlich/weiblich/divers angeführt wird und das dritte Geschlecht eingetragen werden kann, so bleibt doch der schulische und außerschulische Alltag von Heteronormativität geprägt. Im schulischen Raum gibt es weiterhin Toiletten für Lehrer oder für Lehrerinnen, für Mädchen oder für Jungen, Umkleidekabinen und Duschen für Jungen oder für Mädchen etc. Gesprochen wird von der Mutter von Schüler*in X oder dem Vater von Schüler*in X mit Referenz auf ein binäres Geschlechterkonzept. Die jeweiligen bildungspolitischen Akteur*innen auf Bundes- und Landesebene, aber auch die Lehrer*innen in den Kollegien positionieren sich unterschiedlich dazu, ob sie z.B. bauliche Maßnahmen durchführen oder in schriftlichen Texten Gender-Sonderzeichen nutzen. Bei der Suche nach einer sprachlichen Alternative zum generischen Maskulinum (Schüler, Lehrer, Hausmeister, Politiker) wird gleichzeitig auch deutlich, dass gewählte Alternativformen leicht lesbar und sprechbar sein müssen.

Aus der gegenwärtigen Perspektive einer intensiven Thematisierung von sexueller Vielfalt, die sich auch in den Schul-, Kinder- und Bilderbüchern abbildet z.B. in „König und König“ (Haan/Nijland 2014) scheinen Handbücher zur Jungen- und zur Mädchenpädagogik auf den ersten Blick wenig Ansätze für eine Lehrer*innenbildung im 21. Jahrhundert anzubieten. Gleichzeitig kann darauf hingewiesen werden, dass auch bei einer sprachlichen Sensibilität real vorhandene Ungleichheiten, wie z.B. der Gender Gap bei der Bezahlung als Ungleichheit zwischen Männern und Frauen, weiterhin bestehen. Auch gibt es geschlechtsbezogene Bildungsbiografien, zu der eine spezifische Berufs- und Studienwahl gehören und Gewalterfahrungen als körperliche und sexualisierte Gewalt, die sich in erster Linie gegen Mädchen und Frauen richten.

Gerade im Hinblick auf unterschiedliche Ausgangsvoraussetzungen in den Familien ist es für die schulischen Akteur*innen wichtig zu wissen, dass die Thematisierung von Sexualität, sexueller Selbstbestimmung, Fragen zur geschlechtlichen Identität und der Suche nach der eigenen geschlechtlichen Zugehörigkeit und dem eigenen Selbstverständnis als heterosexuell, homosexuell, als Frau/Mann, genderfluid, Transmann, Transfrau, binär/non-binär nicht in jeder Familie gleichermaßen selbstverständlich thematisiert werden können. Vielmehr finden Diskurse häufig in einem mittelschichts- und akademisch orientierten Milieu statt. Für schulische Akteur*innen geht es darum, sich nicht einseitig an einer vermeintlich als progressive Pädagogik wahrgenommenen Perspektive zu orientieren. Es geht bei aller Suche nach der richtigen Sprache, nach der richtigen sprachlichen Benennung, die nicht ausschließt, sondern alle einschließt, auch weiterhin um mögliche Exklusionsprozesse und Dominanzdiskurse.

Für den unterrichtlichen Kontext ergibt sich vielfach die Möglichkeit z.B. in philosophischen Gesprächen (vgl. Kap. 5) zu thematisieren, was den Menschen als geschlechtliches Wesen ausmacht und welche Rollen Frauen und Männern zugeschrieben werden und wie eine Gesellschaft aussehen könnte, in der es nicht nur auf der rechtlichen Ebene Gleichberechtigung gibt (Grundgesetz), sondern auch auf der Ebene der Lebensentwürfe und der gelebten gesellschaftlichen Praktiken. Veröffentlichungen wie die von Voß (2017) verweisen mit Judith Butler darauf, dass die geschlechtliche Anrufung eines Kindes als Junge oder Mädchen bereits während der Schwangerschaft, also vorgeburtlich, beginnt und es bereits in der frühen Kindheit durch die Wiederholung in der Familie und in den pädagogischen Institutionen zu einer Performativität als Wiederaufführung und Reproduktion von Geschlecht kommt. Für das pädagogische und didaktische Denken und Handeln stellt sich die Frage, wie die gesellschaftliche und institutionelle Ungleichbehandlung der Geschlechter verändert werden kann und eine egalitäre oder geschlechtsneutrale Behandlung aller Geschlechter gefördert werden kann. Damit geht es bei den pädagogischen Fach- und Lehrkräften im Hinblick auf eine diversitätssensible Schul- und Unterrichtsentwicklung auch darum, die eigenen Normvorstellungen zu typisch männlich, typisch weiblich oder zu (Inter)Geschlechtlichkeit zu reflektieren. Zu einer „Geschlechtersensibilität in Alltag und Unterricht“ (Elsen 2020) gehört nicht nur das Wissen über Zuschreibungsprozesse durch Sprache und in Interaktionen, im Hinblick auf den eigenen Sprachgebrauch und geschlechterstereotype Zuschreibungen, durch mündliche und schriftliche Aufgabenstellungen. Dazu gehören Formulierungen in Briefen oder E-Mails und mündliche Anreden in Unterrichts- und Elterngesprächen, neben dem kritischen Blick auf Unterrichtsmaterialien und Medien, die im Unterricht eingesetzt oder als Vorlagen benutzt werden.

## Arbeitsaufgaben

1. Untersuchen Sie für Ihr Unterrichtsfach Standardwerke für den Unterricht im Hinblick auf die Darstellung von Vielfalt. Wie werden unterschiedliche Dimensionen von Vielfalt dargestellt? Wie wird (sexuelle) Vielfalt dargestellt?
2. In welcher Weise finden durch Bild und Schrift geschlechterstereotype Zuschreibungen statt oder umgekehrt werden diese bewusst vermieden?
3. Schreiben Sie einen Entwurf für ein Anschreiben in einfacher Sprache für einen Elternabend, bei dem es um das Thema sexuelle Bildung gehen soll.

## Literaturverzeichnis

Akbaba, Y./Bello, B./Fereidooni, K. (Hrsg.) (2023): Pädagogische Professionalität und Migratonsdiskurse.

Alkemeyer, Th./Budde, G./Freist, D. (Hrsg.) (2013): Selbst-Bildungen. Soziale und kulturelle Praktiken der Subjektivierung. Bielefeld.

Amos, K. (2016): Schule und neue Kontroll-Kultur. In: Dollinger, B./Schmidt-Seemisch, H. (Hrsg.): Sicherer Alltag? Politiken und Mechanismen der Sicherheitskonstruktionen im Alltag. Wiesbaden, S. 195–213.

Arnold, K.-H. (2010). Heterogenität von Schulklassen: Was ist das Neue am Altbekannten, dass es jeden Schüler nur einmal gibt? In: Köker, A./Romahn, S./Textor. A. (Hrsg.): Herausforderung Heterogenität: Ansätze und Weichenstellungen. Bad Heilbrunn, S. 11–24.

Baader, M./Bilstein, J./Tholen, T. (Hrsg.) (2012): Erziehung, Bildung und Geschlecht. Wiesbaden.

Baumert, J./Kunter, M. (2011): Das Kompetenzmodell von COACTIV. In: Kunter M./Baumert, J./Blum, W./Klusmann, U./Krauss, S./Neubrand, M. (Hrsg.): Professionelle Kompetenzen von Lehrkräften. Ergebnisse des Forschungsprogramms COACTIV. Münster/New York/München/Berlin, S. 29–53.

Bennewitz, H. (2016): Beratung. In: Rothland, M. (Hrsg.): Beruf Lehrer/Lehrerin. Ein Studienbuch. Münster, S. 205–226.

Bildung in Deutschland. Bildungsberichte https//www.bildungsbericht.de.

Böttcher, W. (2020): Lehrkräftebildung und Erziehungswissenschaft. In: Erziehungswissenschaft 31 (2020) 60, S. 13–27.

Bohl, Th./Batzel, A./Richey, P. (2012): Öffnung – Differenzierung – Individualisierung – Adaptivität. Charakteristika, didaktische Implikationen und Forschungsbefunde verwandter Unterrichtskonzepte zum Umgang mit Heterogenität. In: Bohl, Th./Bönsch, M./Trautmann, M./Wischer, B. (Hrsg.): Binnendifferenzierung. Teil 1: Didaktische Grundlagen und Forschungsergebnisse zur Binnendifferenzierung im Unterricht. Immenhausen, S. 40–68.

Bohl, Th./Budde, J./Rieger-Ladich, M. (Hrsg.) (2017): Umgang mit Heterogenität in Schule und Unterricht. Bad Heilbrunn.

Broden, A./Mecheril, P. (Hrsg.) (2016): Rassismus bildet. Bielefeld, S. 235–264.

Budde, J. (2017): Differenzierungspraktiken im Unterricht. In: Proske, M./Rabenstein, K. (Hrsg.): Unterricht beobachten – beschreiben – rekonstruieren. Bad Heilbrunn, S. 137–152.

Budde, J. (Hrsg.) (2013): Unscharfe Einsätze: (Re-)Produktion von Heterogenität im schulischen Feld. Wiesbaden.

Budde, J./Dlugosch, A./Sturm, T. (Hrsg.) (2017): (Re-)Konstruktive Inklusionsforschung. Differenzlinien – Handlungsfelder – Empirische Zugänge. Reihe: Studien zu Differenz, Bildung und Kultur. Opladen/Berlin/Toronto.

Budde, J./Eckermann, Th. (2021): Grundrisse einer Theorie pädagogischer Praktiken. In: Budde, J./Eckermann, Th. (Hrsg.): Studienbuch Pädagogische Praktiken. Bad Heilbrunn, S. 10–34.

Carnin, J. (2020). Übergänge verkörpern. Adressat*innenpositionen institutioneller Grenzzonen der (frühen) Kindheit. Wiesbaden.

Eckermann, Th. (2017): Kinder und ihre Peers beim kooperativen Lernen. Differenz bearbeiten – Differenz herstellen. Wiesbaden.

Eckermann, Th. (2015): Das Spiel mit der Geschlechterdifferenz – aufs Spiel gesetzte Grenzen? Geschlechterkonstruktionen beim Pausenspiel von Grundschulkindern und ihren Peers aus praxistheoretischer Perspektive. In: GENDER – Zeitschrift für Geschlecht, Kultur und Gesellschaft, 7 (1), S. 49–63.

El-Mafalanni, A. (2021): Wozu Rassismus? Köln.

Elsen, H. (2020): Gender – Sprach-Stereotype. Geschlechtersensibilität in Alltag und Unterricht. Tübingen.

Emmerich, M./ Hormel U. (2013): Heterogenität – Diversität – Intersektionalität. Wiesbaden.

Fegter, S. (2012): Die Krise der Jungen in Bildung Erziehung. Diskursive Konstruktion von Geschlecht und Männlichkeit. Wiesbaden.

Fend, H. (2008): Schule gestalten. Systemsteuerung, Schulentwicklung und Unterrichtsqualität. Wiesbaden.

Fereidooni, K./Simon, N. (Hrsg.) (2020): Rassismuskritische Fachdidaktiken. Theoretische Reflexionen und fachdidaktische Entwürfe rassismuskritischer Unterrichtsplanung. Wiesbaden.

Flügel, A. (2017): „einfach mal sammeln, was ihr alles schon so wisst“ – Differenz und Sachunterricht. In: www.widerstreit-sachunterricht.de, Nr. 23, Oktober 2017.

Foroutan, N. (2016): Postmigrantische Gesellschaften. In: Brinkmann, H./Sauer, M. (Hrsg.): Einwanderungsgesellschaft Deutschland. Wiesbaden.

Gomolla, M./Radtke, F.-O. (2009): Institutionelle Diskriminierung. Die Herstellung ethnischer Differenz. Wiesbaden.

Groppe, C./Kluchert, G./Matthes, E. (Hrsg.) (2016) Bildung und Differenz. Wiesbaden.

Haan, L./Nijland, St. (2014): König und König. Hildesheim.

Hauenschild, K./Robak, St./Sievers, I. (2013): Diversity Education. Zugänge-Perspektiven-Beispiele. Frankfurt/Main.

Heinrich, M./Lübeck, A. (2013): Hilflose häkelnde Helfer? Zur pädagogischen Rationalität von Integrationshelfer/inne/n im inklusiven Unterricht. In: Zeitschrift Bildungsforschung 10 (2013) 1, S. 91–110.

Heinrich, M./Gasterstädt, J./Greese, N./Rißer, G./Strecker, A./Blasse, N./Budde, J./Demmer, Ch./Rohrmann, A./Urban, M./Weinbach, H. (2021): Rollenklärung in der inklusiven Schule. Konzepte für die Aus- und Fortbildung. Zeitschrift für Konzepte und Arbeitsmaterialien für Lehrer*innenbildung und Unterricht 2021, 3 (3).

Hertel, S. (2009): Beratungskompetenz von Lehrern. Münster.

Hertel, S./Schmitz, B. (2010): Lehrer als Berater in Schule und Unterricht. Stuttgart.
Hirschauer, St. (Hrsg.) (2017): Un/doing Differences. Praktiken der Humandifferenzierung. Weilerswist.
Hofer, M. (Hrsg.) (1981): Informationsverarbeitung und Entscheidungsverhalten von Lehrern. Beiträge zur Handlungstheorie des Unterrichtens. München.
Hoffmann, M. (2016): Schulische Sexualerziehung. Deutungsmuster von Lehrenden. Leverkusen.
Hummrich, M. (2017): Soziale Ungleichheit, Migration und Bildung. In: Baader, M./Freytag, T. (Hrsg.): Bildung und Ungleichheit in Deutschland. Wiesbaden.
Ingenkamp, K. (1989): Diagnostik in der Schule. Beiträge zu Schlüsselfragen der Schülerbeurteilung. Weinheim.
Kahlke, C. (2017): Schülerstereotype. Soziale Beziehungen in der schulischen Peer Group. Wiesbaden.
Karakaşoğlu-Aydın, Y. (2000): Muslimische Religiosität und Erziehungsvorstellungen. Eine empirische Untersuchung zu Orientierungen bei türkischen Lehramts- und Pädagogik-Studentinnen in Deutschland. Interdisziplinäre Studien zum Verhältnis von Migrationen, Ethnizität und gesellschaftlicher Multikulturalität, 12. Frankfurt/Main.
Kelle, H. (1999): Geschlechterterritorien. Eine ethnographische Studie über Spiele neun- bis zwölfjähriger Schulkinder. In: Zeitschrift für Erziehungswissenschaft (ZFE) 2, S. 211–228.
Kleiner, B./Rose, N. (Hrsg.) (2014): (Re-)Produktion von Ungleichheiten im Schulalltag. Opladen.
Klemm, K. (2015): Inklusion in Deutschland. Daten und Fakten. Im Auftrag der Bertelsmann Stiftung. Gütersloh.
Klemm, K. (2018): Unterwegs zur inklusiven Schule. Lagebericht 2018 aus bildungsstatistischer Perspektive. Bertelsmann Stiftung. Gütersloh.
Köpfer, A./Powell, J./Zahnd, R. (Hrsg.) (2021): Handbuch Inklusion international. International Handbook of Inclusive Education. Berlin/Toronto.
Kraatz, G. (2019): Genderreflexiven Jungenarbeit. Eine kritische Sichtung des jungenpädagogischen Feldes. In: Gießener Beiträge zur Bildungsforschung. Heft Nr. 22, November 2020 (zweite, leicht überarbeitete Auflage), S.7–68.
Leonhardt, N./Kruschel, R./Schuppener, S./Hauser, M. (Hrsg.) (2022): Menschenrechte im interdisziplinären Diskurs. Perspektiven auf Diskriminierungsstrukturen und pädagogische Handlungsmöglichkeiten. Weinheim/Basel, S. 118–131.
Lutz, H./Wenning, N. (Hrsg.) (2001): Unterschiedlich verschieden. Differenz in der Erziehungswissenschaft. Opladen.
Lüddecke, J. (2007): Ethnische Vorurteile – Entwicklung eines Konzepts im Rahmen Interkultureller Pädagogik. Frankfurt/Main.
Machold, C. (2015): Kinder und Differenz. Eine ethnographische Studie im elementarpädagogischen Kontext. Wiesbaden.

Machold, C./Bak, R. (Hrsg.) (2022): Kindheit und Kindheitsforschung intersektional denken. Theoretische, empirische und praktische Zugänge im Kontext von Bildung und Erziehung. Wiesbaden.

Machold, C./Wienand, C. (2021): Die Hervorbringung ungleicher Kindheiten in Bildungseinrichtungen der Migrationsgesellschaft. Eine ethnografische Langzeitstudie. Weinheim.

Matzner, M. (2012): Handbuch Migration und Bildung. Weinheim.

Matzner, M./Wybronik, I. (2010): Handbuch Mädchen-Pädagogik. Weinheim.

Matzner, M./Tischner, W. (2012): Handbuch Jungen-Pädagogik. Weinheim.

Müller, F. (2018): Praxisbuch Differenzierung und Heterogenität. Methoden und Materialien für den gemeinsamen Unterricht. Weinheim/Basel.

Müller-Lehmann, S. (2019): Lerncoach sein. Lehrkräfte begleiten Schülerinnen und Schüler in heterogenen Lerngruppen. Weinheim/Basel.

Netti, P./Boban, I./Hinz, A. (2022): Ich mache mir einfach mehr Gedanken über die Gesellschaft als über mich. Leben, Lernen und Arbeiten zwischen inklusiven Ansprüchen und exklusiven Traditionen. Weinheim.

Peschel, F. (2010): Offener Unterricht. Band 1: Idee, Realität, Perspektive und ein praxiserprobtes Konzept zur Diskussion. Teil I: Allgemeindidaktische Überlegungen. Hohengehren.

Petersen, L./Six, B. (Hrsg.) (2008): Stereotype, Vorurteile und soziale Diskriminierung. Theorien, Befunde und Interventionen. Weinheim.

Rabenstein, K./Idel, T.-S./Ricken, N. (2015): Zur Verschiebung von Leistung im individualisierten Unterricht. Empirische und theoretische Befunde. In: Budde, J./Blosse, N./Bossen, A./Rißler, G. (Hrsg.): Heterogenitätsforschung. Empirische und theoretische Perspektiven. Weinheim und München, S. 241–258.

Ratz, C./Stein, R./Müller, T. (Hrsg.) (2022): Sonderpädagogik zwischen Dekategorisierung und Rekategorisierung. Bad Heilbrunn.

Reich, K. (2014): Inklusive Didaktik. Bausteine für eine inklusive Schule. Weinheim.

Reitz, S. (2015): Kinder und Jugendliche haben ein Recht auf Partizipation. Was aus menschenrechtlicher Sicht im Bildungsbereich getan werden muss. Berlin.

Rennzulli, J./Rais, S. (2014): Schoolwide Enrichment Model. A How-To Guide for Talent Development. London.

Resch, K./Lindner, B./Streese, M./Proyer, M./Schwab, S. (Hrsg.) (2021): Inklusive Schulentwicklung. Münster.

Rose, N. (2014): Differenz-Bildung. Zur Inszenierung von Migrationsanderen im schulischen Kontext. In: Broden, A./Mecheril, P. (Hrsg.): Rassismus bildet. Bielefeld, S. 235–264.

Schroer, M. (2015): „Eene, meine, muh und raus bist du". Zur Kontinuität von Ausschlusserfahrungen. In: Meinefeld, O. (Hrsg.): Inklusion. Wege in die Teilhabegesellschaft. Frankfurt/Main, S. 82–91.

Seifert, A. (2021): Sachunterricht zwischen Rassismuskritik und Differenzherstellung. In: Simon, T. (Hrsg.): Demokratie im Sachunterricht – Sachunterricht in der Demokratie. Beiträge zum Verhältnis von Demokratie(lernen) und Sachunterricht(sdidaktik). Wiesbaden, S. 231–240.

Seifert, A. (2019): Doing Difference, Doing Gender? – Praxis- und subjektivierungstheoretische Zugänge im Rahmen der Professionalisierung angehender Grundschullehrer/innen. In: Frick, R./Godel-Gassner, R./Kreuzer, T./Remon, C. (Hrsg.): Geschlecht – ein Thema in Forschung und Lehre. Hohengehren, S. 83–99.

Seifert, A. (2018): Kooperation und Teamarbeit in der inklusiven Grundschule: Empirische und theoretische Annäherungen an ein Desiderat. In: Müller, K./ Gingelmaier, St. (Hrsg.): Kontroverse Inklusion. Weinheim, S. 192–204.

Riederer, L./Greiten, S./Skribbe, S. (2022): Lebensnähe und Handlungsorientierung als Unterrichtsprinzipien inklusiven Unterrichts – Schnittstellen und Divergenzen allgemeindidaktischer und sonderpädagogischer Perspektiven. Ergebnisse einer Interviewstudie. https://www.researchgate.net/publication/365127071.

Stichweh, R. (2009): Leitgesichtspunkte einer Soziologie der Inklusion und Exklusion. In: Stichweh, R./Windolf, P. (Hrsg.): Inklusion und Exklusion. Analysen zur Sozialstruktur und sozialen Ungleichheit. Wiesbaden, S. 29–42.

Sturm, T. (2013): Lehrbuch Heterogenität in der Schule. München.

Thon, Ch. (2017): Kategorie Geschlecht. In: Bohl, Th./Budde, J./Rieger-Ladich, M. (Hrsg.): Umgang mit Heterogenität in Schule und Unterricht. Bad Heilbrunn, S. 77–92.

Trautmann, M./Wischer, B. (2011): Heterogenität in der Schule. Eine kritische Einführung. Wiesbaden.

Vock, M./Gronostaj, A. (2017): Umgang mit Heterogenität in Schule und Unterricht. Berlin.

Voß, H.-J. (2017): Zur gesellschaftlichen Herstellung von Geschlecht ab dem Kindesalter. In: Amirpur, D./Platte, A. (Hrsg.): Handbuch Inklusive Kindheiten. Opladen, S. 241–251.

Walgenbach, K./Pfahl, L. (2017): Intersektionalität. In: Bohl, T./Budde, J./Rieger-Ladich, M. (Hrsg.): Studienbuch Umgang mit Heterogenität in Schule und Unterricht. Bad Heilbrunn, S. 141–158.

Warburg, S. (2024): Gender, Diversität und trans*geschlechtliche Schüler*innen im Übergang vom Primarbereich in die Sekundarstufe I. Wochenschau Verlag (i.V.).

## Abbildungsverzeichnis